La Batalla de las Ardenas

books4pocket

Michel Herubel

La Batalla de las Ardenas

Diciembre de 1944 - Enero de 1945

Traducción de Miquel Salarich

INÉDITA EDITORES

Título original: *La Bataille des Ardennes.*
Traducción: Miquel Salarich

Publicado originalmente en Francia por Presses de la Cité.

1ª edición en esta colección: septiembre, 2007

Diseño de la portada: Fotocomposición Gama
Fotografías de portada: © Imperial War Museum

Fotocomposición: books4pocket

Impreso por Novoprint, S.A.
Energía, 53
Sant Andreu de la Barca (Barcelona)

ISBN: 978-84-96829-34-3
Depósito legal: B-41.459-2007

Impreso en España – *Printed in Spain*

A la memoria de Jean Weibel
y del teniente Louis Huetz de Lemps

Índice

Fracasar significaría perder la guerra. Ya no hay vuelta atrás. Si las cosas se complican llegarán malos tiempos. Durante meses la totalidad de nuestra industria no ha hecho más que trabajar de cara a esta operación en detrimento del Frente del Este.

ADOLF HITLER
(Discurso pronunciado ante sus generales, el 12 de diciembre de 1944, la víspera de la ofensiva de las Ardenas.)

El enemigo nos sorprendió de forma muy importante en dos aspectos clave. En primer lugar, en relación a la fecha de la ofensiva. Creíamos que no sería capaz de lanzar un ataque general tan pronto. Por otra parte, por la potencia de su ataque. El Sexto Ejército Panzer, que formaba la reserva móvil, había escapado a nuestra vigilancia hacía tiempo y ahora llegaba a nuestro frente procedente de Alemania, fresco y con toda su potencia.

GENERAL DWIGHT D. EISENHOWER
(*Cruzada en Europa*)

PRÓLOGO

El mariscal sir Bernard Montgomery, vizconde de El Alamein —al que durante la guerra los soldados Aliados llamaron simplemente «Monty»— escribió en sus memorias: «La batalla de las Ardenas fue sin duda una de las más difíciles y decisivas en las que he participado». En pocas palabras, el vencedor de Rommel puso en evidencia los dos elementos significativos que marcaron dicha batalla: las complejidades estratégicas y tácticas en ambos bandos y las consecuencias incalculables que comportó tanto en lo que fue la continuación de la guerra en el oeste como a nivel político, especialmente en relación a Stalin. La llegada de los panzers de Von Manteuffel y Sepp Dietrich a Amberes hubiese alterado el final de la guerra. Los alemanes tenían serias posibilidades de triunfo y el objetivo, el gran puerto belga, no parecía tan inalcanzable como el reto mucho más temerario —¡Volveré!— lanzado por McArthur el 10 de marzo de 1942, al abandonar Filipinas. En cuanto a los Aliados, sus posibilidades de rechazar a cuatro de las más poderosas divisiones de las SS sin la ayuda de la aviación, forzada a permanecer en tierra debido al mal tiempo, eran escasas. Norteamericanos y británicos no pudieron respirar tranquilos —y aún a medias— hasta el 26 de diciembre de 1944, quince días después de que se desencadenase la ofensiva *Wacht am Rhein,*[1] cuando los blindados de la 4ª División Acorazada del general Hugh Gaffey liberaron a los paracaidistas de la 101ª División Aerotransportada de McAuliffe, sitiados en Bastogne. El 16 de diciembre el resultado de la batalla era bastante más incierto y así siguió durante las dos semanas siguientes.

La operación *Wacht am Rhein* fue original por algunos de los medios utilizados, entre los que destacan las unidades de comandos. Éstas estaban a las órdenes de jefes prestigiosos: Otto Skorzeny, Joachim Peiper, Friedrich von der Heydte y Otto Remer. Estos cuatro hombres, al mando de sus tropas de élite, fueron los responsables de la dislocación del dispositivo defensivo estadounidense y debían abrir paso a las fuerzas blindadas de los tres ejércitos participantes en la ofensiva: el Sexto Ejército Panzer de las SS de Sepp Dietrich al norte, el Quinto Ejército Panzer de Hasso von Manteuffel en el centro, y el Séptimo Ejército de Eric Brandenberger en el sur, todos bajo el mando del mariscal de campo Walter Model. Esta potente masa ofensiva se lanzaría de inmediato sobre el Mosa y, en un segundo esfuerzo, en dirección a Amberes. Semejante apuesta por las tropas de élite implica una gran ambición. La mañana del 16 de diciembre de 1944, Eisenhower, que fue un gran estratega, no desdeñó en absoluto las audaces ideas de Hitler, que se jugaba hábilmente el todo por el todo con los últimos medios que le quedaban.

El Führer y su Estado Mayor desarrollaron, a partir de una idea ya puesta en práctica, la superación de lo insuperable: una ofensiva en el bosque de las Ardenas —un ataque por sorpresa que ya se había llevado a cabo con éxito en 1940—. El plan se completó con la inclusión de grupos de asalto de élite: los comandos de Skorzeny, cuyo papel consistiría en perturbar gravemente la retaguardia Aliada, los paracaidistas de Von der Heydte, cuyo objetivo consistía en aislar a las fuerzas enemigas situadas al norte, cerca de Monschau, de las reservas estadounidenses, el famoso y potente *Kampfgruppe* del *Obersturmbannführer* Peiper, que tenía la pesada responsabilidad de guiar a las divisiones acorazadas hacia el Mosa, y por último, la Brigada de Escolta del Führer, a las órdenes del joven coronel Otto Remer, un potente grupo blindado cuya misión específica consistía en golpear durante las primeras horas de la batalla en un punto considerado vulnerable del sistema defensivo estadounidense.

A estas novedades, enmarcadas en una gran ofensiva en la que participarían 250.000 hombres, se añadían una serie de estratagemas encaminadas a conseguir desplegar en primera línea una fuerza semejante sin que los norteamericanos sospechasen que era inminente un potente ataque. Durante las semanas previas a la ofensiva, multitud de aviones alemanes sobrevolaron las líneas estadounidenses para ocultar el ruido de los motores de los carros de combate germanos mientras se situaban en línea, y los reflectores se orientaron hacia las nubes para conseguir iluminar el campo de batalla, etc. Los servicios logísticos de la Wehrmacht superaron con éxito el reto que suponía conseguir reunir los hombres, el material, el carburante y las municiones necesarios para la operación. Desgraciadamente para los alemanes, durante la ofensiva se cometieron errores, que se unieron a la mala suerte y a algo que nadie esperaba: los embotellamientos, que, durante las primeras horas de la batalla, dificultaron el despliegue de las grandes unidades motorizadas. La audacia tiene sus límites. En cuanto a los aspectos materiales, los alemanes utilizaron un material muy moderno y por primera vez el cazabombardero a reacción Messerschmitt 262.

Si bien los servicios del SHAEF en Versalles no supieron analizar las informaciones que les llegaban del frente de las Ardenas durante el mes de noviembre y subestimaron el grado de combatividad de la Wehrmacht y de las Waffen SS, Hitler también se equivocó sobrevalorando la potencia de sus divisiones e ignorando la iniciativa y el valor individual del soldado estadounidense.

Del lado Aliado las contramedidas fueron espectaculares. La maniobra que Patton llevó a cabo con su Tercer Ejército, pivotando de sur a norte en dos días, es un modelo en su género. La labor del Alto Mando Aliado, reagrupando y reuniendo nuevas divisiones en pleno combate, hacen de la contraofensiva, tal como señaló Montgomery, «una de las más difíciles», y demuestra una unidad de puntos de vista entre los Aliados en la reflexión y la ejecución, que no deja de ser una de las mayores sorpresas de la batalla.

MICHEL HERUBEL

MAPAS

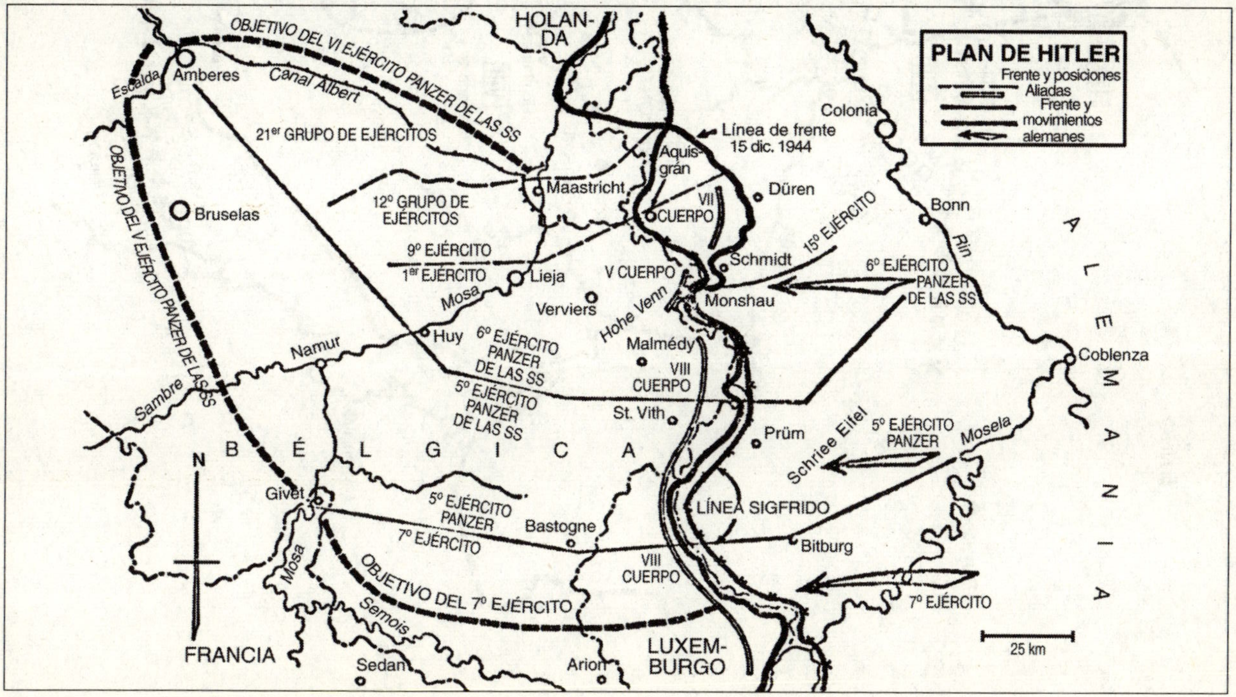

PLAN DE HITLER
Frente y posiciones
Aliadas
Frente y
movimientos
alemanes
HOLAN-
DA
A L E M A N I A
B É L G I C A
FRANCIA
LUXEM-
BURGO
OBJETIVO DEL VI EJÉRCITO PANZER DE LAS SS
OBJETIVO DEL V EJÉRCITO PANZER DE LAS SS
OBJETIVO DEL 7º EJÉRCITO
Escalda
Amberes
Canal Albert
21er GRUPO DE EJÉRCITOS
Bruselas
12º GRUPO DE
EJÉRCITOS
Maastricht
Aquis-
grán
Línea de frente
15 dic. 1944
Colonia
Düren
VII
CUERPO
Bonn
Rin
15º EJÉRCITO
9º EJÉRCITO
1er EJÉRCITO
Lieja
V CUERPO
Schmidt
6º EJÉRCITO
PANZER
DE LAS SS
Mosa
Verviers
Monshau
Hohe Venn
Huy
6º EJÉRCITO
PANZER
DE LAS SS
Malmédy
VIII
CUERPO
Coblenza
Namur
5º EJÉRCITO
PANZER
DE LAS SS
St. Vith
Prüm
Sambre
5º EJÉRCITO
PANZER
Schriee Eifel
Mosela
N
Givet
5º EJÉRCITO
PANZER
Bastogne
LÍNEA SIGFRIDO
7º EJÉRCITO
Bitburg
VIII
CUERPO
Mosa
Semois
7º EJÉRCITO
25 km
Sedan
Arion

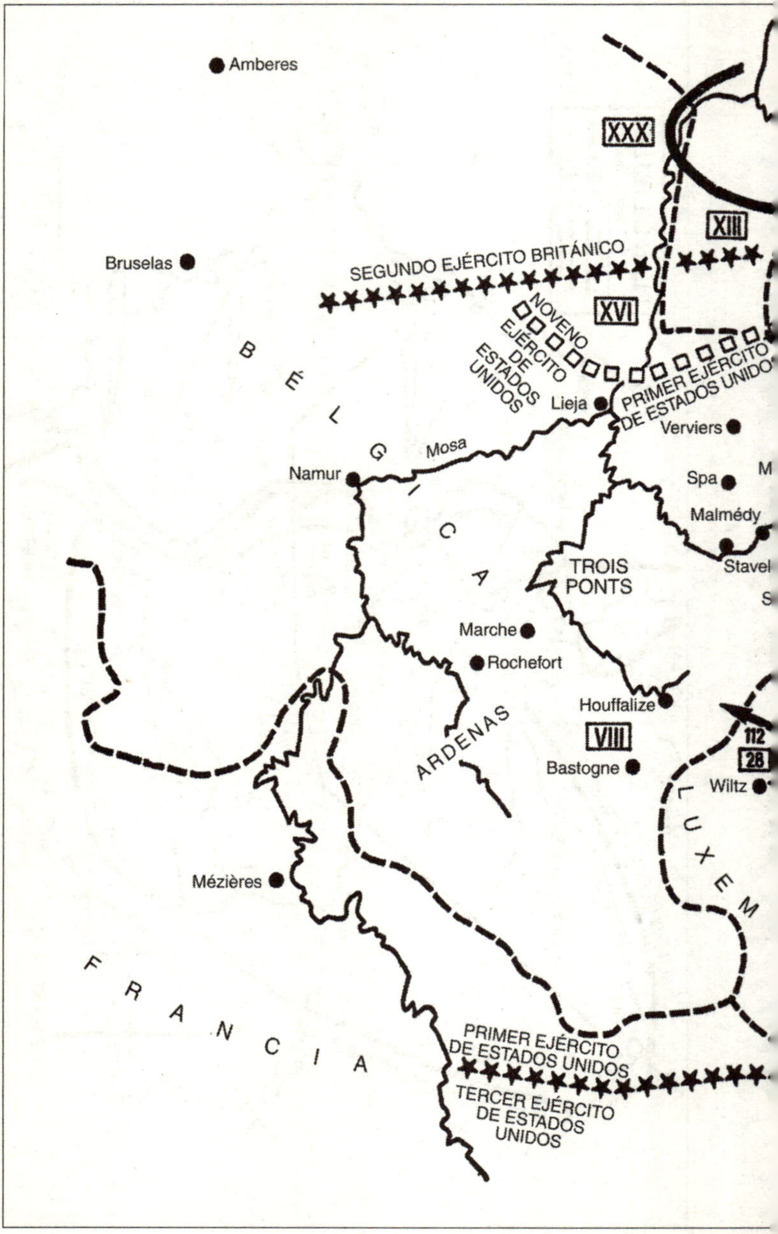
Amberes
Bruselas
SEGUNDO EJÉRCITO BRITÁNICO
XXX
XIII
XVI
NOVENO EJÉRCITO DE ESTADOS UNIDOS
PRIMER EJÉRCITO DE ESTADOS UNIDOS
BÉLGICA
Lieja
Verviers
Mosa
Namur
Spa
Malmédy
TROIS PONTS
Marche
Rochefort
Houffalize
VIII
ARDENAS
Bastogne
112
28
Wiltz
Mézières
FRANCIA
PRIMER EJÉRCITO DE ESTADOS UNIDOS
TERCER EJÉRCITO DE ESTADOS UNIDOS

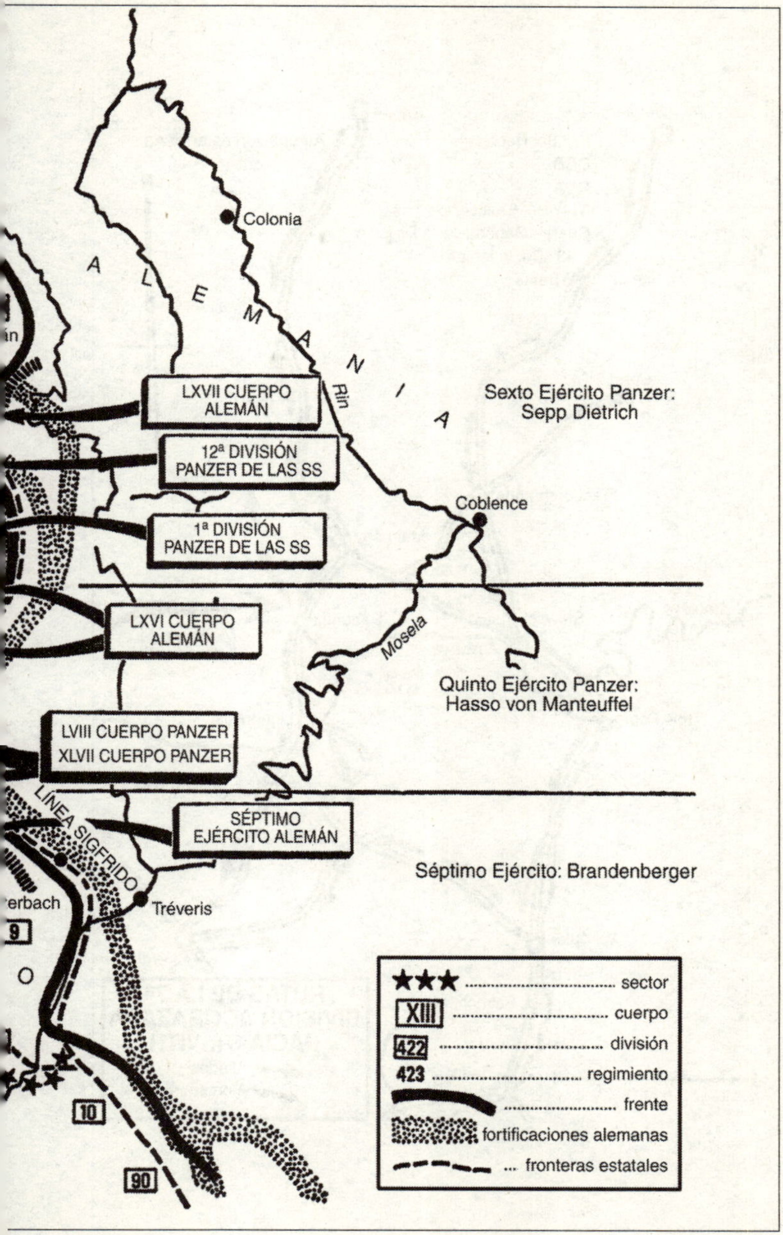

Colonia
ALEMANIA
Rin
LXVII CUERPO ALEMÁN
12ª DIVISIÓN PANZER DE LAS SS
1ª DIVISIÓN PANZER DE LAS SS
Sexto Ejército Panzer: Sepp Dietrich
Coblence
LXVI CUERPO ALEMÁN
Mosela
Quinto Ejército Panzer: Hasso von Manteuffel
LVIII CUERPO PANZER
XLVII CUERPO PANZER
LÍNEA SIGFRIDO
SÉPTIMO EJÉRCITO ALEMÁN
Séptimo Ejército: Brandenberger
Tréveris
erbach
9
O
10
90
sector
XIII
cuerpo
422
división
423
regimiento
frente
fortificaciones alemanas
fronteras estatales

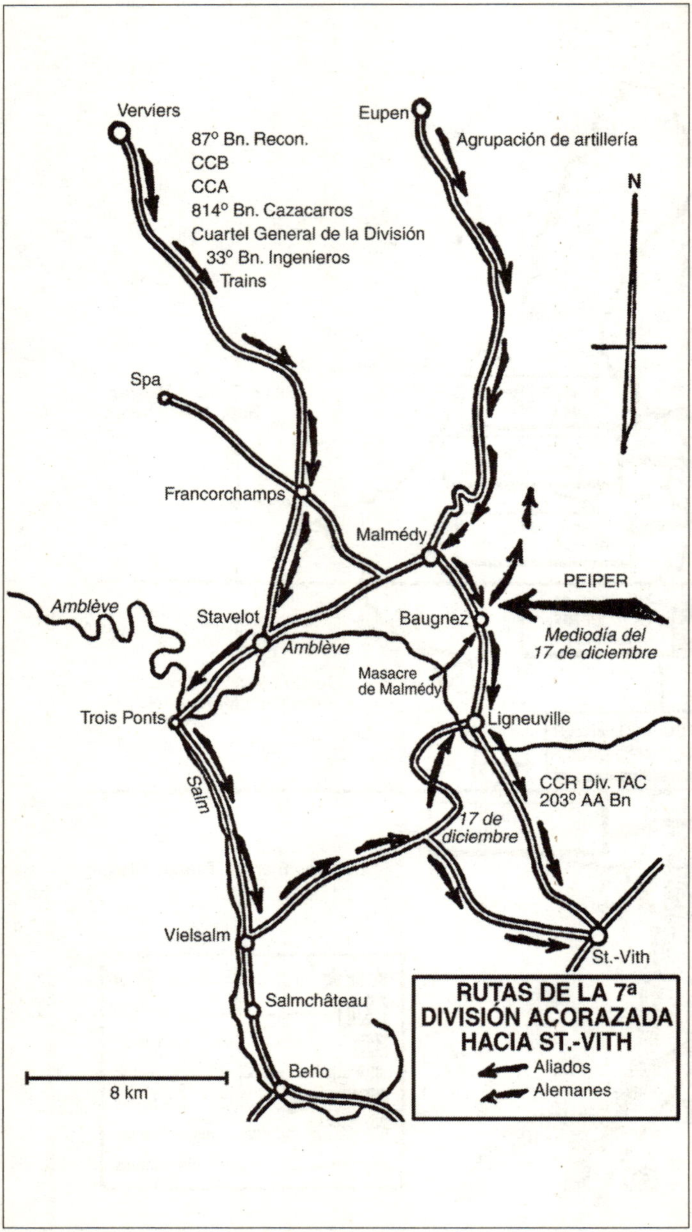

Verviers
Eupen
87º Bn. Recon.
CCB
CCA
814º Bn. Cazacarros
Cuartel General de la División
33º Bn. Ingenieros
Trains
Agrupación de artillería
N
Spa
Francorchamps
Malmédy
Amblève
Stavelot
Amblève
Baugnez
PEIPER
Mediodía del
17 de diciembre
Masacre
de Malmédy
Trois Ponts
Ligneuville
Salm
CCR Div. TAC
203º AA Bn
17 de
diciembre
Vielsalm
St.-Vith
Salmchâteau
Beho
8 km
RUTAS DE LA 7ª
DIVISIÓN ACORAZADA
HACIA ST.-VITH
Aliados
Alemanes

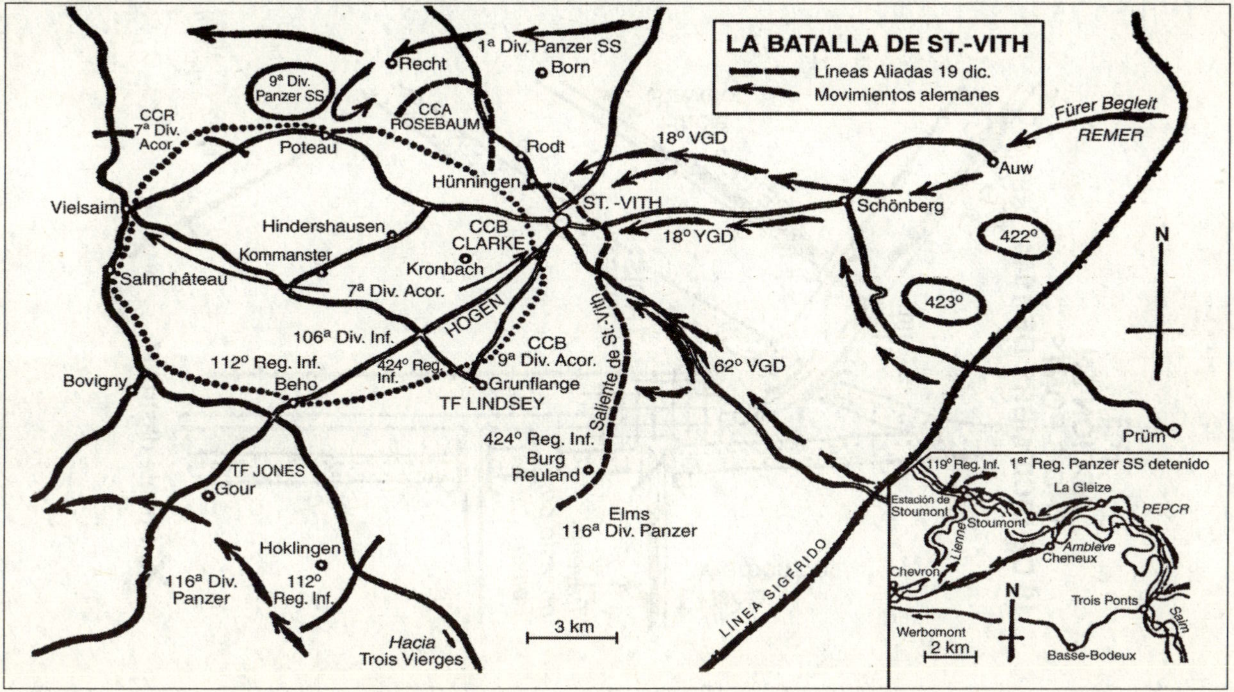
LA BATALLA DE ST.-VITH
Líneas Aliadas 19 dic.
Movimientos alemanes
Fürer Begleit
REMER
1ª Div. Panzer SS
Recht
Born
9ª Div. Panzer SS
CCA ROSEBAUM
CCR 7ª Div. Acor
Poteau
Rodt
Hünningen
18º VGD
Auw
Schönberg
ST. -VITH
Vielsaim
Hindershausen
CCB CLARKE
18º YGD
422º
Kommanster
Kronbach
Salmchâteau
7ª Div. Acor.
423º
HOGEN
106ª Div. Inf.
CCB 9ª Div. Acor.
112º Reg. Inf.
424º Reg. Inf.
62º VGD
Saliente de St.-Vith
Bovigny
Beho
Grunflange
TF LINDSEY
424º Reg. Inf.
Prüm
Burg Reuland
TF JONES
Gour
Elms
116ª Div. Panzer
Hoklingen
116ª Div. Panzer
112º Reg. Inf.
LÍNEA SIGFRIDO
Hacia Trois Vierges
3 km
N
119º Reg. Inf.
1er Reg. Panzer SS detenido
La Gleize
Estación de Stoumont
Stoumont
PEPCR
Lienne
Amblève
Cheneux
Chevron
Trois Ponts
Salm
Werbomont
2 km
Basse-Bodeux

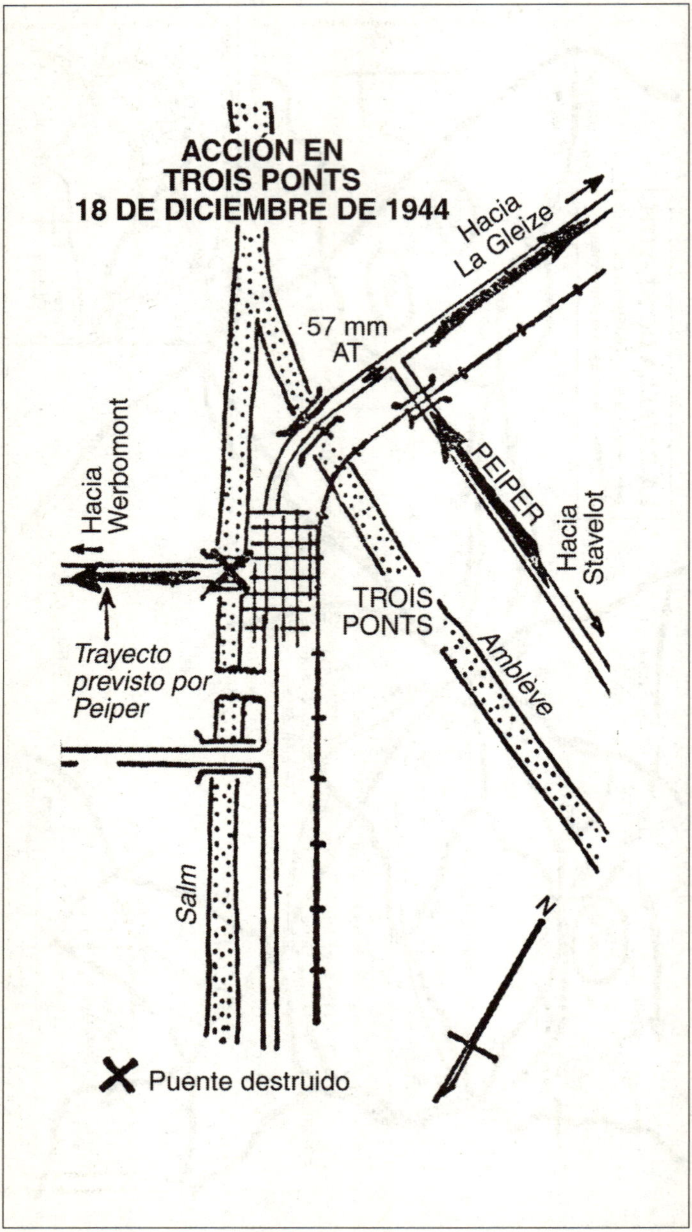
ACCIÓN EN
TROIS PONTS
18 DE DICIEMBRE DE 1944
Hacia
La Gleize
57 mm
AT
Hacia
Werbomont
PEIPER
Hacia
Stavelot
TROIS
PONTS
Trayecto
previsto por
Peiper
Amblève
Salm
N
Puente destruido

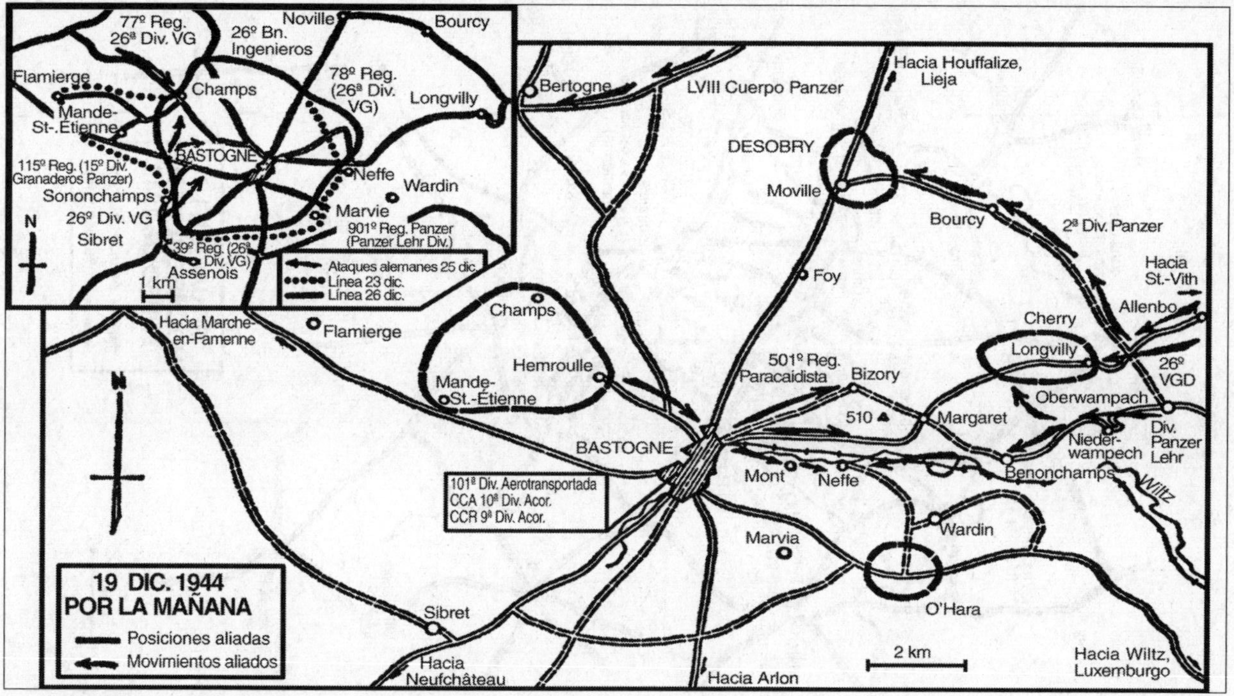

19 DIC. 1944
POR LA MAÑANA
Posiciones aliadas
Movimientos aliados
N
2 km
77º Reg.
26ª Div. VG
26º Bn.
Ingenieros
Noville
Bourcy
Flamierge
Champs
78º Reg.
(26ª Div.
VG)
Longvilly
Mande-
St.-Étienne
BASTOGNE
115º Reg. (15º Div.
Granaderos Panzer)
Neffe
Wardin
Sononchamps
Marvie
26º Div. VG
901º Reg. Panzer
(Panzer Lehr Div.)
Sibret
39º Reg. (26ª
Div. VG)
Assenois
1 km
Ataques alemanes 25 dic.
Línea 23 dic.
Línea 26 dic.
Bertogne
LVIII Cuerpo Panzer
Hacia Houffalize,
Lieja
DESOBRY
Moville
Bourcy
2ª Div. Panzer
Hacia
St.-Vith
Foy
Allenbo
Cherry
Longvilly
26º
VGD
Hacia Marche-
en-Famenne
Flamierge
Champs
Hemroulle
Mande-
St.-Étienne
501º Reg.
Paracaidista
Bizory
Oberwampach
510
Margaret
Div.
Panzer
Lehr
Nieder-
wampech
Benonchamps
Wiltz
BASTOGNE
Mont
Neffe
101ª Div. Aerotransportada
CCA 10ª Div. Acor.
CCR 9ª Div. Acor.
Wardin
Marvia
O'Hara
Sibret
Hacia
Neufchâteau
Hacia Arlon
Hacia Wiltz,
Luxemburgo

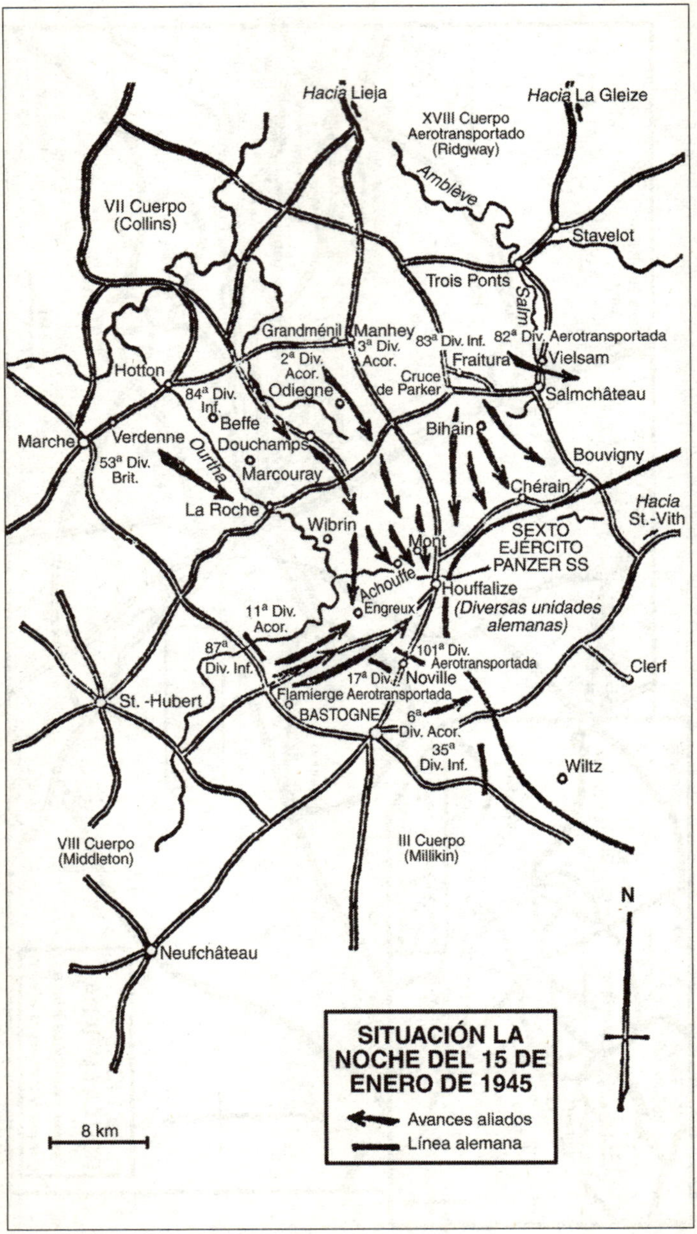
Hacia Lieja
Hacia La Gleize
XVIII Cuerpo
Aerotransportado
(Ridgway)
Amblève
VII Cuerpo
(Collins)
Stavelot
Trois Ponts
Salm
Grandménil
Manhey
3ª Div.
Acor.
83ª Div. Inf.
82ª Div. Aerotransportada
Vielsam
Fraitura
2ª Div.
Acor.
Hotton
Cruce
de Parker
Salmchâteau
84ª Div.
Inf.
Odiegne
Beffe
Bihain
Marche
Verdenne
Douchamps
Bouvigny
53ª Div.
Brit.
Ourthe
Marcouray
Chérain
La Roche
Hacia
St.-Vith
Wibrin
SEXTO
EJÉRCITO
PANZER SS
Mont
Achouffe
Houffalize
Engreux
(Diversas unidades
alemanas)
11ª Div.
Acor.
87ª
Div. Inf.
101ª Div.
Aerotransportada
17ª Div.
Noville
Clerf
Flamierge
Aerotransportada
St. -Hubert
BASTOGNE
6ª
Div. Acor.
35ª
Div. Inf.
Wiltz
VIII Cuerpo
(Middleton)
III Cuerpo
(Millikin)
N
Neufchâteau
SITUACIÓN LA
NOCHE DEL 15 DE
ENERO DE 1945
Avances aliados
Línea alemana
8 km

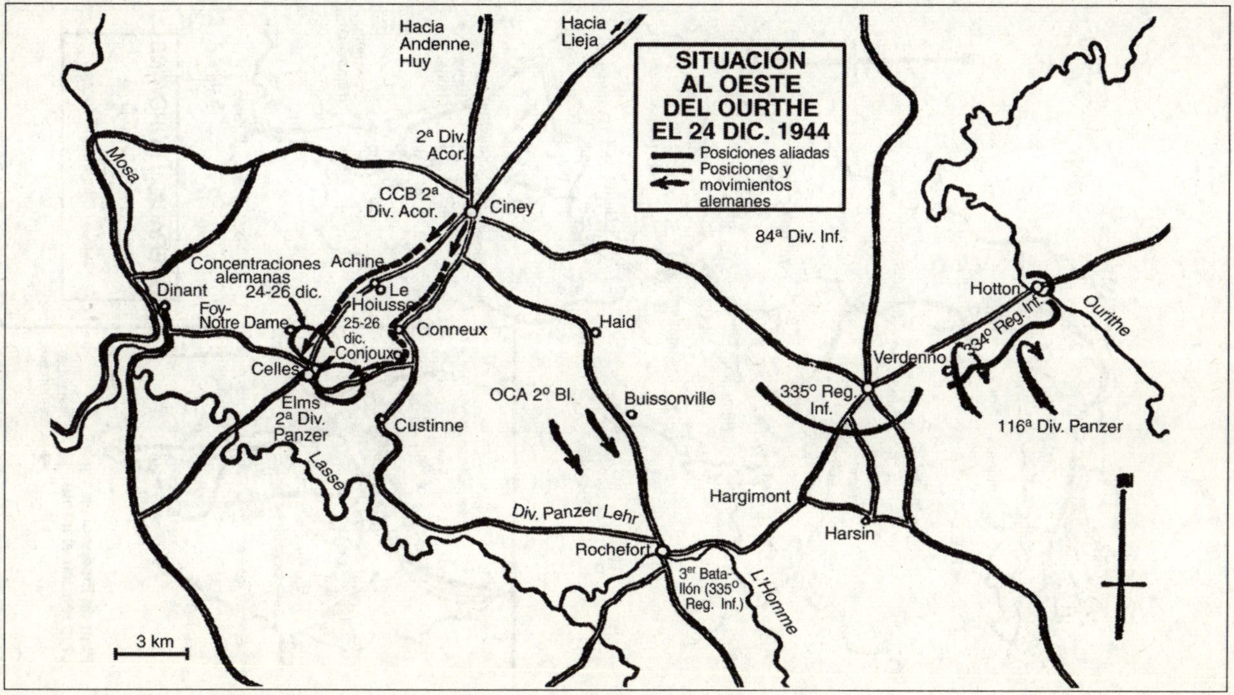
SITUACIÓN AL OESTE DEL OURTHE EL 24 DIC. 1944
Posiciones aliadas
Posiciones y movimientos alemanes
Hacia Andenne, Huy
Hacia Lieja
2ª Div. Acor.
CCB 2ª Div. Acor.
Ciney
84ª Div. Inf.
Mosa
Concentraciones alemanas 24-26 dic.
Achine
Le Hoiusse
Dinant
Foy-Notre Dame
25-26 dic.
Conjoux
Conneux
Haid
Celles
Elms 2ª Div. Panzer
Custinne
OCA 2º Bl.
Buissonville
Lasse
Div. Panzer Lehr
Rochefort
3er Batallón (335º Reg. Inf.)
L'Homme
Hargimont
Harsin
335º Reg. Inf.
Verdenno
334º Reg. Inf.
Hotton
Ourthe
116ª Div. Panzer
3 km

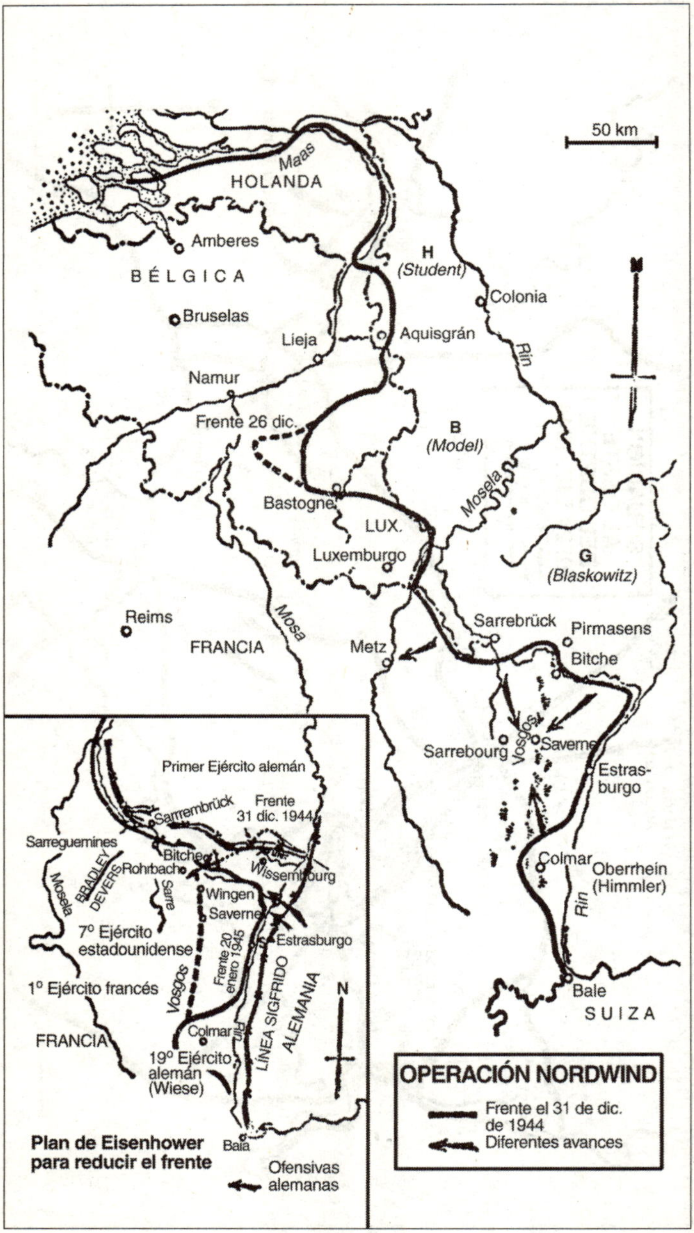
50 km
HOLANDA
Maas
Amberes
BÉLGICA
H
(Student)
Colonia
Bruselas
Lieja
Aquisgrán
Rin
Namur
Frente 26 dic.
B
(Model)
Bastogne
Mosela
LUX.
Luxemburgo
G
(Blaskowitz)
Reims
Mosa
FRANCIA
Metz
Sarrebrück
Pirmasens
Bitche
Sarrebourg
Vosgos
Saverne
Estras-
burgo
Colmar
Oberrhein
(Himmler)
Rin
Bale
SUIZA
OPERACIÓN NORDWIND
Frente el 31 de dic.
de 1944
Diferentes avances
Primer Ejército alemán
Sarrembrück
Frente
31 dic. 1944
Sarreguemines
Bitche
Rohrbach
Wissembourg
Mosela
BRADLEY
DEVERS
Sarre
Wingen
Saverne
7º Ejército
estadounidense
Frente 20
enero 1945
Estrasburgo
1º Ejército francés
Vosgos
LÍNEA SIGFRIDO
ALEMANIA
N
FRANCIA
Colmar
Rin
19º Ejército
alemán
(Wiese)
Basilea
Plan de Eisenhower
para reducir el frente
Ofensivas
alemanas

1. De nuevo en el oeste

El 31 de julio de 1944, los estadounidenses rompieron el frente por Avranches, el 4 de agosto tomaron Le Mans, el 16, los británicos penetraron por Falaise. En un mes, tres mariscales alemanes se suceden en el Frente Occidental: Von Rundstedt, destituido, es reemplazado por Von Kluge, que se suicida el 19 de agosto para no comparecer ante un tribunal, acusado de haber participado en el complot del 20 de julio contra Hitler. Erwin Rommel, gravemente herido el 17 de julio, cerca de Livarot, se envenena el 14 de octubre en su casa de Herrlingen por las mismas razones que Von Kluge. El general Dollmann, jefe del Séptimo Ejército, diezmado por los ataques Aliados, muere en un bombardeo. Veintitrés generales al mando de grupos de ejércitos, ejércitos, cuerpos y divisiones desaparecen en la batalla, caen prisioneros o son destituidos. Unidades de élite de la Wehrmacht y regimientos enteros de las Waffen SS son aniquilados en Mortain, frente a Caen y en la bolsa de Falaise, casi siempre por la aviación Aliada que controla el cielo, como la Luftwaffe en 1940. En cuanto amanece, aumentan las dificultades de las columnas formadas por carros de combate, artillería y camiones para desplazarse por carreteras y caminos. Los aviones estadounidenses están por todas partes.[1]

La 2ª División Panzer, alertada el 6 de junio y procedente de su acantonamiento en el Somme, a doscientos sesenta kilómetros de las playas del desembarco, no puede pasar a la acción hasta el día 20, y aún así de forma incompleta, siendo constantemente sometida a los ataques de la aviación enemiga. La 6ª División de Paracaidistas, de guarnición en Bretaña, tarda casi una semana en alcanzar Saint-Lô, y cuando llega a la localidad ya ha perdido una cuarta parte de sus efectivos durante el trayecto. Estos dos ejemplos entre tantos otros muestran hasta qué punto las grandes unidades blindadas alemanas, a pesar de su movilidad y sus defensas antiaéreas, resultaron paralizadas durante toda la batalla de Normandía.

Hitler, que busca al hombre capaz de enfrentarse al desastre, decide nombrar como comandante en jefe del Frente Oeste al mariscal de campo Walter Model, uno de los mariscales más jóvenes de Alemania. Enérgico, intratable, se ha destacado en Rusia, donde ha adquirido una reputación de maestro en tareas defensivas y en la puesta en práctica de rápidos contraataques. A pesar de sus innegables cualidades, muchos soldados alemanes ironizan sobre él y dicen: «En su género, es un "model" (modelo)».

Model asume el mando en el momento en que las unidades alemanas en el oeste se descomponen. Cuando decide retirarse, apenas cuenta con diez días para poder salvar lo que queda del Séptimo y el Decimoquinto Ejércitos: las divisiones estadounidenses van demasiado rápidas. La línea defensiva, que él asigna a las tropas que se retiran, es rodeada por el sur, en Melun. Las tropas Aliadas se precipitan hacia el este. París es liberada y la división del general Leclerc, con un cuerpo estadounidense, entra el 25 de agosto.

En el Midi, tras el éxito de su desembarco, el Séptimo Ejército estadounidense y el Primer Ejército francés, al mando de De Lattre de Tassigny, aniquilan al Noveno Ejército alemán y remontan el valle del Ródano. Cuando la Wehrmacht se retira tras el Sena, después de abandonar en Rouen y sus alrededores tanto material como en Stalingrado, ha perdido en Normandía 250.000 hombres, entre muertos, heridos y prisioneros, y han sido destruidos más de 2.000 tanques, 2.500 cañones y miles de vehículos.[2]

Model tampoco espera poder detener a los Aliados en el frente fortificado de la primera guerra mundial, que sigue una línea desde Abbeville hasta Besançon, pasando por Amiens, Soissons, Epernay, Chalons, Saint-Dizier, Chaumont y Langres. Sería necesario por lo menos un mes de trabajo para conferirle un cierto aspecto de eficacia. En agosto de 1944 esta posibilidad ni se plantea. El mando de las fuerzas alemanas en el Oeste no posee ni una sola división digna de este nombre. La Wehrmacht, entre el mar del Norte y la frontera suiza, ha dejado de existir.

Model hace un balance de lo que le queda en un informe dirigido al Führer el 29 de agosto: «Las once divisiones acorazadas y de infantería motorizada que han combatido en Normandía no cuentan más que con cinco o seis tanques en estado de marcha. Deme hombres y material para que pueda organizar simplemente once regimientos. A partir de las dieciséis divisiones de infantería podré sacar cuatro nuevas unidades, pero la mayoría ha perdido sus armas pesadas y los hombres sólo cuentan con fusiles y carabinas. La artillería de apoyo se ha visto reducida a algunas piezas aisladas; las divisiones de tanques disponen raramente de más de una batería. Los hombres están desmoralizados por la constante superioridad aérea del enemigo. La ruptura es total entre el Grupo de Ejércitos B y el G (el que mantiene el sur de Francia)».

Por fin, el 4 de septiembre transmite noticias menos malas al Gran Cuartel General: «Puedo mantener un frente a lo largo del Canal Albert desde Amberes, prosiguiendo por el Mosa y hasta la Línea *Sigfried*. Necesito como mínimo veinticinco divisiones de infantería frescas y cinco o seis de tanques, teniendo en cuenta que en este momento apenas cuento con diez divisiones de infantería y cuatro acorazadas».

Apenas son necesarios más comentarios. La retirada de Francia y Bélgica es una auténtica catástrofe.

Durante las semanas que precedieron a la operación Ciudadela, la ofensiva alemana sobre Kursk, en Rusia, durante el verano de 1943, el Führer, previsor y metódico, había hecho estudiar la puesta en estado operativo de la *Westwall* —la Muralla Occidental—, que los Aliados denominaban Línea Sigfrido.

La construcción de la *Westwall* fue iniciada por orden de Hitler en 1936. Era la respuesta política a la Línea Maginot, pero era mucho menos poderosa y sólo estaba pensada para sostener unidades móviles en «situación defensiva». A pesar de sus imperfecciones y los años transcurridos, era aún una línea fortificada sólida, que podía ser reacondicionada y en la que era posible detener al enemigo durante cierto tiempo.

La *Westwall* se extendía desde la frontera holandesa hasta Suiza. En algunos puntos alcanzaba una profundidad de mil metros. En sectores vitales como el Sarre, Colonia y Karlsruhe, podían contarse unas cuarenta casamatas por kilómetro cuadrado. Sin embargo, en todos los casos se trataba siempre de fortificaciones ligeras que no se parecían en nada a las poderosas defensas de la Línea Maginot.

Desgraciadamente para los alemanes, en agosto de 1944, la *Westwall* está en un estado lamentable; la maleza invade los accesos a las casamatas y las troneras, las puertas blindadas están herrumbrosas y, lo que es más grave, las instalaciones de tiro están pasadas de moda. Lo que en 1939 era apto para los cañones de 37 y 76 mm ya no lo es para los de 75, los de 88 y los nuevos de 105 mm Centenares de casamatas tienen que ser modificadas, deben buscarse nuevos ángulos de tiro, y hay que almacenar municiones y abastecimientos.

El 5 de septiembre de 1944, Hitler ordena reabrir el tema y reconstruir la *Westwall*. Mientras tanto, Von Rundstedt ha sido de nuevo llamado para que asuma el mando del Frente Occidental. ¡Una vez más! El 10 de septiembre, llegan a la *Westwall* doscientos mil obreros, todos ellos extranjeros, para ayudar a la Organización Todt y a los zapadores en las tareas de acondicionamiento de la línea defensiva. El 15 de septiembre, el mariscal Von Rundstedt decreta:

— 1º La Muralla Occidental tiene una importancia decisiva en la batalla por Alemania.
— 2º Ordeno que la Muralla Occidental y cada una de las obras fortificadas sean mantenidas hasta la última bala.

Pero Von Rundstedt, que sabe perfectamente que las tropas no se dejan engañar por ilusorias líneas de fortificaciones que él mismo denomina con desdén «agujeros de ratas», toma sus precauciones. Ordena al general Von Knobelsdorf, comandante del Primer Ejército, destacado en el Sarre, que los soldados que ocupen las casamatas no se entierren a «esperar al enemigo». Inmediatamente, el general Von Knobelsdorf emite la siguiente orden:

> Las guarniciones de las líneas defensivas permanentes deben salir, instalar puestos de escucha y posiciones avanzadas, responder a los ataques sobre sus defensas ... La nefasta actitud de esperar a que el enemigo se acerque a distancia de granada no debe ser tolerada de ninguna de las maneras.

> Cuando el adversario se prepare para atacar o reagruparse, nadie debe permanecer en los refugios, todos los hombres deben acudir a sus posiciones de combate.

Dos cuestiones impulsan a Hitler a esperar que puedan defenderse los accesos occidentales a Alemania. La primera es militar: el fracaso sufrido en septiembre por las fuerzas aerotransportadas británicas en la localidad de Arnhem. Las tropas anglo-canadienses fueron aniquiladas por la 9ª y la 10ª Divisiones Panzer de las SS que acababan de llegar al sector. La segunda cuestión es política y viene a colación de las divergencias surgidas entre los Aliados Occidentales sobre las opciones estratégicas que se plantean para finalizar la guerra. Y a estas tensiones cabe añadir un calendario que sin duda conviene a Stalin, que no deja de utilizar toda clase de ardides con sus propios aliados. Hitler se propone sacar provecho de esta pausa en las operaciones para poner en marcha una ofensiva en el oeste que le permita restablecer el equilibrio. Esta ofensiva será lanzada en las Ardenas. Será la ofensiva de la última oportunidad.

2. El bosque de las Ardenas

16 de diciembre de 1944

La noche es glacial. La temperatura ha caído hasta los 10° bajo cero. Una niebla densa, pesada, abraza las puntas de los pinos más altos. Largos valles sinuosos cubiertos de nieve, cuyas laderas están invadidas por el espeso bosque del Eifel, separan Alemania de Bélgica, el Palatinado de Valonia. Al norte, Aquisgrán, al sur, Luxemburgo y la frontera francesa.

De pronto, el 16 de diciembre de 1944, a las 05.30 horas, el suelo de toda esta región se estremece. Un fragor indescriptible sacude la noche, el bosque parece cobrar vida. Gruesas masas de nieve caen de las ramas de los abetos; resplandores de color verduzco desgarran la oscuridad e inmediatamente desaparecen, devorados por la niebla. A lo largo de 135 kilómetros, de Monschau, al norte, a Echternach, al sur, al oeste de Tréveris, se pone en marcha la ofensiva sobre el Frente Oeste ideada por Hitler.

Las baterías de artillería alemanas, situadas a una decena de kilómetros a retaguardia, martillean con su fuego tanto localidades como posiciones avanzadas estadounidenses en algunas zonas, pero la preparación artillera no es general para poder contar en algunos sectores con el factor sorpresa. Tras la Línea Sigfrido, apenas reacondicionada, los cañones ferroviarios de 280 y 380 mm aplastan, a más de 25 kilómetros de distancia, nudos de comunicaciones y puntos estratégicos por donde pueden pasar las tropas estadounidenses para una eventual contraofensiva.

El huracán de fuego dura menos de un cuarto de hora. A las 05.45 horas, el frente parece volver a caer en esa especie de somnolencia que tanto había intrigado al Estado Mayor estadounidense durante las semanas precedentes. Sin embargo, instantes más tarde da comienzo un extraordinario espectáculo: el cielo se ilumina. La Luftwaffe ha encendido sus baterías de reflectores que, al ser enfocados sobre las nubes bajas, iluminan el suelo con su reflejo. En algunos lugares, determinados por el Estado Mayor alemán, parece haberse hecho de día. Miles de siluetas blancas surgen del bosque. Carros de combate de color gris-blanco con largos cañones les acompañan. Se oye el seco sonido de los disparos de fusil, luego las ráfagas de las MG 42, que son respondidas por las Browning estadounidenses de 12,7 mm.

La infantería alemana parte al ataque. Objetivo: salir de los bosques y alcanzar cuanto antes las zonas despejadas donde podrán desplegarse los tanques para dirigirse hacia el Mosa, Lieja y más tarde... ¡Amberes!

En ningún caso esta ofensiva es una maniobra de diversión. Es un ataque largamente meditado por el Führer y su Estado Mayor. Debe romper las líneas norteamericanas y británicas y destruir la totalidad de los ejércitos Aliados entre Luxemburgo y el mar del Norte. Las divisiones panzer alemanas esperan repetir la ruptura de mayo de 1940 cogiendo al enemigo por la espalda. El destino de Alemania se juega en esta batalla. Amberes debe convertirse en un nuevo Dunkerque.

* * *

En la parte central del frente, en el Schnee Eifel, una de las zonas más boscosas de las Ardenas, los hombres del 295° Regimiento de la 18° División de *Volksgrenadiers*[1] del Quinto Ejército Panzer surgen de las posiciones más avanzadas de la Línea Sigfrido y se dispersan como hormigas por el iluminado valle. Los Panther y los Tiger los apoyan. El eje del ataque es la carretera que lleva de Prüm a Bleialf, entre Saint-Vith y Luxemburgo, defendida por el 590° Escuadrón de Artillería de Campaña del VIII Cuerpo de Ejército del general Troy Middleton.

En la noche fosforecente, los granaderos se amontonan sobre los tanques camuflados de color blanco. En medio de las ráfagas de armas automáticas y de las explosiones de los proyectiles de mortero, se alza el sonido característico de las cadenas de acero de los tanques. Mientras, los semiorugas blindados de transporte de infantería patinan en el pequeño camino helado que se extiende en el flanco del valle.

A la derecha, remontando una ladera, un Tiger cargado de granaderos aparece en el linde del bosque: a unos mil doscientos metros se encuentra la carretera de Bleialf. El tanque pertenece al XLVI Cuerpo Panzer del general Walter Lucht.

El Tiger se detiene, los soldados saltan del carro de combate y se despliegan en la nieve. Al otro lado de la carretera, un Sherman, actuando como apoyo blindado del 423° Regimiento de Infantería estadounidense del coronel Charles Cavender, desciende por la pendiente, titubeante, incluso se diría que torpemente, de vez en cuando patinando a pesar de sus cadenas con eslabones cauchutados.

Hans Spe, el artillero del Tiger, pega su ojo al periscopio. La torreta gira sesenta grados. La tripulación espera. La bombilla roja iluminando la letra «F» indica que todo está preparado. La larga manecilla gira lentamente en el cronómetro del conductor, el *Feldwebel*[2] Schmidt, un veterano del Frente Ruso, Cruz de Hierro de primera clase, Medalla de Invierno, destinado a la unidad para prestar apoyo con su experiencia a los jóvenes reclutas del Eifel.

Los segundos pasan lentamente. Las dinamos ronronean. El radiotelegrafista, el cabo Bruckmann, de Coblenza, sopla sus dedos entumecidos por el frío —el interior del Tiger es una auténtica nevera. Bruscamente, las numerosas cifras que aparecen en la óptica del Tiger empiezan a girar. El Sherman acaba de aparecer en el campo de tiro. Spe pisa el pedal de disparo y los triángulos se unen en el visor.

Un disparo seco. Los ventiladores expulsan el humo acre de la torreta.

A lo lejos el Sherman se detiene. El proyectil de 88 del Tiger lo ha alcanzado de lleno en su costado derecho. Una humareda negra se escapa del compartimento del motor, mientras la tripulación intenta salir del vehículo. Los fusiles ametralladores del tanque crepitan. El Sherman arde; dos norteamericanos que intentaban alcanzar un refugio son alcanzados por la MG 42.

Schmidt pone el motor en marcha. Bajo el impulso de sus mil caballos, el Tiger salta. Schmidt bloquea la cadena izquierda. El carro de combate gira y alcanza el linde del bosque. Spe tiene el tiempo justo de hacer pivotar la torreta hacia atrás para evitar que el largo tubo del cañón se trabe entre los árboles. Entre un torbellino de nieve, las 55 toneladas del Tiger se detienen brutalmente tras un talud. Queda totalmente escondido.

Los cañones alemanes no dejan de disparar. La artillería estadounidense responde al azar. En el pequeño valle el tanque norteamericano sigue ardiendo en silencio. Una gran columna de humo se eleva y serpentea sobre la nevada campiña, iluminada por la fosforescente niebla.

Los granaderos alemanes han superado el Sherman y han alcanzado la otra ladera. Dos secciones llegan en su ayuda, apoyadas por seis Panzer IV J provistos en sus flancos del nuevo faldón hecho de planchas de acero que refuerza la protección contra los proyectiles de carga hueca de los bazookas estadounidenses.

Son las 06.00 horas. La carretera de Bleialf ha sido cortada. El avance alemán continúa. Los seis Panzer IV J han desaparecido en el bosque, al otro lado del valle. Hans Spe, que acaba de destruir su primer Sherman, anuncia triunfalmente a la tripulación del Tiger:

—*Die Strasse ist frei!*[3]

3. La ofensiva *Wacht am Rhein*

Octubre de 1944

Un calor opresivo. Silencio. Un fuerte olor a resina de pino domina este bosque de Prusia Oriental en el que se esconde el Cuartel General del Führer, la *Wolfsschanze*,[1] cerca de Rastenburg.

Hitler se repone de las heridas leves que sufrió en el atentado del 20 de julio, cometido por el coronel Klaus von Stauffenberg mediante un maletín de cuero cargado de explosivos, que sólo la intervención «providencial» de un oficial del Estado Mayor impidió que acabase con la vida del Führer. La gruesa madera de una mesa de mapas amortiguó la explosión y Hitler sólo sufrió algunas contusiones y la perforación del tímpano izquierdo. Sin embargo, su sistema nervioso ha sufrido una tremenda sacudida y de forma intermitente su brazo izquierdo padece incontrolables temblores.

Después del atentado permanece mucho más tiempo en sus habitaciones, guardando cama, y apenas se levanta para atender a los invitados más eminentes o a los más heroicos soldados.

El Führer recibe diariamente informes de todos los frentes que le transmite un oficial del Estado Mayor. De hecho, momentáneamente ha delegado la dirección de las operaciones, ciertamente de menor importancia durante el mes de agosto, en el mariscal de campo Wilhelm Keitel y el *Generloberst* Alfred Jodl, jefe de Operaciones del OKW, que no son, a pesar de su cargo y sus funciones, más que simples ejecutores.

Hitler lee mucho. Pero sobre todo, relee los libros que tiene en su refugio blindado: Hegel, Nietzsche y especialmente un libro que lleva veinte años en su cabecera, *El mundo como voluntad y representación* de Schopenhauer.

De este modo, el amo de Europa se «rearma» tras cuatro años de fatigas, de desgaste prematuro a la cabeza de uno de los ejércitos más poderosos de la historia. Poco a poco recupera su *energía vital* y, sobre todo, aquellas fuerzas que permanecen ocultas y que le permiten, después de los fracasos, resolver con un empuje casi mágico las situaciones más comprometidas: «En efecto, actuamos en los grandes momentos, cuando hay que dar pasos decisivos, menos por un exacto conocimiento de lo que conviene hacer que por un impulso interior; se diría que es un instinto que procede de lo más profundo del ser...», escribió su maestro Schopenhauer.

Hitler se replantea la guerra. Los acontecimientos son graves. Es por ello por lo que cree que tras haber sufrido una serie de reveses en la mayoría de los frentes, no hay que demorarse en recuperar la iniciativa.

A partir de la ofensiva soviética de enero de 1944, a la cabeza de la cual se encuentran los generales Zhukov, Vatutin, Koniev, Malinovsky y Rokossovsky, por sólo citar a los principales jefes de grupos de ejércitos, la retirada alemana en Rusia se convierte en muchos puntos en desbandada. Divisiones enteras han desaparecido, decenas de generales han caído prisioneros y mucho material se ha perdido. A pesar del reclutamiento en masa, la incorporación a filas de obreros y el alistamiento de voluntarios extranjeros, sobre todo en las Waffen SS, las pérdidas no pueden ser compensadas.

La Wehrmacht ha perdido la iniciativa en todas partes. En julio de 1944, la URSS queda totalmente liberada. Sus ejércitos han conseguido incluso una cabeza de puente en la orilla izquierda del Vístula; los yacimientos petrolíferos de Ploesti han sido conquistados; el régimen del mariscal Antonescu en Rumania ha sido barrido. Frente al empuje ruso y la deserción de los rumanos, las fuerzas alemanas estacionadas en Grecia y Bulgaria han tenido que retirarse a través de los Balcanes, hostigadas por las poderosas guerrillas de Tito. La mayoría de las divisiones, acosadas continuamente por los titistas, se reagrupan en Croacia y el norte de Hungría, desde donde cubrirán, hasta las últimas semanas de la guerra, tanto Austria como Iliria.

En los Balcanes, a pesar de las hábiles maniobras de las guerrillas yugoslavas, las divisiones consiguen replegarse en buen orden. En Italia, el mariscal Kesselring también consigue estabilizar el frente. Detiene al Octavo Ejército británico en el Arno, entre Pisa y el mar Adriático.

Bajo los terribles bombardeos que han asolado las ciudades alemanas, las fábricas continúan funcionando. La producción de armamentos y municiones crece gracias al impulso del ministro de Armamentos, Albert Speer, el antiguo arquitecto de Hitler, autor de la nueva Cancillería y del estadio de Nuremberg.

A la espera de las «nuevas armas», supuestamente terroríficas, que Goebbels anuncia que estarán próximamente disponibles, las tropas alemanas combaten con un material del año anterior, si se exceptúa el Königstiger de más de 60 toneladas, que hace su aparición durante la batalla de Normandía.

Este material reemplaza progresivamente al antiguo. El Tiger, un tanque poderoso y pesado, provisto del sensacional cañón de 88 mm, protegido frontalmente por un blindaje de 11 centímetros, supera la velocidad de 40 kilómetros por hora en carretera y pesa 55 toneladas. El Panther, un carro medio de 43 toneladas, armado con un cañón de 75 mm, tres ametralladoras, y una tripulación de cinco hombres, en el que se combina de forma equilibrada la protección, la velocidad y la potencia de fuego. Por último, está el Mark IV, de 24 toneladas, provisto de un cañón de 75 mm, cuyo prototipo vio la luz en 1938, y que hasta el final de la guerra será el pilar básico de todas las divisiones panzer alemanas.

Al lado de estos carros de combate, y en su apoyo y en el de la infantería, se encuentran los cañones de asalto como el Elefant, de 68 toneladas —tan pesado que algunas unidades deberán detenerse durante la ofensiva de las Ardenas ante la fragilidad de algunos puentes; el Jagdtiger, de 76 toneladas y con un cañón de 128 mm, un potente cazacarros; el Sturmgeschutz III Ausf G; o el Jagdpanzer IV/70, provisto del mismo cañón que el Panther.

La artillería presenta pocas novedades. Siguen dominando las piezas clásicas como el célebre cañón de 88 mm, originalmente pensado como cañón antiaéreo, el montaje cuadrúple de 20 mm para DCA (defensa antiaérea), montado sobre el chasis de un Panzer IV, o los nuevos lanzacohetes ya utilizados en el Frente del Este. Los cañones antitanque (PAK) de 75 y 88 mm continúan siendo la base de la defensa contracarro, a la espera de los problemáticos nuevos cañones de ánima cónica, que la falta de tungsteno, indispensable para las municiones especiales necesarias para estos cañones, impide fabricar en serie.

Las tropas de élite, en particular las fuerzas del *Obersturmbannführer* Joachim Peiper, reciben un nuevo fusil de asalto, el Sturmgewehr. A esta lista, sin pretensión de exhaustividad, se añade el SdKfz 251, un semioruga blindado fabricado por Hanomag capaz de transportar doce hombres, y que desde el principio de la guerra ha sido el transporte habitual de la infantería que acompaña a los carros de combate. El SdKfz 251 también ha sufrido con los años numerosas transformaciones, convirtiéndolo en vehículo de mando o agregándole cañones o lanzacohetes. También está el panzerfaust, una copia del bazooka estadounidense, un lanzacohetes anticarro portátil.

En el cielo, la Wehrmacht cuenta con el apoyo de lo que queda de la ambiciosa Luftwaffe de Goering. Además de los aparatos ya clásicos como los cazas Messerschmitt 109 y el Focke Wulf 190, o el Junkers 188, el más moderno bombardero en picado, aparece por primera vez un aparato a reacción, el cazabombardero birreactor Messerschmitt 262. La Luftwaffe también dispone de armas de represalia, las conocidas como armas V..., la V-1 y, a partir de septiembre de 1944, la V-2.

El Führer está acomodado en su sillón. Invita, con un ligero gesto de su mano derecha, a su ministro de Armamentos, Albert Speer, a sentarse frente a él. Por una de las pequeñas ventanas de la casa de madera de la *Wolfsschanze,* en la que se encuentra la sala de Operaciones del Cuartel General, pueden verse los pinos que tocan el tejado en el que se han plantado otros más pequeños, haciendo que el camuflaje sea aún más completo para los aviones que sobrevuelan la zona.

Hitler plantea una serie de preguntas sumamente precisas, como ya es habitual, con tono firme pero sosegado. Speer, que acaba de llegar de Berlín en avión, privilegio que sólo comparte con el gran almirante Doenitz, recupera la esperanza cerca de este hombre excepcional.

Sin embargo, las esperanzas van desvaneciéndose día a día y, a pesar que el doctor Goebbels intenta insuflar fuerzas renovadas a la moral desfalleciente de la población alemana visitando las ciudades en las que ya sólo quedan ruinas y arengando a los supervivientes, parece que el Tercer Reich tiene ya los días contados. A menos que un milagro... ¿Acaso la vida de Hitler no está repleta de ellos, el último producido el 20 de julio? Parece que la Providencia no quiera abandonarlo, así como tampoco al pueblo alemán.

Sostenido por su fe inquebrantable en el destino de la raza germánica, el Führer prepara la revancha después de tantas derrotas sufridas desde 1942. Ha reflexionado durante su convalecencia. La ha ideado, precisado, definido. Sólo le faltan las cifras de producción de armas, de materias primas, de carburante, para poder tener una visión completa de esta ofensiva que quiere desencadenar en el oeste, en otoño. Éste es el motivo por el que ha llamado a Albert Speer para que acuda con la máxima urgencia.

Hitler fija su mirada atenta en Speer.

—Speer, le pido discreción absoluta sobre lo que le voy a contar.

Tras una estudiada pausa, prosigue:

—He decidido desencadenar una ofensiva en el oeste. Una poderosa ofensiva que contribuirá a restablecer nuestro frente, nos devolverá la iniciativa y neutralizará a los anglosajones durante varios meses. La producción actual de armamentos y municiones y nuestras reservas de carburantes y de piezas de repuesto ¿nos permitirían llevar a cabo una operación de larga duración?

—Me parece muy difícil.

—Yo no le pregunto si le parece difícil, sino si es posible.

Speer reflexiona unos instantes e, intentando evitar uno de los frecuentes ataques de cólera de Hitler, responde afirmativamente. El Führer vuelve entonces a la carga.

—¿Cuántos Panther hemos producido durante el mes de septiembre?

Speer consulta las notas que su secretariado tiene siempre al día.

—790, mi Führer.

—¿Camiones?

—Unos 5.000.

—¿Cañones de campaña?

—Sumando pesados y ligeros, hemos fabricado 630.

—¿Cuántos cañones anticarro?

—868.

—¿Subfusiles?

—60.000. No cuento los fusiles y las ametralladoras, especialmente el Sturmgewehr que, según Saur,[2] han aumentado en unidades producidas en relación al mes pasado.

El Führer permanece pensativo.

—¿Hemos superado nuestros problemas en cuestión de locomotoras y vagones?

—Durante los últimos seis meses hemos producido tantos vagones y locomotoras como en todo el año 1943.

—¿Podemos afrontar una ofensiva a gran escala con nuestras reservas de carburante?

—Podríamos llevar a cabo una ofensiva siempre y cuando no superase los quince días.

—¡Eso no basta! Necesito reservas de carburante por lo menos para un mes.

—¡Mi Führer, eso es imposible!

—Hay que localizar las reservas que nos faltan. He hablado con Keitel. Según él, podríamos conseguirlas. ¿Su trabajo no consiste en organizar, planificar y localizar?

Speer no se inmuta.

—Lo intentaré, responde en un tono que intenta que sea convincente. Quizá podamos disponer del carburante necesario para el Ejército de Tierra, pero será más difícil conseguir el combustible para la aviación. En este momento, por ejemplo, un grupo de caza estacionado en Krefeld, y que dispone de 37 aviones operacionales, no puede volar a pesar del buen tiempo. Forzado a la inacción durante dos días, sólo ha podido actuar al tercero, con 20 aparatos, y hasta Aquisgrán, tras haber recibido 20 toneladas de combustible. Mientras inspeccionaba la base de entrenamiento de Werneuchen, al este de Berlín, el comandante me explicó que cada alumno podía hacer tan sólo una hora de vuelo de entrenamiento por semana, ya que la unidad sólo recibía una pequeña parte del carburante que necesitaba.

Hitler parece no entender y golpea con firmeza el brazo del sillón:

—Son necesarias estas reservas y todo ese material para sostener un buen número de divisiones y trenes en cantidades suficientes para transportar todo ello desde cualquier punto del Reich hacia el Rin —argumenta sin apartar la mirada de Speer—. Además tiene que organizar una unidad de obreros alemanes de la construcción, que cuente con la motorización suficiente para poder llevar a cabo la construcción de puentes de todo tipo, aunque el tráfico ferroviario quede interrumpido. Aténgase a las formas de organización que fueron puestas en práctica durante la campaña de Francia de 1940.

—No disponemos de los camiones necesarios para poner en marcha semejante operación, mi Führer.

—Hay que dar la máxima prioridad a la ofensiva que proyecto en las Ardenas —interrumpe Hitler—, sean cuales sean las consecuencias. Es el golpe definitivo. ¡Y tiene que triunfar!

¿El Führer está convencido de lo que plantea o bien intenta convencerse a sí mismo como sucede tan a menudo durante sus largos monólogos?

—Si esta ofensiva fracasa —añade— será imposible que esta guerra termine favorablemente ... Pero superaremos la situación. Sólo necesitamos una ruptura en el Frente Occidental ¡Y ya verá! Esto hará que los norteamericanos se hundan y caigan presas del pánico. Nos lanzaremos hacia el centro y tomaremos Amberes. Perderán el puerto por el que se abastecen y el ejército británico quedará encerrado en una gran bolsa. Haremos centenares de miles de prisioneros. ¡Como hacíamos antaño en Rusia!

Lo que Hitler no dice a Speer es que ha tomado su decisión de presentar batalla en las Ardenas tras consultar a Krafft, su astrólogo, que goza de una gran influencia en importantes sectores del Tercer Reich. Los estudios astrológicos de Krafft han aconsejado al Führer desencadenar «la última batalla» en el macizo de las Ardenas, con el objetivo de alcanzar el mar del Norte.

Una vez más, Hitler quiere lanzar contra los «mercenarios del mundo occidental», que él aborrece, lo que queda de los cuerpos de élite del ejército nacionalsocialista. Quiere vencer con los últimos superhombres que el Partido ha creado a lo largo de los últimos diez años. La ofensiva Guardia en el Rin será su última operación «mágica».

El 8 de octubre, la batalla al sur de Aquisgrán es especialmente mortífera. Se combate en cada pueblo, en cada aldea. Cerca del Roer, en prados a menudo inundados, la infantería estadounidense transportada por los DUKW anfibios y reforzada con carros de combate ejerce una fuerte presión sobre las líneas alemanas.

La 5ª Sección de la 8ª Compañía de Granaderos Panzer acaba de relevar al anochecer a las tropas del 20º Batallón de *Volksgrenadiers*, agotadas por los continuos ataques norteamericanos. Los hombres toman posiciones al borde del bosque y se instalan refunfuñando en las trincheras abandonadas por sus camaradas.

El sargento jefe Schmauser, al mando de la sección, reforzada por un mortero de 80 mm y una MG 42, presiona a sus hombres, la mayoría novatos, muy jóvenes y que nunca han estado antes en primera línea. Muchos han tenido sus primeros contactos con las cuestiones militares estando en la *Hitlerjugend*:

—Quizá saben distinguir entre un panzerfaust y un panzerschreck —dice Schmauser—, pero son incapaces de cavar un hoyo en tres minutos para protegerse del fuego de mortero.

Schmauser es un veterano. Tras un permiso de tres días ha sido destinado al frente de Aquisgrán, en pleno colapso. Viene del Frente del Este, donde ha obtenido su Cruz de Hierro de primera clase por haber conseguido regresar a las líneas propias con su sección y su armamento al completo tras una retirada épica a través de las brigadas soviéticas que se precipitaban sobre Polonia.

El cabo Schmidt, apuntador de un mortero, y el sargento Egruber, al mando de las tropas de refuerzo y la MG 42, también proceden del Frente del Este.

La noche ha caído. En la posición todo está en orden. Antes de ordenar a sus hombres que descansen, Schmauser inspecciona las posiciones. Los centinelas están en sus puestos, uno de ellos está más avanzado, en un agujero cercano a unos matorrales. A la derecha se encuentra la 9ª Compañía, a la izquierda la 15ª, apoyada por cuatro cañones autopropulsados provistos con el temible cañón de 88 mm que también equipa a los tanques pesados Tiger y Königstiger.

El sargento jefe regresa a la trinchera y como si se tratara de un topo se precipita al interior de un refugio protegido por troncos. Sobre el conjunto se ha tendido una red de camuflaje salpicada de hojas muertas. Schmauser se mete en el saco de dormir y cae en un profundo sueño después de decir: «¡Mejor estar aquí que en el Este!».

Al amanecer el cielo se cubre. La llanura adquiere un tono rosado y una granja, a la derecha, en la tierra de nadie, se tiñe de violeta. De pronto, brutalmente, los proyectiles de artillería estadounidenses sobrevuelan las posiciones alemanas. Unos segundos más tarde las explosiones sacuden la retaguardia.

—¡Alarma! —grita Egruber mientras sale de su refugio poniéndose los pantalones.

Schmauser se reune con él.

—¿Es un ataque de la infantería norteamericana?

—Sí, sargento, el soldado Kauffmann ha localizado cuatro Sherman cerca de la granja. Hay una importante concentración de tropas.

—¡Les vamos a dar una lección!

Un cuarto de hora más tarde, la barrera artillera estadounidense cesa.

—Con toda seguridad —sentencia Schmidt—, los cowboys volverán a la carga, aunque ahora se tomen un respiro. No son como los soviets, que siempre tienen un comisario de la NKVD en el culo.

Apenas ha terminado esta histórica reflexión cuando los cohetes estadounidenses empiezan a impactar en el bosque.

—¡Mierda! —maldice Schmidt— ¡No sabía que los yankis también tenían cohetes como los soviets!

Hay que esconderse rápidamente. Tras la sección, las llamas se apoderan del bosque. Los cohetes llueven del cielo y, tras una decena de salvas, vuelve la calma. De inmediato, los hombres vuelven a sus puestos de combate, los jóvenes reclutas aún estupefactos por este fulgurante bautismo de fuego.

A la tormenta de fuego de artillería y cohetes le sigue un silencio que parece irreal. Como por arte de magia la campiña se paraliza; de los deshojados y todavía trémulos árboles no se eleva ningún ruido. Sin embargo, a lo lejos, entre la granja y un bosquecillo, se ponen en marcha unas masas verdes, cubiertas de ramas, de las que sobresalen cañones cortos. Se oye el ruido de los motores y las cadenas. Tras ellos la infantería estadounidense se despliega.

—¡Doce Sherman se dirigen directamente hacia nosotros! —Suelta Schmauser sin apartar los ojos del periscopio.

Avanzan apoyados por cuatro destructores de tanques M-10.[3]

A treinta metros a su derecha, emergiendo apenas de un agujero hábilmente camuflado, el cabo Schmidt observa con sus prismáticos a los estadounidenses que avanzan por la llanura. Ahora puede oírse a la perfección el sordo zumbido de los motores y el estrépito de las cadenas, a pesar de las piezas de caucho que llevan los eslabones de las cadenas de los tanques estadounidenses. Al lado de Schmidt se yergue el tubo del mortero, casi vertical. El apuntador tiene el ojo clavado en la mira. Los dos servidores, unos muchachos que intentan disimular el miedo que los atenaza, alinean los proyectiles de 80 mm que, en breve, habrá que ir metiendo en el tubo con una cadencia endiablada.

De vuelta a su refugio, el sargento jefe Schmauser recibe una llamada telefónica del coronel. Le ordena resistir en la posición, cueste lo que cueste: «El bosque debe seguir en nuestras manos. ¡No está permitido ningún desfallecimiento!», añade el coronel antes de colgar.

—Lo he entendido perfectamente —masculla Schmauser mientras coge su MP-38 y le quita el seguro.

Se ajusta el casco y, a grandes zancadas, regresa a su puesto de mando donde se encuentra con Egruber.

La infantería estadounidense ya está desplegada en la llanura. Unas dos compañías, apoyadas por los doce Sherman y los cuatro M-10. Schmauser ordena disparar cuando el enemigo ascienda la pequeña pendiente, a unos 300 metros. Los jóvenes reclutas son presa de los nervios: si les dejasen hacer atacarían ahora mismo. El mortero y las ametralladoras dispararán a una distancia de 300 metros, los panzerfaust dispararán contra los carros a menos de 100 metros.

Schmidt espera la orden del sargento Egruber. Con los ojos pegados a los prismáticos, calcula la distancia:

—¡No más de 400 metros! Parece que estén de maniobras. Los soviets se mueven mucho más, sobre todo los fusileros siberianos ... 350 metros ... ¡Mierda! ¡Tener que resistir en este condenado bosque! En el Estado Mayor tienen unas ideas sensacionales. 300 metros... ¡El viejo quizá quiera que nos enzarcemos en un cuerpo a cuerpo a la bayoneta o con las palas, como en Rusia!

En ese mismo instante, Schmauser ordena abrir fuego. Schmidt se gira hacia el apuntador:

—¡Alza cuatro, distancia 300 metros! —Ruge.

El mortero, mientras se estremece hasta su base, parece vomitar los proyectiles.

Los Sherman responden disparando proyectiles de carga explosiva contra el bosque. Uno de los muchachos que, presa del pánico, no ha esperado la orden de disparar su panzerfaust hasta que su blanco se encuentre a menos de 100 metros, acaba de enviar un cohete de carga hueca contra uno de los carros norteamericanos. Desgraciadamente, se encontraba demasiado alejado. El proyectil impacta en la parte superior de la torreta de un Sherman y se desvía hacia el cielo.

Las MG 42 alemanas envían ráfagas largas. Varios soldados estadounidenses caen abatidos y forman pequeños montones sobre los campos de labranza. Sus compañeros corren en busca de abrigo tras los tanques, que continúan avanzando como si se tratase de grandes juguetes mecánicos.

Las MG 42 no dejan de disparar, a pesar de las explosiones de los proyectiles de 75 mm disparados por los Sherman; cada vez caen más peligrosamente cerca de las MG. Los tanquistas estadounidenses, desde la torreta de su M-10, buscan con sus prismáticos el emplazamiento de las dos ametralladoras alemanas y el del mortero. Schmidt sigue dirigiendo el mortífero fuego de su mortero y los proyectiles, cuando estallan, proyectan sus fragmentos a ras del suelo, obligando a los infantes norteamericanos a montar en la parte trasera de los Sherman, donde se encuentra el motor, que les acaba quemando los riñones.

Un impacto directo de un proyectil de 75 mm acaba con la MG de la izquierda y con sus servidores. ¡Una victoria efímera! Esta vez la carga hueca de un panzerfaust lanzada desde unos 70 metros alcanza al Sherman más avanzado. El disparo ha alcanzado el costado derecho, cerca del motor. El carro de combate se detiene de golpe. La cadena se suelta. Empieza a arder mientras dos tripulantes saltan de la torreta. Los otros tres no pueden salir de su ataúd incandescente.

Los Sherman retroceden para situarse fuera del alcance de los panzerfaust. Mientras esperan órdenes, los estadounidenses parece que quieren detener el ataque. Por lo que parece, su preparación artillera ha sido demasiado corta y mal concebida.

Schmidt aprovecha para dejar de disparar. El tubo de su mortero está incandescente. La tregua no le impide distribuir entre los servidores unas cuantas minas T, por si el enemigo regresa al ataque.

Sin embargo, los norteamericanos se retiran. Cuatro Sherman y un M-10 se refugian tras un hangar en ruinas.

Schmauser ordena que cese el fuego de la única MG 42 que le queda. No tiene tanques y los pocos hombres con los que cuenta no le permiten contemplar la posibilidad de llevar a cabo un ataque. Igualmente, está orgulloso de su sección, los hombres de Egruber y Schmidt, que han sido capaces de resistir el ataque.

Se oyen gritos en las trincheras:

—¡Enfermeros! ¡Enfermeros!

Del lado estadounidense, a pesar de su potencia de fuego, la situación no es mucho mejor. Schmauser observa con su periscopio las idas y venidas por la llanura de los enfermeros estadounidenses, con sus cruces rojas pintadas en sus cascos y sus paquetes sanitarios para primeras curas.

A plena luz del día, lo que más teme el sargento jefe es la aviación, especialmente el ataque de los cazabombarderos Thunderbolt. Los soldados alemanes lo temen tanto como el ataque de los siberianos, provistos de sus largas bayonetas o sus subfusiles Chpaguine.

A las 10.00 horas, dos Thunderbolt localizan la posición alemana. Vuelan tan bajo que se puede ver claramente el rostro del piloto. La sección de Schmauser tiene el tiempo suficiente de precipitarse a los refugios, que sus anteriores ocupantes se preocuparon de reforzar para poder soportar los constantes ataques aéreos. Los aviones describen un amplio giro, se enderezan, viran de nuevo y pican sobre el bosque.

De inmediato, una parte del bosque estalla en llamas, pero afortunadamente los contenedores de napalm no caen sobre los refugios. Instantes más tarde, Schmidt y los servidores de la MG ponen a ésta en batería. ¡Ya era hora! Los estadounidenses atacan.

El combate se traslada a las trincheras y prosigue con un furioso cuerpo a cuerpo. Los subfusiles crepitan. Muchos hombres caen. El veterano Schmidt consigue colocar una mina T bajo uno de los Sherman, que explota. Schmauser está convencido que es el fin de su sección. Rechazada hacia el bosque en llamas, no podrá resistir mucho más. Entonces, se produce un milagro. Un Sherman y un M-10 saltan por los aires. Los estadounidenses vacilan y emprenden la retirada.

Cuatro Jagdpanzer, acompañados por dos Panther, acaban de hacer acto de presencia desde la derecha, con ellos llegan los granaderos de la 15ª Compañía. Los dos Panther se dirigen hacia las ruinas de la granja, mientras los cazacarros destruyen otros dos tanques estadounidenses que cubrían la retirada de sus tropas.

La granja vuelve a ser ocupada por los alemanes por sexta vez.

Los combates son encarnizados a lo largo de todo el frente del Roer y en Aquisgrán. Los alemanes no pueden ceder un metro de terreno sin dejar al descubierto el valle del Rin. Una brecha sería desastrosa. Los Aliados quieren por todos los medios ejercer una intensa presión sobre el frente alemán en Renania y el Palatinado para fijar a las reservas alemanas. Los estadounidenses necesitan cuatro semanas para cubrir los 12 kilómetros que les separan del Roer. La localidad de Hürtgen es tomada y recuperada dieciocho veces y Vossenack sufre la misma suerte en veintiocho ocasiones. Este éxito defensivo alemán se consigue en gran parte gracias a la tenacidad y la habilidad de Von Manteuffel, que ha sabido utilizar de forma admirable los terrenos inundados para proporcionar a su Quinto Ejército Panzer la máxima eficacia en sus disparos defensivos.

4. Skorzeny

23 de octubre de 1944

El *Sturmbannführer* Otto Skorzeny observa por la ventanilla del lento trimotor Junkers 52 los bosques sembrados de lagos de Prusia Oriental, mientras el avión se prepara para aterrizar en la pista cercana a la *Wolfsschanze*, el Cuartel General de Hitler. El paisaje le recuerda a Friedenthal.

En la primavera de 1943 localizó en Friedenthal, a 20 kilómetros al norte de la capital del Reich, cerca de Orianenburg, un pequeño castillo de la época de Federico el Grande, situado en el centro de un gran parque, al que la dejadez había devuelto al estado salvaje. Las vastas praderas cercanas a la propiedad eran ideales para sus proyectos. Podía, en efecto, emprender la preparación de campos de maniobras, de tiro y de salto, la construcción de barracones donde llevar a cabo los cursos y de los hangares necesarios para albergar el equipo de las fuerzas especiales que, según las instrucciones del mismo Hitler, debía organizar. Las instalaciones, aún rudimentarias, de lo que se denominaba *Sanderverband ZBF Friedenthal* estaban al mando de un oficial holandés de las Waffen SS.

Skorzeny había sido llamado para reorganizar la unidad con la máxima urgencia para convertirla en una fuerza de operaciones especiales, dedicada principalmente a los sabotajes y a los ataques por sorpresa en la retaguardia enemiga.

Con el apoyo de los *Obersturmführer* Werner Hunke y Karl Radl, Skorzeny creó en 1944 fuerzas de operaciones especiales con un gran nivel de entrenamiento, inspirándose en los comandos británicos y estudiando principalmente la organización, el entrenamiento y el armamento del *Special Air Service* (SAS) del célebre coronel David Sterling.

Skorzeny recuerda las semanas de entrenamiento y las operaciones que el Führer le ha encargado: la liberación de Mussolini de su prisión en el Gran Sasso el domingo 12 de septiembre de 1943 y la operación *Panzerfaust*, llevada a cabo recientemente y gracias a la cual se consiguió desbaratar el 15 de octubre de 1944 el plan de capitulación de Horthy, el regente de Hungría.

El avión aterriza. La última de las tres hélices aún gira. Se abre la puerta de la carlinga. Un capitán asciende ágilmente por la escalerilla que acaban de instalar. La silueta —de un metro noventa y seis centímetros— de Skorzeny se recorta en el umbral.

—¿El *Sturmbannführer* Otto Skorzeny?

—Soy yo.

—Tengo orden de llevarle de inmediato al Cuartel General.

El gran automóvil Mercedes circula a toda velocidad en dirección a la *Wolfsschanze* por una carretera pavimentada que atraviesa el bosque de pinos.

Tras franquear los tres cinturones de seguridad, el automóvil se detiene delante de lo que se conoce como «La Casa del Té». Skorzeny penetra en el ala derecha, reservada a los huéspedes destacados.

Una hora más tarde, el Führer, que ha hecho saber al general Jodl que quiere ver a Skorzeny a solas, recibe a este último en el búnker de la *Wolfsschanze*.

—Desde ahora —dice Hitler dirigiéndose a Skorzeny— es usted *Obersturmbannführer* de las Waffen SS y le condecoro por su éxito en la operación *Panzerfaust* y por impedir que el gobierno húngaro firmase un armisticio con los soviéticos.[1]

—Mi Führer, los soldados que estaban a mis órdenes han tenido un papel...

—¡No me agradezca nada! Cualquier recompensa que usted pueda solicitar para sus hombres ya han sido concedidas de antemano. Enseguida podrá comprobarlo con Günche, mi ayuda de campo.

Los dos hombres se encuentran en una pequeña habitación del búnker en la que la respiración se hace difícil; los espesos muros, que soportan una losa de siete metros de espesor, rezuman humedad —el refugio ha sido terminado apenas hace quince días.

—Skorzeny ¿Conoce las Ardenas belgas?

—Las crucé una vez, mi Führer.

Hitler permanece unos instantes en silencio. Observa al *Obersturmbannführer*. Éste se dispone a ponerse en pie y chocar sus talones...

—Permanezca sentado. Pronto recuperaremos la iniciativa en el oeste.

Otto Skorzeny muestra un imperceptible gesto de sorpresa, sus ojos parecen relampaguear.

—Tres ejércitos a las órdenes del mariscal de campo Model —continúa Hitler—, se lanzarán al asalto de los angloamericanos entre Aquisgrán y la frontera francesa. No hace falta que le diga que todo lo que le estoy explicando es absolutamente ultrasecreto.

—Estoy a sus órdenes, mi Führer.

—Quizá sea la operación más importante que le encargue nunca. Deberá, con sus tropas especiales, tomar uno o varios puentes sobre el Mosa, entre Lieja y Namur. Sus hombres deberán cruzar las líneas enemigas llevando uniformes británicos y estadounidenses. Acabo de averiguar que los americanos utilizaron la misma estratagema frente Aquisgrán en septiembre. Por otra parte, algunos de sus comandos sembrarán la confusión hasta en los Estados Mayores enemigos. Sé que el tiempo del que dispone es escaso para poder montar semejante operación, pero también sé que usted hará todo lo que pueda. Para todas las cuestiones de detalle está el general Jodl. ¡Ah! Otra cosa: no quiero que usted se acerque a la línea de fuego. Durante la ofensiva será necesaria su presencia cerca del frente, pero sería un desastre que usted resultase herido o cayese prisionero.

—Pero, mi Führer, es necesario que en combate esté con mis hombres...

—Permanecerá en la retaguardia. Entiéndame Skorzeny, no quiero que se exponga al fuego bajo ningún concepto. Se lo ordeno.

Hitler observa al oficial y añade:

—Tengo una absoluta confianza en usted, querido Skorzeny

Es así como Otto Skorzeny recibe el encargo de poner en marcha una de las operaciones que debe formar parte de la *Wacht am Rhein*. Su nombre: *Greif*. Recibe su nombre del grifo, un animal fabuloso, mitad águila, mitad león.

A Skorzeny se le confían dos misiones muy bien definidas: la 150ª Brigada Panzer debe aprovechar el hueco abierto por el Sexto Ejército Panzer de Sepp Dietrich para situarse como punta de lanza y tomar los puentes de Huy, Amay y Engis, en el Mosa, entre Namur y Lieja. Estos puentes deberán conservarse intactos para permitir a los blindados atravesar el río y lanzarse sobre Amberes. Hasta el Mosa, los oficiales y soldados de la brigada llevarán uniforme estadounidense; una vez en el Mosa, combatirán con uniforme alemán.

Pequeñas unidades, también con uniforme estadounidense, recibirán órdenes de infiltrarse tras las líneas enemigas, obtener información, cortar las líneas telefónicas, difundir falsas órdenes y mantener el estado de confusión en el adversario. Estos grupos no podrán utilizar sus armas salvo en caso de absoluta necesidad, y a partir de ese momento deberán vestir el uniforme alemán.

Las estratagemas y demás trampas entre beligerantes no están prohibidas. Un general en jefe debe tener en cuenta tanto la astucia como la fuerza. Si la estratagema consiste en acercarse al enemigo usurpando su uniforme, es lícita si se lleva a cabo antes de entrar en combate. En el momento del choque, cada beligerante debe lucir su bandera y su uniforme con lealtad, manifestando su verdadera nacionalidad.

De acuerdo con el general Jodl, la 150ª Brigada Panzer[2] estará formada por 3.000 hombres, todos ellos voluntarios.

5. Walter Model

25 de octubre de 1944

Jean Cozic era el propietario de una pequeña granja bretona entre Saint-Pol-de-Léon y Roscoff, en el Finisterre. La había heredado de su padre poco antes de que empezase la guerra. Movilizado en septiembre de 1939, ocho meses más tarde, tras la «guerra falsa», fue hecho prisionero en Abbeville por una sección de reconocimiento de la división panzer de Rommel.

Desde 1941, la agricultura alemana sufría una grave escasez de mano de obra. Los alemanes hicieron un llamamiento a aquellos prisioneros de guerra extranjeros que trabajaban la tierra en sus países de origen; estos reemplazarían a sus homólogos del otro lado del Rin enviados al frente de batalla.

Jean Cozic cambió un jergón en un lúgubre *stalag* de Silesia por una habitación encalada en una agradable granja de quince hectáreas en Renania, no lejos de la frontera de Luxemburgo. En ocasiones, cuando el viento soplaba hacia el sudeste, podía escucharse el fuego de artillería en las Ardenas belgas.

Después de tres años, se podría decir que nuestro bretón era el pilar fundamental de la granja. Lo ayudaban Hubert, un joven sargento belga que había conseguido hacerse pasar por agricultor a pesar de sus manos de estudiante, y un italiano del ejército de Badoglio que, como muchos de sus camaradas, se negó a continuar la guerra del lado alemán. Una vieja dama, que había huido de Coblenza tras un ataque de la aviación estadounidense en el que había perdido todos sus bienes, habitaba en un ala de la granja.

Después de la desaparición del granjero durante la batalla de Jarkov, en 1943, el apuesto prisionero belga empezó a cortejar a la joven granjera renana... que acabó cediendo a sus encantos.

Los habitantes de esta «granja modelo» podrían haber esperado el final de la guerra en una relativa tranquilidad si, una noche de octubre de 1944, Hubert, antes de retirarse a la habitación de su «patrona», como hacía habitualmente, no hubiese ido a ver a Jean.

—¿Has oído todo ese trajín cerca de la estación?

—No puede haber nada allí abajo, hace años que la estación está fuera de servicio. El único movimiento que hay por la zona es el escaso tráfico que circula por la pequeña carretera que va hacia Neuerburg —responde nuestro bretón, que ya conoce tan bien esta zona del sur de Renania como su tierra natal.

—No, te aseguro que hay un escándalo de mil demonios. Lo he oído perfectamente. Estaba cerca del establo que está cerca del bosque: la estación está detrás, más abajo. El ruido procedía de la misma estación de mercancías. ¡Estoy convencido que allí abajo pasa alguna cosa!

—Vamos, acostémonos. Mañana lo iremos a ver.

El amanecer es frío y el viento parece clavar agujas en el rostro de los madrugadores. La granja empieza a cobrar vida. Los dos hombres se encuentran en el patio tras asearse a toda velocidad. Se dirigen al establo para atender a los animales. Los postigos aún están herméticamente cerrados para que no penetre ni un rayo de luz, pero puede adivinarse que la granjera se encuentra en la cocina preparando la sopa. Poco a poco, la luz incierta del día descubre la silenciosa campiña, las laderas del valle por donde pasa la vía férrea —dos raíles herrumbrosos— en paralelo al encantador Eng, cuyas aguas transparentes reflejan algunos árboles, desprovistos de hojas, que se yerguen en sus orillas.

—¿Qué te parece si vamos? —pregunta Hubert.

—¿Adónde? —responde Jean.

—A la estación.

—¿Aún te preocupan los ruidos que has oído?

—Sí, me pregunto qué debían hacer allí ayer por la noche.

Hubert consigue arrastrar a su compañero. Cruzan el bosquecillo y llegan hasta la cima de una gran pradera.

Está amaneciendo. La niebla se va rompiendo a jirones sobre el campanario bulboso de la iglesia y la techumbre de los tejados más altos. Ante los dos prisioneros aparece la práctica totalidad del pueblo. Momentáneamente, cuando la niebla se deshilacha, aparece el Eng, como si se tratase de un espejo.

—La estación se encuentra a la derecha, ya se puede ver el tejado —comenta confiado Hubert—. ¡Vamos!

—¡Espero que encontremos algo que valga la pena en esta condenada estación! —protesta Jean—. No me apetece nada hacer todo este trecho por una tontería.

Los dos prisioneros trotan por la pradera en dirección a la estación.

—¡Esto está que arde! —exclama Hubert.

—Eso parece, pero...

Jean no tiene tiempo de responder. Un soldado alemán surge de la maleza apuntando con su fusil. Les interpela:

—*Kriegsgefaugenen?*[1]

—Sí —balbucea Hubert, que no esperaba esa sorpresa.

—*Kommen sie, schnell! Kommen sie! Schnell! Schnell!*[2]

El alemán se sitúa tras ellos, clavando el cañón de su Mauser en los riñones de Hubert, al que precede Jean; el pequeño grupo acaba el descenso por el prado.

Mientras avanza, a Jean no dejan de asaltarle las dudas: «¿Qué hace por aquí este *Fritz* con su fusil?», masculla cabizbajo. «¡Este tipo no me conoce! ¡Y hace más de dos años que vivo aquí!» Levanta la cabeza y se detiene bruscamente frente al espectáculo que se abre ante sus ojos.

—*Schnell! Schnell!* —grita el alemán.

Jean y Hubert aceleran el paso con la mirada fija en la pequeña estación.

Pueden verla toda. ¡Pero qué espectáculo! La estación está sumergida en un colosal embotellamiento causado por camiones, vehículos de mando, sidecares y motocicletas. Las grandes vallas metálicas de la estación de mercancías han sido derribadas (posiblemente el estruendo que escuchó Hubert la noche precedente estaba motivado por el desmontaje de las vallas). La estación de mercancías ya alberga un centro de comunicaciones de campaña. Varios soldados, encaramados sobre el tejado, despliegan una espesa red de camuflaje que otros extienden a lo largo del andén de la estación de viajeros.

Por todas partes se ven soldados atareados, unos tendiendo hilos telefónicos que enlazan con la rudimentaria red de la estación; otros montando tiendas de campaña bajo el terraplén; mensajeros del Estado Mayor entrando y saliendo de casas y habitaciones requisadas esa misma noche; y una escuadra de la Flak[3] izando un cañón ligero de 20 mm sobre el depósito de agua. ¿Por temor a la aviación estadounidense?

Tras ser arrollados casi por varios vehículos camuflados que pasaban a toda velocidad, invadiendo con un fantástico rugido al pobre pueblo, despertado prematuramente por las leyes inexorables de la guerra, Jean y Hubert son llevados ante un oficial. Sin dejar de fumar, recorre la acera de la estación, frente a su coche, en el que espera su conductor. El soldado que conduce a los dos prisioneros se ajusta el uniforme y, con una voz gutural, presenta su informe. El oficial, un comandante, lanza una mirada distraída sobre los dos hombres:

—¿Prisioneros de guerra? —dice, exagerando la pronunciación de cada palabra, sin duda para evitar que se pueda apreciar su pronunciado acento.

—Vivimos aquí desde hace más de dos años —responde Jean—. Lo podemos demostrar...

—Tienen la suerte de vivir aquí —interrumpe el oficial con dureza—, porque en lo que a mí respecta, vengo del este, del frente ruso, donde Alemania está defendiendo Europa. ¿Lo entienden?

Jean y Hubert tienen ganas de responderle que ellos hubieran preferido no haber tenido que ir a la guerra ya hace cuatro años, para defenderse del ataque de los panzer que se lanzaban hacia el oeste. Pero el comandante recupera su actitud distraída y prosigue:

—Por supuesto, viendo sus rostros tranquilos de hombres bien alimentados, habitando desde hace mucho tiempo esta preciosa región, no lo dudo.

—¡Preferiríamos volver a nuestro país! —replica Cozic.

El comandante se encoge de hombros y, tras girarse hacia el centinela para darle las órdenes en voz baja, vuelve a montarse en su vehículo camuflado con ramas, como si se tratase de un manzano en otoño, y desaparece tras una esquina de la calle principal.

Hubert se dirige en alemán al centinela para preguntarle si pueden volver a su granja. El soldado se limita a responderle negativamente con un movimiento de cabeza.

—¿Hasta cuándo estaremos aquí? —pregunta Jean, a punto de estallar.

—¡Sí... aquí! ¡Ustedes dos, esperen! —dice el alemán, jugueteando con el cerrojo del Mauser.

Los dos hombres, furiosos, se sientan en la acera y esperan fumando.

—Todo este trajín me recuerda la instalación de un Estado Mayor —dice Cozic— ¡Como mínimo es el Estado Mayor de una división!

—Pero, ¿qué se le habrá perdido aquí, en este rincón perdido, a un Estado Mayor de este nivel, con tantas fuerzas de protección y artillería antiaérea? —se pregunta su amigo.

Jean le tiende un cigarrillo y añade con un cierto tono de desengaño:

—El problema es que ya no hay rincones perdidos.

Pasa media hora. Los dos hombres desgranan recuerdos. El centinela ha apoyado la culata del fusil en el suelo y siente envidia de sus prisioneros porque al menos pueden fumar. De pronto, en un pueblo ya en efervescencia, retumban las órdenes. El centinela se aferra a su fusil mecánicamente. Los hombres corren; algunos se colocan el casco a toda prisa; otros montan en sus vehículos. Hubert lanza una bocanada de humo en dirección a la plaza.

—¿Qué debe pasar?

—¡Quizá llegan los norteamericanos! —dice el bretón con sarcasmo, mientras lanza un salivazo que pasa cerca de las botas del alemán.

Un rugido de motores se oye en la carretera que lleva a Neuerburg. Pronto los motociclistas, con sus cascos calados, envarados en sus pesados impermeables verduzcos y el subfusil cruzado en el pecho, aparecen en la pequeña plaza de la estación. Preceden a un vehículo blindado ligero con una larga antena de radio. Detrás llegan los coches de mando, y entre ellos una gran limusina negra, portando en la parte delantera y a cada lado un rígido pabellón púrpura y dorado con la cruz gamada en negro.

El convoy se detiene en la plaza. Por el lado opuesto llega el coche del comandante. Se detiene con un brutal frenazo. El comandante aparece de pronto y se precipita hacia la limusina negra. Un ordenanza ya tiene la puerta abierta.

Un hombre, pequeño y delgado, con un monóculo en el ojo y los distintivos rojos y dorados de general de ejército en su abrigo de cuero verde, desciende, con un bastón con empuñadura en la mano —el distintivo de los mariscales de campo alemanes. Varios oficiales lo rodean. Plantea brevemente varias preguntas; los oficiales responden mientras saludan, tras chocar sus talones. El general se dirige al comandante. Éste, en posición de firmes, le detalla cuestiones sobre el emplazamiento y las instalaciones del Estado Mayor en el pueblo, acompañando todo ello de gestos en diferentes direcciones. El mariscal, con su bastón, señala a los dos prisioneros y se dirige hacia ellos, seguido por los oficiales y el comandante. Este último da explicaciones sobre el francés y el belga ahí presentes. Con un golpe de culata en el hombro, el centinela los hace ponerse en pie. El mariscal parece observarlos durante unos instantes, luego se lleva la mano a la Cruz de Caballero con hojas de roble y espadas que cuelga de su cuello, y gira sobre sus talones tras agitar el bastón de una forma que parece indicar: «Déjenlos ir. ¡Son insignificantes!». El comandante lanza una orden al centinela. Luego se dirige a Jean y Hubert:

—¡Tienen mucha suerte! Acaban de ser liberados por el mariscal Model.

6. Heinrich Himmler

2 de noviembre de 1944

Llegan los primeros fríos. Aunque estamos todavía en otoño, por la noche la tierra está cubierta de una espesa capa de escarcha. Por la mañana, los campos están blancos. Los soldados que vienen de permiso del Frente del Este dicen que la nieve también empieza a caer sobre los Cárpatos —porque el Frente del Este ya no está en Rusia después de la gran ofensiva soviética de principios de 1944.

Mientras el Führer prepara con su Estado Mayor la ofensiva en el oeste, a través del Eifel y de Luxemburgo, el Frente del Este se encuentra en las puertas de Alemania. De norte a sur forma una línea que parte del mar Báltico, entre Königsberg y Memel, en Prusia Oriental. Los alemanes han contraatacado vigorosamente y la división panzer de Von Manteuffel, que Jodl ha sacado de Rumania, ha reocupado el importante nudo viario de Vilkavikis. Durante un cierto tiempo, la línea de frente queda estabilizada al norte de la Masuria.

El frente también pasa por Bialystock, donde varios ejércitos soviéticos fueron aniquilados en 1941; luego pasa por Varsovia, salvada gracias a la llegada de tres divisiones panzer de las SS el 29 de julio, dos procedentes del frente meridional y otra de Italia. Al sur de la capital polaca, el frente remonta el curso del Vístula —los rusos ya tienen una peligrosa cabeza de puente en Baranow—. Luego atraviesa los Cárpatos y entra en Hungría, al oeste de Budapest, donde Otto Skorzeny, con sus *Jadgverbände*, ha impedido al regente Horthy solicitar un armisticio con Stalin al capturarlo en su palacio de Bugberg, que con sus torres barrocas domina el Danubio. Por último, tras recorrer el accidentado relieve de Croacia —Tito ya controla tres cuartas partes de Yugoslavia— el frente alcanza el Adriático al sur de Trieste.

El vehículo de Skorzeny derrapa ligeramente en el mar de hielo cuando se detiene a la altura del tren especial de Himmler, parado en una vía única que penetra en un bosque. El *Hauptsturmführer* Adrien von Foelkersam se sube a él y luego se gira hacia su jefe y le dice en tono de broma:

—¡Será un invierno jodido!

—No es el invierno lo que me preocupa —responde Skorzeny—, es lo que pretende el *Reichsführer* haciéndome venir a un lugar como éste.

—No sabía que vivía en un tren.

—Se trasladó a él cuando los rusos ocuparon su Cuartel General en Prusia Oriental: estaba a unos cuarenta kilómetros al norte del del Führer.

Tras pasar varios controles de seguridad, los dos hombres son introducidos por un joven oficial de las SS en un vagón continuo al despacho de Himmler. Instantes más tarde, otro oficial igual de joven e imberbe que el anterior sale, chocando los talones y saludando brazo en alto al *Obersturmführer* Otto Skorzeny y lo invita, sólo a él, a entrar en el gabinete del jefe supremo de las SS.

Himmler se levanta, saluda y se acerca a Skorzeny, que se mantiene firmes, para estrecharle la mano. Luego le indica que tome asiento, mientras un ordenanza trae una bandeja con licores destinados a los invitados —Himmler no bebe ni fuma. El soldado deposita una bandeja sobre la mesilla que se encuentra bajo la ventana del vagón, por la que penetra una intensa luz que incide sobre el Reichsführer y Skorzeny.

El contraste entre ambos hombres es sorprendente. Heinrich Himmler es pequeño y tiene tendencia a encogerse, su pelo es ralo, la tez cerosa, y todo ello está rematado por unas gafas tras las cuales se encuentran unos ojos medio escondidos bajo unos grandes párpados mongoloides. Frente a él, un coloso moreno, de mirada ardiente, con una boca perfectamente perfilada, franco y poseedor de una voz melodiosa con inflexiones cargadas de indolencia, muy propia de los vieneses y que Skorzeny tiene el privilegio, si así puede decirse, de compartir con Hitler.

Himmler empuja con el dedo índice las gafas que se deslizan de forma imperceptible por la nariz. Tras algunas breves frases de bienvenida y felicitación por la última operación de Skorzeny ejecutada en Budapest, y que ha supuesto el «traslado» a Alemania del regente Horthy, Himmler inicia una especie de interrogatorio con un tono monótono y cansado:

> —¿Cree usted que está en disposición de cumplir la tarea que el Führer le ha encomendado tras las líneas americanas, durante la ofensiva que vamos a desencadenar próximamente en el oeste?
>
> —Eso espero, Reichsführer, aunque tengamos poco tiempo para preparar una operación de estas características.
>
> —¿Cuántas semanas habría necesitado?
>
> —Por lo menos seis.

—¿Dispondrá de los 3.000 hombres angloparlantes que necesita?

—No lo creo.

—¿Por qué la mayoría de los ataques de los comandos británicos han triunfado, como el de Bruneval, en Normandía, en el que fue destruido uno de nuestros radares más modernos, y el de Noruega, en el que acabaron con nuestra producción de agua pesada?

—Porque los ingleses, Reichsführer, empezaron mucho antes a formar unidades de comandos.

—¿Cuánto tiempo lleva al frente de nuestras unidades especiales?

—Poco más de un año.

—Supongo que se imaginará que no le puedo conseguir más hombres.

—No tenía ninguna duda, Reichsführer.

Una débil y breve sonrisa se esboza en los delgados labios de Himmler, que continúa:

—En cuanto al material, deberá dirigirse a la Wehrmacht.

—Ya he enviado a Berlín un informe con mis peticiones en lo que se refiere al vestuario y al material estadounidense. Me han prometido tanques Sherman que nuestros talleres están preparando, jeeps y semiorugas. Espero que esta petición no se atascará en los despachos de los Estados Mayores.

—*Obersturmbannführer*, siento no serle de más ayuda, pero sí le puedo asegurar que goza de mi más absoluta confianza. Estoy convencido que sabrá encontrar la forma de obtener la victoria, por el Führer y las SS. *Heil Hitler!*

Himmler se levanta, vuelve a empujar las gafas con su dedo índice y da un fuerte apretón de manos a Skorzeny mientras lo observa intensamente y añade:

> —Esta ofensiva en el oeste debe triunfar absolutamente. Luego nos concentraremos en los rusos, tal como ha dicho nuestro Führer, y en unos pocos meses liquidaremos esa horrible amenaza que pesa sobre Europa. Nosotros, las SS, no debemos bajo ningún pretexto decepcionar a Hitler —añade el Reichsführer—, ni escatimar esfuerzos. Si es necesario debemos ofrecer nuestra vida para que triunfe el ideal del nacionalsocialismo.

7. «La pequeña solución»

3 de noviembre de 1944

El coronel general Alfred Jodl se desplaza al Cuartel General del mariscal de campo Model, cerca de Crefeld, en Renania. Hitler ha decidido enviar al mismo jefe de Operaciones del OKW para informar en secreto a los mariscales Von Rundstedt y Model, así como al general Hasso von Manteuffel, comandante del Quinto Ejército Panzer, sobre las directivas adoptadas para la ofensiva *Wacht am Rhein*.

Rápidamente, tras las presentaciones habituales de los oficiales del Estado Mayor, los cuatro generales se retiran a una sala del castillo, sede del Cuartel General de Model. El coronel general Jodl desarrolla de inmediato las grandes líneas de la ofensiva:

> —El desgaste de las fuerzas enemigas durante las últimas batallas ofensivas que han llevado a cabo es considerable. El enemigo ha comprometido el grueso de sus reservas y el estado de sus suministros es delicado. Las líneas de comunicación son muy largas, van desde las costas del Canal hasta el frente de las Ardenas. Además, este último frente está débilmente defendido y el enemigo, aunque espera una ofensiva alemana, no cree que pueda producirse en esta región. Así pues, un ataque que se beneficie del

efecto sorpresa y que sea ejecutado con meteorología desfavorable para evitar la actuación de la aviación enemiga, será nuestra principal baza en este proyecto y nos permitirá una ruptura rápida del frente. Nuestras unidades blindadas, tras un avance que debe ser rápido, ocuparán cabezas de puente en el Mosa entre Lieja y Namur, y alcanzarán rápidamente Amberes, pasando al este de Bruselas.

Frente a Jodl, sentados en sus sillones al lado de la chimenea en la que arden unos gruesos troncos, Von Rundstedt, Model y Von Manteuffel esperan en silencio la continuación de la exposición.

—Esperamos —continúa Jodl— que tras cruzar el Mosa la ofensiva de las unidades blindadas aislará al Primer Ejército estadounidense del general Hodges de su retaguardia, probablemente concentrada en el valle del Mosa. Inmediatamente, cuando alcanzaremos la región de Bruselas y Amberes también el 21° Grupo de Ejércitos de Montgomery verá amenazadas sus comunicaciones con la retaguardia y será efectiva y definitivamente copado tras la toma de Amberes. El enemigo aún no ha conseguido sacar pleno rendimiento a este puerto, del que sin embargo tiene una necesidad vital. Si le damos tiempo, podrá desembarcar allí tal cantidad de tropas y material que nos veremos desbordados. Conseguido el bloqueo del puerto de Amberes, se crearán las condiciones para reiniciar con eficacia el combate contra las aisladas fuerzas del Primer Ejército, así como contra el 21° Grupo de Ejércitos. De esta forma, neutralizaremos entre 25 y 30 divisiones Aliadas. Además, el éxito de la ofensiva comportará la captura o destrucción de grandes cantidades de material de todo tipo almacenado en esta zona, especialmente de cara a la ofensiva que los Aliados quieren desencadenar a mediados de diciembre contra la Línea Sigfrido, en dirección al Rin.

»El asalto sobre todo el sector de ataque será explotado por las divisiones que se encuentran sobre el terreno. El ataque deberá asegurar un hundimiento de las posiciones enemigas lo suficientemente rápido para que las unidades blindadas puedan ser de inmediato comprometidas. Aprovechando el efecto causado en los defensores enemigos, las fuerzas acorazadas se pondrán de inmediato en marcha hacia el oeste.

»Para las divisiones blindadas, el problema consistirá en no dejarse frenar en su camino hacia el Mosa. Rodearán las localidades y las posiciones que se defiendan y que no puedan ser reducidas de inmediato. No se dejarán detener con el pretexto de que sus flancos queden al descubierto. Sin embargo, el Führer ha ordenado formalmente que Bastogne debe ser tomada.

El coronel general Jodl se detiene. El viejo mariscal Von Rundstedt pregunta en un tono que puede parecer distante:

—¿El Führer ha decidido atenerse sólo a este plan?

—A éste y a ningún otro, mariscal —responde Jodl.

—Entonces, ¿cuáles son las disposiciones previstas y la distribución de las fuerzas?

—El Sexto Ejército Panzer de las SS, a las órdenes del *Obergruppenführer* de las SS Sepp Dietrich —prosigue Jodl—, se lanzará en dirección al Mosa para cruzarlo a ambos lados de Lieja. Organizará a los largo del Vesdre, afluente del Mosa, y de las fortificaciones al este de Lieja, una defensa lo suficientemente sólida como para permitirle dirigirse hacia el Canal Albert, entre Maestricht y Amberes y, luego, a la región situada al norte de Amberes. Para ello, contará con nueve divisiones, de las que cuatro son acorazadas y acaban de ser reorganizadas y dotadas de material nuevo.

»El Quinto Ejército Panzer, a las órdenes del general Von Manteuffel franqueará el Mosa entre Amay, al oeste de Lieja, y Namur e impedirá, a lo largo de la línea Amberes-Bruselas-Dinant, la acción de las reservas enemigas procedentes del oeste contra el flanco y la retaguardia del Sexto Ejército Panzer de las SS. Dispondrá de siete divisiones, de las que cuatro son acorazadas. La punta de lanza la formará la División Panzer Lehr, al mando de Fritz Bayerlein.[1]

»El Séptimo Ejército, a las órdenes del general de artillería Brandenberger, se encargará de cubrir los flancos sur y sudoeste de los dos ejércitos de asalto. Su objetivo: alcanzar primero el Mosa y el Semois, un afluente del Mosa, y luego contactar con el frente del Mosela, en la región de Luxemburgo. Intentará, colocando obstáculos, ganar tiempo para establecer un frente defensivo en la retaguardia. Se le han asignado siete divisiones. Contará también con un importante apoyo artillero. Otras seis o siete divisiones, la mayoría acorazadas o motorizadas, serán mantenidas en reserva.

El coronel general Jodl precisa que el OKW tiene intención de lanzar, al mismo tiempo que la ofensiva de las Ardenas, un ataque secundario entre Sittard y Geilenkirchen, «desde la cabeza de puente que el Grupo de Ejércitos H tiene al oeste del Roer. Este ataque debe apoyar la ofensiva principal, cuando el enemigo empiece a enviar fuerzas más importantes contra las defensas de flanco organizadas por el Sexto Ejército Panzer de las SS. El XII Cuerpo Panzer de las SS se encargará de llevar a cabo este ataque secundario».[2]

Este plan sorprende a los tres generales por sus dimensiones, sus objetivos, su audaz concepción y sus plazos. El general Von Manteuffel, el más joven y el de menor graduación, es invitado en primer lugar a manifestar su opinión:

> —El Quinto Ejército Panzer —dice—, sin duda conseguirá avanzar hasta el Mosa si se mantienen las promesas del OKW sobre unidades, armamento, transportes y aprovisionamiento de municiones. En cuanto a la fecha de inicio, creo que no podemos pensar en poner en marcha la operación antes del 10 de diciembre. Por otra parte, tengo importantes dudas respecto al cumplimiento de todas las condiciones necesarias para llevar a cabo semejante ofensiva en invierno a lo largo de doscientos kilómetros, y que estemos en condiciones de resistir en el flanco oeste hasta la aniquilación de las 25 o 30 divisiones enemigas aisladas.

Al contrario que el Führer, que no prohibe las reacciones de algunos de sus comandantes, por muy intempestivas que sean, Jodl se sorprende por la presuntuosa franqueza del joven comandante del Quinto Ejército Panzer:

> —No contemplo —contesta con acritud el jefe de Operaciones del OKW— la posibilidad de discutir sobre ello durante esta simple conferencia informativa, y más cuando se trata de una orden del Führer de las que soy portador.
>
> —La hipótesis del Alto Mando —replica Model— según la cual el Mosa será alcanzado la noche del segundo día

de la ofensiva es inasumible. Considerando las enormes dificultades que presenta el terreno y el estado de los vehículos disponibles, y siendo positivos, este objetivo no podrá ser alcanzado antes del cuarto día.

Model se inclina respetuosamente hacia el mariscal de campo Von Rundstedt, que hace un gesto de asentimiento con la cabeza.

—Además, mientras tanto —prosigue Walter Model— el enemigo podrá enviar hacia el Mosa suficientes fuerzas para defender este sector.

Se hace el silencio. Hay tensión. Esta operación *Wacht am Rhein* es la última que Alemania puede montar en semejantes condiciones. El objetivo: cambiar el destino. ¡Es un plan prometeico! Una partida de dados con los dioses. La loca audacia de un gran jugador, la que animó en su momento a Alejandro Magno en Isso; a Napoleón jugándose la suerte del Imperio durante los Cien Días; a Federico II, al borde del abismo, al tener conocimiento de la muerte de Catalina la Grande. Todo puede venirse abajo, todo puede triunfar. Basta con observar cuál es la dirección que indica la estrella. Adolf Hitler aún cree en la suya. ¿Acaso no ha pasado por travesías mucho más terribles desde su adolescencia miserable en Viena? La *Wacht am Rhein* salvará Alemania. De ello está seguro. Sus mariscales lo están bastante menos.

El silencio queda roto por la voz tranquila y reposada del mariscal de campo Gerd von Rundstedt:

—Creo ser —coronel general Jodl— intérprete del mariscal Model y del general Von Manteuffel a la hora de decirle que la ofensiva contemplada por el Führer debe, por el momento, limitarse a rechazar al enemigo ahí donde ha roto el frente, tanto en las defensas de la Línea Sigfrido como en el saliente de Aquisgrán, y cerrar las brechas. Siendo rigurosos —la descarnada mano derecha del viejo mariscal, en la que brilla un sello de oro, se abre a medias en un movimiento que delata una última concesión— siendo rigurosos —repite pausadamente—, podríamos intentar rechazar a los Aliados del Roer y del Mosa e intentar tomar Lieja. No más.

—Siendo rigurosos —responde Jodl en tono grave, casi emotivo—, esto no haría más que retrasar el final y no forzaría a las potencias occidentales a plantearse la necesidad de negociar.

Tras dejar caer estas frases sin que quepa lugar a equívoco, el general Jodl se levanta. Coge un mapa desplegado sobre la mesa en el que aparecen las Ardenas y los ejes de la ofensiva indicados en color rojo por su ayudante. Antes de despedir a sus invitados concluye:

—Las decisiones que les acabo de transmitir son irrevocables, así como la fecha de la ofensiva, que el comandante supremo ha fijado para el 25 de noviembre.

Una vez terminada la conferencia, tras la marcha de Jodl y Von Rundstedt, Model invita a comer a Von Manteuffel así como al jefe del Estado Mayor del mariscal, el general Hans Krebs, para analizar de una manera más profunda el plan de Hitler y elaborar un plan alternativo. Debe servir de base a la contrapropuesta que cuenta transmitir con su acuerdo y el de Von Rundstedt.

El jefe del Quinto Ejército Panzer, Hasso von Manteuffel, otorga su acuerdo al momento. Una hora más tarde Von Rundstedt, al teléfono, también da a conocer su aquiescencia a este plan que denominan *Herbstnebel* («niebla de otoño»), o también «la pequeña solución», contrastando con el de Hitler y el OKW, denominado «la gran solución».

Si bien los objetivos de «la pequeña solución» carecen totalmente de connotaciones políticas y de esa audacia que marcan siempre las grandes decisiones históricas, proponen al Führer una ofensiva cuyos objetivos son razonables y los medios de ejecución realistas, teniendo en cuenta los hombres, el material, el carburante y los suministros de los que Alemania dispone en este otoño de 1944.

Según «la pequeña solución», los dos ejércitos panzer, el Quinto de Von Manteuffel y el Sexto de las SS de Dietrich, no tienen como objetivo prioritario el Mosa. El plan consiste en establecer solamente dos cabezas de puente —en previsión de una posible ofensiva posterior— y recorrer el río hacia el noroeste y el norte. De este modo, el ala izquierda del Quinto Ejército Panzer estará cubierta por el río. Si las circunstancias se muestran favorables, se podría contemplar un ataque al frente Aliado más allá del Mosa, en dirección norte. Mientras el Séptimo Ejército de Brandenberger cubre el sur del saliente, el Quinto Ejército Panzer y el Sexto Ejército Panzer de las SS podrían, tras los reagrupamientos necesarios, intentar avanzar sobre Amberes.

Las diferentes etapas se convierten en una necesidad imperiosa. Gerd von Rundstedt y su jefe del Estado Mayor, el general Westphal, Walter Model y Hans Krebs, así como Hasso von Manteuffel, deciden que intentarán, por todos los medios a su alcance, hacer que el Führer retire su proyecto: «la gran solución».

8. Objetivo: Amberes

11 de diciembre de 1944

Llueve. Es una lluvia glacial. Las nubes parecen tragarse las abruptas columnas recubiertas de bosques de Hesse. Ha caído la noche. Unos sesenta generales y oficiales superiores se presentan ante los hombres de las SS con sus pistolas ametralladoras en bandolera y les entregan sus armas y maletines antes de ser invitados a tomar asiento en los vehículos, como si fueran simples soldados. Es una de las numerosas medidas de seguridad adoptadas después del atentado del 20 de julio.

Hitler ha convocado a sus generales, pero desconfía de ellos. Tras abandonar el castillo de Ziegenberg y dar complicados rodeos en vehículos con los vidrios opacos, llegan a una zona camuflada que precede a la entrada del búnker.

El búnker fue construido en 1939, en un bosque cercano a Giessen, en Hesse, a un centenar de kilómetros al norte de Frankfurt. Desde allí el Führer dirigió la victoriosa campaña de 1940 que condujo a la derrota de Francia, Bélgica y Holanda.

Los generales abandonan los vehículos y se dirigen flanqueados por dos murallas de soldados de las SS hacia una puerta blindada empotrada en una poderosa construcción militar. El búnker es inmenso y se hunde en las profundidades de la tierra. La organización Todt había creado una pequeña colina con centenares de metros cúbicos de tierra trasladada sobre una plataforma de hormigón de cinco metros de grosor.

Los generales descienden por las escaleras, pasan por pequeños túneles débilmente iluminados que rezuman humedad a pesar de la ventilación que proporcionan una serie de grandes ventiladores empotrados en los gruesos muros, y que también difunden por toda la construcción el débil ronroneo de los lejanos motores eléctricos.

Los mandos son reunidos ante las sillas que les han asignado en una larga sala de techo bajo. De pronto, al fondo, se abre una puerta. Aparece el Führer. Le siguen el mariscal de campo Keitel, el coronel general Jodl, dos oficiales del Estado Mayor y, discretamente, una joven taquígrafa vestida con el sobrio uniforme gris de las auxiliares femeninas de la Wehrmacht.

Hitler saluda a sus generales. En primera fila están los mariscales de campo Von Rundstedt y Model, el *Oberstgruppenführer* Sepp Dietrich, y los generales Hasso von Manteuffel y Eric Brandenberger.

Antes de comenzar su alocución, el Führer rinde homenaje al valor y a la actuación de los generales Von Elverfeldt y Von Waldenburg, comandantes de la 9ª y la 116ª Divisiones Panzer. Les entrega la Cruz de Caballero, que un ayuda de campo cuelga de sus cuellos. Hitler, tras dirigirles algunas frases de agradecimiento, les pregunta de pronto su opinión sobre la ofensiva *Wacht am Rhein*.

El general Von Elverfeldt se atreve a actuar como portavoz de sus compañeros.

> —Mi Führer, francamente me permito exponerle la aprensión que me causa el alejamiento de los objetivos fi-

jados. Me parece más factible una ofensiva limitada en sus propósitos...

—Imposible —corta brutalmente el Führer—, conozco esta solución de compromiso. Ya no quiero más. Ya no podemos volver sobre el tema. He decidido que Amberes es el objetivo de acuerdo con el Estado Mayor.

Hitler se sienta. Los generales toman asiento tras una indicación de Keitel. El Führer se pone unas gafas —desde hace un año está perdiendo vista y debe llevar gafas con potentes lentes, incluso consulta los mapas ayudándose de una lupa. Su ayuda de campo le trae un texto.

La solemnidad parece invadir esta gruta de hormigón escondida en las profundidades de la tierra. Todos estos generales y coroneles, muchos de los cuales nunca han visto en persona al Führer, se sienten dominados por la intensa gravedad, casi dramática, de esta conferencia, que precede a la última gran ofensiva de la guerra. Si fracasa, la suerte de Alemania estará definitivamente echada.

Hitler, con la ayuda de su mano derecha, coloca su brazo izquierdo, inerte a consecuencia del atentado del 20 de julio, bajo la mesa. De esta forma, se ayuda de la mano izquierda para ir pasando las páginas de su alocución.

Hitler comienza a leer su texto:

—Señores, un combate tan encarnizado como el que afrontamos ahora es muy diferente de los conflictos de los siglos XVII y XVIII, en los que lo que estaba en cuestión eran pequeñas herencias o discusiones entre dinastías principescas. Los pueblos y las naciones no se han lanzado durante años a guerras decisivas a vida o muerte si no es por razones mucho más profundas. Es innegable que en Euro-

> pa central, el concepto alemán, desde el punto de vista numérico y de valor, ha adquirido sin ninguna duda el derecho de pretender la dirección del continente europeo...

El discurso dura más de tres cuartos de hora antes de que Hitler desvele por fin los misterios de la ofensiva *Wacht am Rhein* que va a iniciarse.

Esta exposición dura una hora más. En dos ocasiones el Führer se inclina —con dificultad— para indicar sobre el mapa los puntos principales y refutar de entrada las críticas que ahora nadie se atreve a formular. Pone fin a su monólogo, se levanta, saluda vagamente con la mano izquierda a sus generales, de pie en posición de firmes, y se dirige a la puerta blindada que permanece abierta al estrecho corredor débilmente iluminado que conduce a su apartamento privado subterráneo.

9. La ofensiva se prepara

13 de diciembre de 1944

Cada noche, desde hace semanas, convergen hacia el Rin largos trenes con vagones de mercancías, a menudo arrastrados por dos locomotoras debido al exorbitante peso de los carros pesados y de los cañones de gran calibre que transportan. Tras los tanques vienen las municiones y el combustible. Los vagones cisterna a punto de rebosar llegan principalmente del Tirol, donde han sido agrupados, camuflados en depósitos ferroviarios, escapando así a los vuelos de reconocimiento Aliados.

El viejo Fichtel, guardagujas de la Reichbahn, apenas puede creerlo. Por la noche no descansa más de dos horas, cuando desde 1943 podía estar toda la noche durmiendo la borrachera, justo cuando fue destinado a la estación de clasificación de Coblenza tras haber estado dos años encabezando un equipo encargado de cambiar el ancho de las vías en Rusia. A su edad —tiene sesenta y dos años— dormir dos horas por noche, es poco.

Ya no tiene la vitalidad de su ayudante, Brieg, de veintitrés años de edad, herido seis veces, y al que le falta una pierna. Por esta pérdida le fue otorgada la placa de plata de los mutilados de guerra y la Cruz de Hierro de primera clase. Convertido en héroe del Reich, fue trasladado a la Reichbahn. Los criterios de selección que rigen en todos los ejércitos del mundo y que unen capacidades con destinos condicionaron su nuevo destino: si hubiera sido manco el ejército lo habría enviado a una garita a vigilar las vías.

Decir que esta noche Fichtel maldice al Tercer Reich y a la Reichbahn apenas daría una idea de la facilidad con la que enviaría al infierno a la guerra y al Führer. Su furia no está motivada por el hecho de dormir poco, por hacer el trabajo de diez, por ser bombardeado casi cada día a última hora de la tarde por los cazabombarderos norteamericanos y por tener como ayudante a Brieg, que sigue creyendo en la victoria de Alemania. Porque el viejo Fichtel, antiguo socialdemócrata, fue seguidor de Ebert tras la anterior guerra y un entusiasta partidario de la efímera República de Weimar. ¿Y ahora que hace? Participa en la prolongación de la guerra, en el intento de «renovar el destino», cambiando sus agujas y enviando los trenes repletos de cañones, municiones y combustible hacia los bosques de Renania, donde la Wehrmacht los esconderá hasta que llegue la hora H. Rabia al ver cómo se prepara una nueva ofensiva mientras Alemania está ya al límite de su resistencia y sus ciudades están en ruinas. Pero sabe que debe callar. Brieg está allí. Recuerda a sus viejos compañeros que hablaban sin tapujos. ¿Dónde están ahora? Muchos fueron detenidos tras haber sido denunciados y murieron en los campos; otros fueron enviados a Torgau, a los batallones disciplinarios. Este último destino es quizá el peor, porque el desgraciado queda entre la pistola del *Feldwebel*, clavada en sus riñones, y el fusil del siberiano que le apunta. No hay posibilidad de salir con vida.

Los trenes pasan. Cada hora. La misma dirección: el oeste. Vienen de toda Alemania, de Italia, de Austria, de Polonia, de Holanda, de Dinamarca e incluso de Noruega. Fichtel, que desde hace años tiene la costumbre de contar los vagones que lleva cada tren, ha podido constatar desde su puesto la importancia de la batalla que se avecina: «Será importante —piensa—, ¡la guerra no terminará antes de Navidad!».

Los trenes que desfilan por la noche por delante del puesto del guardagujas de la estación de clasificación de Coblenza, donde Fichtel y Brieg los apartan para redistribuirlos horas más tarde hacia otros destinos secretos, no son los únicos que el Alto Mando envía hacia el Eifel. Otros muchos están cruzando el río por Colonia, Bonn y los demás grandes puentes que franquean el Rin.

Toda esta reunión de tropas, material, combustible, municiones, tanques nuevos, camiones, lanzacohetes y divisiones, sacadas de las cuatro esquinas de Europa en tan poco tiempo, bajo los constantes bombardeos y en condiciones de viaje a menudo deplorables, es un triunfo de la dirección de la Reichbahn, de este maestro de la planificación que es Albert Speer y del mariscal de campo Keitel, quien, a su manera, ha sabido asimilar las órdenes del Führer.

Keitel es el hombre de la lógica, necesario para llevar a cabo la tarea de alto funcionario de los ejércitos. A finales de noviembre ha conseguido llevar las reservas de fuel hasta los dos millones y medio de litros y las de gasolina llegan a los quince millones de litros. Los carros apenas disponen de combustible para recorrer 150 kilómetros operacionales. Las 15.000 toneladas de municiones permiten combatir a las unidades durante ocho días —además se está constituyendo otra reserva para ocho días más.

La ofensiva comienza con 20 divisiones, pero el coronel general Jodl puede anunciar al Führer que de inmediato van a ser completadas con 77.000 hombres. Cinco nuevas divisiones reforzarán el dispositivo en pocas semanas.

Por su lado, la Luftwaffe no permanece inactiva. La originalidad de la operación *Wacht am Rhein*, en la que destaca la infiltración tras las líneas Aliadas de los comandos de Skorzeny y de la columna de Peiper, se ve completada con la participación de los nuevos aviones a reacción Messerschmitt 262. El OKW tiene muchas esperanzas depositadas en estos aparatos para recuperar localmente el dominio del espacio aéreo. Hitler espera que este avión, que forma parte de lo que denomina «nuevas armas», reforzará la moral de la tropa. El general Kreipe, de la Luftwaffe, anuncia que 80 de estos aparatos estarán disponibles durante las primeras horas de la ofensiva. Progresivamente irán llegando nuevas unidades tan pronto como vayan saliendo de la cadena de producción. La participación de la Luftwaffe se cuantifica en 350 aviones, de los que por lo menos 80 son los aparatos de transporte JU 52 que lanzarán a los paracaidistas del coronel Von der Heydte.

Al mismo tiempo, 1.502 trenes transportando infantería, 500 de material y varios centenares más con las 150.000 toneladas necesarias para la intendencia, se concentran en el macizo del Eifel.

Este fantástico desplazamiento de tropas y material se lleva a cabo en un lapso de tiempo muy pequeño. Hombres, tanques y municiones son encaminados a los diferentes escalones de retaguardia. Cerca de la línea de fuego, las primeras tropas de asalto se instalan sin que los servicios de Inteligencia Aliados detecten nada.

Para engañar al enemigo sobre la concentración de tropas que lleva a cabo el Sexto Ejército Panzer de las SS, Model, de acuerdo con las instrucciones del OKW, ha ordenado la preparación de un Vigesimosexto Ejército ficticio al noroeste de Colonia. Los servicios de Inteligencia alemanes han hecho creer a los estadounidenses que el Sexto Ejército Panzer de las SS se reagrupa en la llanura de Colonia: las tropas angloamericanas, reunidas alrededor de sus fuegos de campamento, pasan las glaciales noches de noviembre observando en el sector del Ruhr el menor movimiento de esas concentraciones hábilmente montadas, sin darse cuenta que los alemanes están a punto de lanzar más al sur tres ejércitos a través de las Ardenas.

El mariscal de campo Keitel hace transmitir una orden falsa, de acuerdo con el espíritu de la misma operación *Wacht am Rhein,* que acaba de engañar a los Aliados: «Esperamos —anuncia falsamente— una gran ofensiva dirigida contra la línea Colonia-Bonn. Necesitamos, para contraatacar de flanco, dos agrupaciones tácticas, una al noroeste de Colonia y la otra en la zona del Eifel. Disimulen todo lo posible este último, pero exageren la importancia del primero. Esto debe explicar el despliegue de la Luftwaffe».

Para evitar en lo posible que se produjeran filtraciones, los oficiales de los tres ejércitos implicados han sido informados sobre la ofensiva que se prepara de forma progresiva. Como desde hace tiempo están acostumbrados a una guerra defensiva y es impensable que les hagan hacer ejercicios de ataque con sus hombres en la retaguardia, lo que levantaría sospechas entre los Aliados, el Alto Mando les hace realizar los ejercicios ofensivos sobre mapas y con objetivos que nada tienen que ver con los asignados el día D.

Se hace necesario volver a enseñar a las tropas a combatir de noche, a acompañar a los tanques en su avance y a avanzar con el apoyo de la artillería. Se deben formar de nuevo los conductores de carros y cañones de asalto. Muchos veteranos han sido enviados a la infantería tras perder sus vehículos en combate. Hay que iniciarlos rápidamente —¡y muy rápidamente!— en el manejo de los carros de más reciente creación. Se familiariza a oficiales y soldados en el control de la circulación, aunque de una manera bastante superficial. Esto supondrá, durante las primeras horas de la ofensiva, una laguna muy grave, generando monstruosos embotellamientos, dificultando considerablemente el despliegue de los tanques.

Es tal el esmero con el que el OKW y el Estado Mayor de Model cuidan la ocultación de la ofensiva, que Hasso von Manteuffel actúa en consecuencia. No duda en ponerse un uniforme de coronel y presentarse por sorpresa en primera línea. Lo que ve le hace reflexionar.

En el sector por el que tiene que atacar su Quinto Ejército Panzer, el frente está en calma. Cuando anochece, los estadounidenses apenas mantienen la alerta durante una hora y luego se van a dormir. Las patrullas alemanas pueden así penetrar profundamente en el dispositivo defensivo norteamericano en cuanto anochece.

Lógicamente, Von Manteuffel cree que será un gran error despertar al enemigo con una barrera de artillería previa al ataque. Consigue que Hitler comparta su punto de vista. La barrera de fuego de artillería se mantendrá pero solamente en lugares muy concretos.

También ha sido posible dotar de mayor libertad a Von Manteuffel. Model lo deseaba aunque ambos hombres nunca congeniaron cuando coincidieron en Rusia. El mariscal de campo se lo recordó al comandante del Quinto Ejército Panzer cuando se le presentó para ponerse a sus órdenes:

> —¿Recuerda la conversación que mantuvimos sobre el Frente Ruso en 1942? —pregunta Walter Model bruscamente.
>
> —Por supuesto.
>
> —Pues bien, forma parte del pasado. Ahora nos necesitamos y tenemos que ser buenos amigos.

10. Preparando la operación *Greif*

Diciembre de 1944

Skorzeny saca de su cajón un papel arrugado que entrega a su jefe del Estado Mayor.

—Tenga, Adrien, lea. Según el reglamento, he mantenido en secreto este caso de ineptitud durante más de un mes. Constátelo usted mismo. ¡Es un monumento a la estupidez!

Adrien von Foelkersam lee el telegrama:«OKW/WFST/Op (H) West nº 0012759/44 – Secreto – Operación – 15.10.1944. Todas las unidades del Frente Oeste designarán antes del X... octubre los oficiales, suboficiales y soldados voluntarios para una misión especial en el teatro de operaciones occidental. Estos voluntarios deberán estar sanos, entrenados en el combate cuerpo a cuerpo y sobre todo hablar correctamente inglés. Deberán ser enviados a Friedenthal para quedar a disposición del *Obersturmbannführer* Skorzeny».

Foelkersam, atónito, devuelve el papel a su jefe. Skorzeny hace con él una bola y la lanza a una papelera.

—¡Perfecto! ¡Lo que faltaba! Hace poco he sabido a través de nuestro servicio de Inteligencia que los norteamericanos están al corriente de *Greif*.[1] Hay que tenerlo en consideración. Cuando recibí el telegrama creía que se trataba de un sabotaje. Llegué a pensar en anular la operación.

—¿Por qué no lo ha hecho? —pregunta Foelkersam.

—He escrito un informe...

—¿Un informe?

Skorzeny esboza una breve sonrisa:

—Esté seguro, mi querido Adrien, que no lo he hecho transmitir por el teleimpresor. Simplemente quería que el Führer lo supiese. O él anulaba la operación o asumía la responsabilidad y sacaba él mismo las consecuencias que se derivarían en caso de que *Greif* fracasase. Mi informe fue interceptado por Fegelein, que me comentó que «este desgraciado incidente no puede ser puesto en conocimiento del Führer».

—Quizá si lo hubiese intentado a través de Keitel o de Jodl...

—Llamé por teléfono al coronel general Jodl. Quedó consternado, pero me ordenó que continuase, añadiendo que era demasiado tarde para estudiar un plan alternativo y que era impensable que abandonásemos la operación *Greif*: la 150ª Brigada, a mis órdenes, debía ejecutar la operación tal como estaba convenido.

—Aún hay mucho que hacer.

—¿Qué quiere decir?

—De entrada, los hombres. Usted sabe como yo que aún nos faltan varias semanas para finalizar el entrenamiento.

—¿Cuántos tenemos hablando perfectamente inglés con acento norteamericano?

—Diez.

—¿Bastante correctamente?

—Cuarenta.

—¿Capaces de hacerse entender?

—Ciento cincuenta.

—¿Los demás?

—Unos 400 pueden construir con dificultad algunas frases.

—Con este balance es imposible constituir «una brigada de lengua inglesa». Estamos obligados a limitar nuestros proyectos.

El OKW admite las medidas de Skorzeny. Se decide que la 150ª Brigada no combatirá con uniforme estadounidense salvo en caso de que el enemigo se desmorone. Los mejores anglófonos constituirán comandos bajo el mando del capitán Stielau que, después de que la brigada rompa el frente y se despliegue en la retaguardia norteamericana, provocará la confusión en las carreteras y llevará a cabo actos de sabotaje.

Para esta operación de ruptura Skorzeny consigue 150 hombres suplementarios. Con sus dos batallones de *Jagdverbände* y 600 voluntarios, posee una brigada homogénea y combativa.

El entrenamiento está dirigido por el *Obersturbannführer* Hardieck en el campo de maniobras de Grafenwöhr y en sus últimos días en Wahn, cerca de Colonia. Es un entrenamiento intensivo pero, desgraciadamente, como para otros muchos preparativos de esta vasta ofensiva, falta el tiempo.

También falta el material. Sólo han podido proporcionar a Skorzeny una décima parte de los Sherman, jeeps y semiorugas solicitados. Esto está lejos de las garantías de Jodl, que preveía disponer de dos compañías blindadas de reconocimiento provistas de semiorugas y vehículos de exploración, fusileros entrenados para operar en guerrilla, una veintena de camiones GMC, una treintena de jeeps, etc. Intendencia le hace llegar dos Sherman y algunos jeeps. Skorzeny se arregla con lo que tiene: varios tanques y camiones alemanes serán maquillados con la bandera de Estados Unidos.

Aunque Skorzeny no puede frenar el criminal error del Alto Mando, intenta preservar al máximo el secreto de la operación *Greif*. De este modo, Sepp Dietrich no es avisado hasta finales de noviembre y el jefe del I Cuerpo Panzer de las SS sólo tres días antes del día D. La mayoría de los oficiales superiores sabrán de ella durante la batalla.

El jefe de la 150ª Brigada filtra una serie de informaciones falsas para «intoxicar» los servicios de Inteligencia Aliados.

El intento de secuestro del general Eisenhower en su Cuartel General de Versalles tiene su origen en una simple conversación que Skorzeny no impide que se difunda o que, más exactamente, sólo hace ver que esconde.

A principios de diciembre de 1944, durante una inspección, el capitán Stielau solicita hablar con su comandante. Es recibido sin demora por Skorzeny que tiene en gran estima al capitán debido a su gran valor.

> —Sé —dice a Skorzeny— cuál es en realidad nuestra misión: ¡Debemos ir a París a secuestrar a Eisenhower!

Otto Skorzeny comprende rápidamente el partido que puede sacar a semejante confusión. Inmediatamente se dirige hasta la puerta del despacho, que abre bruscamente como para asegurarse que nadie se encuentra en el pasillo, luego la cierra suavemente y vuelve a la habitación:

—Amigo mío —le dice— hable más bajo. ¡Ha dado en el blanco! Pero, sobre todo, sea discreto. Aquí, hemos prohibido cualquier correspondencia con el exterior. Sin embargo, el teniente coronel Hardieck me ha dicho que uno de nuestros hombres ha conseguido enviar una carta a su novia. ¡Puede darse cuenta del riesgo que corremos!

—Lo sé, mi coronel. Puede contar con mi total discreción. Pero permítame indicarle que conozco París y sus alrededores como la palma de mi mano y que en este caso podría serle de gran ayuda...

—No lo dudo en absoluto. Pero ¿ha pensado en los riesgos que comporta semejante operación?

—Sí, mi coronel. Sólo pienso en eso. En mi opinión, es una operación factible.

Le expone su plan en detalle. Tal como ha sido concebido, las posibilidades de éxito pueden ser de una sobre mil. Skorzeny echa por tierra todas sus ilusiones.

—Amigo mío —dice— esté seguro que si llega el momento le llamaré.

Ahora bien, Stielau ya habría hablado de Eisenhower y París antes de hablar con el *Obersturbannführer*. Skorzeny está seguro de que después de la entrevista el capitán será de una discreción ejemplar, respondiendo a quien le pregunte: «Compréndalo, no puedo decir nada. Sin embargo, el coronel me ha prometido que contará conmigo. En este asunto jugaremos un papel muy importante, etc.». Todo ello dicho de una forma que no puede llevar a nadie a error.

El resto de la 150ª Brigada se articula en tres grupos de combate: X, Y y Z, bajo el mando del capitán Scherff, el comandante Radl y el teniente coronel Hardieck, respectivamente. Cada uno de los tres grupos debe tomar y mantener uno de los tres puentes sobre el Mosa. Evidentemente, estos grupos no podrán alcanzar sus objetivos si, durante la noche siguiente a la primera jornada de la ofensiva, la 150ª Brigada no se encuentra a una distancia razonable del río.

En una última conferencia con el mariscal de campo Model y su jefe del Estado Mayor, el general Krebs, Skorzeny atrae la atención de sus jefes sobre los dos oleoductos que los ingenieros estadounidenses han tendido hábilmente por el fondo del Canal de la Mancha; el primero llega hasta El Havre, el segundo hasta Boulogne. Desde ambos lugares, los norteamericanos los hacen atravesar territorio francés y belga hasta el frente.

Se decide añadirlos a la lista de objetivos a destruir. El éxito de *Greif* los inutilizará durante un cierto tiempo:

> —Esto nos puede permitir —añade Skorzeny— combatir en condiciones menos desiguales, ya que la falta de combustible se hace sentir de forma importante.

Es el capitán Radl quien acompaña a Skorzeny en el último informe de situación ante el Führer, en vísperas de la conferencia que Hitler debe realizar ante sus generales reunidos. Radl nunca ha sido presentado al Führer y queda como petrificado, en posición de firmes, cuando éste le tiende la mano. Skorzeny presenta su informe sobre los últimos preparativos de la operación *Greif*. Hitler responde:

> —Estoy convencido que harán todo lo que puedan. También sé que usted tiene costumbre de permanecer al frente de sus hombres. En esta acción, le prohibo formalmente que cruce nuestras líneas y participe personalmente en la operación. Acabo de hacer responsable al jefe del Sexto Ejército Panzer de las SS del cumplimiento de dicha orden. No abandonará su puesto de mando y dirigirá por radio la operación *Greif*. En ningún caso quiero que se arriesgue a caer prisionero. ¡Aún lo necesito! Se lo repito por última vez.

11. Von der Heydte

Diciembre de 1944

El general de Paracaidistas Kurt Student —el mismo que consiguió tomar la isla de Creta en la primavera de 1941 al frente de sus «diablos verdes»— convoca al coronel Von der Heydte.

El barón Friedrich August von der Heydte es el comandante de la Escuela de Paracaidistas de Alten. Es un hombre joven y de aspecto atlético. Vástago de una antigua familia alemana, educado a la anglosajona, es conocido por su sentido del humor, su carácter rebelde —rasgos de carácter considerados casi como criminales por el régimen nacionalsocialista— y por su hostilidad al Estado hitleriano. Pero es un aristócrata y, al igual que sus pares alemanes, franceses o ingleses, ama el riesgo y el lujo.

Student ofrece un cigarrillo al joven coronel y anuncia con su voz cansina —que es objeto de bromas en los comedores de oficiales y en el Estado Mayor:

—El Führer ha ordenado una operación aerotransportada de gran envergadura... Iniciará una poderosa ofensiva... Le he elegido a usted, amigo mío, para que lleve a cabo esta misión.

—¿Dónde tendrá lugar esta ofensiva?

—Aún no lo sé... podría ser en el Frente Oriental... o quizá en el Occidental.

—¿Se sabe qué efectivos debería dirigir?

—Sí... unos mil hombres... Cada regimiento del II Cuerpo de Paracaidistas cederá sus mejores hombres para constituir dicha fuerza... habrá que formar un nuevo *Kampfgruppe*.

—¿Por qué no cogemos directamente todo el 6º Regimiento de Paracaidistas que ya dirigí en Holanda y que es una unidad experimentada?

—Imposible, Heydte... el desplazamiento de un regimiento al completo podría comprometer el mantenimiento del secreto.

—Nuestros paracaidistas hace tiempo que no saltan.

—Lo sé.

—Desde Creta. De esto ya hace tres años. Algunos incluso no lo hacen desde el ataque a Holanda en 1940.

—Lo sé.

—La mitad no han hecho nunca un salto de combate. Muy pocos han hecho saltos nocturnos y sobre terrenos accidentados, pantanos o bosques.

—Lo sé... Habrá que hacer un gran esfuerzo... Hoy en día, el Führer sólo nos pide que intentemos llevar a cabo esta hazaña.

Student sonríe y hace caer con la uña del pulgar la colilla que ha quedado en la boquilla.

—Vamos, coronel, le conozco bien... Usted conseguirá la hazaña. Cuento con usted.

Al día siguiente, Von der Heydte reúne algunas compañías de paracaidistas. Está consternado. No solamente el cuerpo de élite de la Luftwaffe ya no cuenta con el entrenamiento necesario para una operación paracaidista de una cierta envergadura, si no que la moral está en un estado deplorable. ¿Qué queda del magnífico Cuerpo de Paracaidistas que tomó Creta? Prácticamente nada.

Tras seleccionar el *Kampfgruppe*, arengar a los hombres, ocuparse con su Estado Mayor de preparar el ataque y ordenar la concentración de los aviones de transporte JU 52, el 12 de diciembre, al alba, se presenta en el Cuartel General de Model.

Éste escucha la exposición detallada de Von der Heydte, luego le hace una pregunta sin ningún miramiento, como ya es habitual en él:

—¿Cree usted que una operación paracaidista tiene una posibilidad de éxito de uno a diez?

—Tenemos algunas posibilidades, mariscal de campo —responde Von der Heydte—, no sin cierta audacia.

Model se queda pensativo durante unos segundos antes de responder.

—Bien. Entonces hay que intentarlo. Le anuncio que el Führer ha decidido que la gran ofensiva *Wacht am Rhein* tendrá lugar en las Ardenas. Tampoco tiene una posibilidad de éxito frente a diez. Pero es nuestra última posibilidad de terminar la guerra favorablemente. Si fracasamos, será la derrota segura de Alemania. ¿Comprende? —pregunta Model, mientras ajusta maquinalmente su monóculo.

—Sí —responde Von der Heydte, haciendo chocar sus talones.

—Lo he asignado al Sexto Ejército Panzer de las SS.

Diríjase sin dilación al Cuartel General del *Oberstgruppenführer* para ponerse a su disposición.

El coronel salta a su vehículo de mando y, a toda velocidad, su chófer lo conduce hasta el Cuartel General de Dietrich, comandante del Sexto Ejército Panzer de las SS.

En presencia de Sepp Dietrich, el jefe del Estado Mayor, el *Brigadenführer* Fritz Kraemer, presenta a Von der Heydte la misión de su *Kampfgruppe*:

—El primer día, el Sexto Ejército Panzer tomará Lieja o los puentes sobre el Mosa al sur de dicha ciudad. Al alba de este primer día, su *Kampfgruppe* al completo saltará sobre la región de los montes de Baraque-Michel, a 11 kilómetros al norte de Malmédy, y tomará el nudo de carretera de Baraque-Michel, por donde deberá pasar la vanguardia del ejército, probablemente elementos de la 12ª División Panzer de las SS *Hitlerjugend*, que pertenece al I Cuerpo Panzer de las SS, al mando del *Gruppenführer* Hermann Priess. Si hay motivos técnicos que lo impiden, el *Kampfgruppe* saltará al alba del segundo día sobre el río Amblève o en la región de Amay para apoderarse de los puentes.

—De acuerdo —dice Von der Heydte—, pero la mayoría de nuestros paracaidistas no cuentan con el entrenamiento suficiente para una operación de estas características.

Sepp Dietrich interviene de forma brutal:

—¡Yo no soy responsable de los errores de la Luftwaffe!

—Quizá —responde educadamente Von der Heydte—, pero debo añadir, *Oberstgruppenführer*, que carezco, desde el punto de vista táctico, de información sobre la distribución de las reservas estadounidenses.

—Yo no soy un profeta. ¡Usted sabrá antes que yo lo que los norteamericanos lanzarán contra sus fuerzas!

A pesar de este estéril diálogo, Von der Heydte obtiene de Dietrich algunos detalles sobre la zona de aterrizaje designada y sobre los contactos que se le asegurarán entre sus paracaidistas, los hombres de la columna de Peiper y los de Skorzeny. Tras su petición, Sepp Dietrich acepta que un observador de la 12ª División Panzer de las SS salte con los paracaidistas. Desgraciadamente, el joven barón comete la imprudencia de reclamar palomas mensajeras para el supuesto que la radio fallase. El *Oberstgruppenführer* explota:

—¡Palomas mensajeras! ¡Yo no las necesito para conducir mis tanques, y su *Kampfgruppe* tampoco tiene por qué necesitarlas!

A pesar de todos sus esfuerzos, el coronel Von der Heydte durante los días siguientes no puede remediar las carencias propias de un entrenamiento insuficiente y los problemas materiales, especialmente en lo que hace referencia a los equipos de radio. La intendencia le asegura lo mínimo: los aviones, las municiones y el combustible. Incluso él mismo consigue 300 maniquíes que serán lanzados más al norte, por encima de Spa, Eupen, Elsenborn y Stavelot, para engañar a los Aliados.

A diferencia de Friedrich von der Heydte, Joachim Peiper no posee escudo familiar, ni un árbol genealógico que le permita remontarse hasta Federico Barbarroja. Sin embargo, procede de una antigua familia de oficiales, lo que en Alemania equivale a menudo a un título de nobleza.

Peiper es un atractivo joven de ojos azules y rostro fotogénico. Sus cualidades de camaradería hacen de él un jefe amado por sus hombres. Capitanes de esta envergadura son cada vez más raros. Es a él a quien Hitler elige para ponerlo al frente del *Kampfgruppe* del Sexto Ejército Panzer de las SS, «la punta de lanza» que expulsará a los norteamericanos de sus posiciones.

El *Kampfgruppe* de Joachim Peiper está integrado por unos 4.800 hombres, la mayoría de ellos tropas aguerridas procedentes del Frente del Este, provistas de material nuevo y mejorado. Este cuerpo de élite se articula en varios grupos: el 501° Batallón de Carros Pesados, destacado del I Cuerpo Panzer de las SS, equipado totalmente con tanques Königstiger de 60 toneladas y armados con el eficaz cañón de 88; el 1er Batallón del Regimiento Panzer SS de la *Leibstandarte Adolf Hitler*, formado por tanques Tiger y Panther; el 3er Batallón del 2° Regimiento de Granaderos Panzer de las SS; el 2° Batallón, formado por cañones de asalto Jagdtiger y Jagdpanther, del Regimiento de Artillería Divisionaria; un destacamento de reconocimiento reforzado por lanzacohetes montados sobre semiorugas; el 68° Batallón Ligero de Artillería Antiaérea (FLAK) de la Luftwaffe, ofreciendo protección antiaérea avanzada; y secciones de zapadores y transmisiones. Esta fuerza blindada, poderosamente armada, muy móvil, entrenada como una fuerza de élite y dirigida por un comandante de gran valor, constituye una fuerza de ruptura temible.

Skorzeny, Von der Heydte y Peiper son tres hombres de vanguardia que deben, desde el primer día de la ofensiva, hacer saltar el dispositivo defensivo estadounidense, neutralizarlo y de inmediato mantener y ampliar las brechas para que pueda penetrar el grueso de las fuerzas panzer.

En pocas ocasiones, una ofensiva ha reunido en el plano político, estratégico, táctico, y en las circunstancias extremadamente difíciles de preparación y de actuación, semejante despliegue de imaginación, esfuerzo, sacrificio y audacia en la concepción y la realización.

12. El Frente Oeste

Sangría en Lorena

El general Balck es uno de los mejores tácticos entre los grandes jefes de la Wehrmacht. Viene de Rusia, como el mariscal de campo Model, para contener la marea Aliada que ha hundido el Frente Occidental. Balck ha recibido de las mismas manos del Führer los diamantes de su Cruz de Caballero por salvar a su ejército de quedar rodeado por los soviéticos en Polonia.

Hitler le ha pedido que rechace los ataques del Tercer Ejército de Patton delante de Metz. Y él se emplea a fondo, utilizando con eficacia las lluvias torrenciales que caen sobre Lorena durante este mes de octubre.

Sin embargo, Balck cuenta con unas fuerzas irrisorias. Frente al Tercer Ejército estadounidense, formado por más de 250.000 hombres, el alemán sólo puede contar con su Primer Ejército, con poco más de 86.000 hombres, repartidos en siete divisiones —formada cada una por unos 12.000 infantes, mientras que una división estadounidense supera a menudo los 20.000 hombres. En lo que respecta a blindados, la situación no es mucho más brillante: los alemanes apenas cuentan con algunas docenas de tanques en el escalón táctico, y la única división acorazada, la 2ª Panzer, no dispone de más de 69 tanques y cañones de asalto.

El 8 de noviembre, Patton desencadena el ataque. Tras una gran ofensiva aérea en la que participan 1.300 cuatrimotores, Fortalezas Volantes y Liberator, y que arrasa la retaguardia alemana, el XII Cuerpo estadounidense del general Eddy avanza por la región de Nancy hacia el nordeste. Al día siguiente, el XX Cuerpo, a las órdenes del general Walker, se dirige hacia Metz.

Rápidamente, Balck, mediante retiradas hábilmente dirigidas seguidas de contraataques por los flancos, acaba con la ofensiva del XII Cuerpo, cuyos carros de combate, su artillería remolcada —los cañones de 155 mm *Long Tom* y los obuses de 105 mm— y los camiones se hunden en los cenagales. El gran ataque de Patton fracasa. Sin embargo, los alemanes, cuya inferioridad es flagrante —un tanque alemán contra nueve estadounidenses, y eso sólo en el capítulo de blindados—, no pueden impedir que la ciudad de Metz sea cercada. Cae el 22 de noviembre.

Los alemanes han conseguido un importante éxito. Al resistir a la potente ofensiva estadounidense con los escasos recursos disponibles —y la ayuda de los diluvios caídos—, el general Balck consigue reducir la presión en el sector de Aquisgrán. Se va al traste la esperanza del general Bradley de que el mariscal de campo Von Rundstedt se vea obligado a retirar las reservas que mantiene frente al Primer y el Noveno Ejércitos estadounidenses para que se unan al Grupo de Ejércitos G. En el frente del Roer los alemanes, tras una resistencia heroica, se disponen a abrir las presas del río para hacer impracticables las dos orillas: la inundación barre a las tropas norteamericanas que intentan cruzar.

El Primer y el Noveno Ejércitos estadounidenses se detienen frente al Roer. Los dos fracasos norteamericanos, al norte en el Roer y al sur en Lorena, permiten al mariscal de campo Model acabar de preparar el ataque. Sabe que si sólo una de las dos ofensivas estadounidenses hubiese tenido éxito, las consecuencias en el Frente Occidental hubiesen sido incalculables. Todo el dispositivo defensivo alemán se habría hundido. La batalla de las Ardenas no se habría producido y la guerra hubiese finalizado unos meses antes.

A pesar de esta victoria defensiva, la situación militar alemana ha llegado a un punto crítico en la parte inferior del Frente Oeste. El Grupo de Ejércitos G, que cubre Alsacia y Lorena hasta Suiza, ha tenido que hacer frente a una fuerte presión Aliada desde el mes de agosto. No ha recibido ningún refuerzo desde entonces y su abastecimiento de suministros ha sido sacrificado en beneficio del Grupo de Ejércitos de Model.

Esta configuración del Frente Oeste permite al Primer Ejército francés desencadenar una ofensiva que debe darle la posibilidad de recuperar las provincias perdidas de Alsacia y Lorena. Tras furiosos combates, el 19 de noviembre consigue franquear la brecha de Belfort. El avance es rápido. Al día siguiente sus blindados se apoderan de Mulhouse. Más al norte, y siguiendo prácticamente el mismo horario, ataca el Séptimo Ejército estadounidense. El XV Cuerpo norteamericano del general Haislip fuerza el paso de Saverne. La 2ª División Blindada francesa al mando del general Leclerc toma Estrasburgo.

Ante esta doble ofensiva Aliada, el OKW tiene una reacción poco realista, tal como le sucede frecuentemente. La noche del 22 de noviembre hace llegar sus directivas por medio del Grupo de Ejércitos G.

El teniente general Bayerlein, comandante de la División Panzer Lehr, recibió la orden de pasar al ataque en la zona de Saverne con su unidad recién reorganizada y equipada con material muy moderno. La orden fue redactada de la siguiente manera: «La División Panzer Lehr destruirá al enemigo pasando al contraataque. La suerte de Alsacia depende de usted. ¡Adelante! El ataque lo iniciará su división el 29 de noviembre».

El teniente general Fritz Bayerlein, al igual que el general Balck, no es un recién llegado. Ha sido el jefe del Estado Mayor del general Guderian, el mayor especialista en blindados y quien durante bastante tiempo estuvo al mando de un grupo de ejércitos blindados en Rusia, y también ha sido jefe del Estado Mayor de Rommel en África. Así pues, aúna el conocimiento técnico del manejo de grandes unidades de carros con el profundo conocimiento del terreno, de las necesidades de la tropa y de la logística, cosas que ignora demasiado a menudo el OKW. Rápidamente, analiza la situación y comprende qué es lo que puede cumplir y lo que no debe hacer, es decir «aniquilar al enemigo contraatacando». Dice encogiéndose de hombros:

> —Los norteamericanos me tomarán por loco si me precipito en la trampa. Pero una orden es una orden. Ahí estaré. Aún tendré una oportunidad si de entrada tomo Rauviller y Schalbach.

Los estadounidenses no se esperan esta contraofensiva. Cuando el 25 de noviembre, la Panzer Lehr pasa al ataque en Rauviller, el adversario se ve absolutamente sorprendido y se bate en retirada abandonando gran parte de su material. El 130º Batallón de Zapadores alemán toma Rauviller y captura un regimiento estadounidense. Desgraciadamente, Bayerlein no cuenta con reservas para explotar el éxito. No puede hacer frente a un contraataque estadounidense contra Bärendorf.

El 901° y el 902° Regimientos de Granaderos Panzer fracasan en su ataque concentrado sobre Schalbach. La localidad permanece en manos estadounidenses. El contraataque de Bayerlein ha sido frenado. Ahora se trata de salvar a la División Panzer Lehr de la destrucción total.

El 30 de noviembre, el mariscal de campo Von Rundstedt ordena a Bayerlein que se retire de la zona de combates para situarse en reserva. La retirada es difícil. La vuelta del buen tiempo posibilita que la aviación estadounidense bombardee sin descanso las columnas alemanas en retirada. Bayerlein consigue llevar consigo una buena parte de su división. Los carros que le quedan son enviados a la 2ª División Panzer. La Panzer Lehr es enviada a descansar a la retaguardia y reorganizada con vistas al ataque de las Ardenas. Una vez más ha sido duramente castigada. Su reconstitución en hombres y en material pondrá en graves problemas a Bayerlein.

A pesar del fracaso de la Panzer Lehr, los estadounidenses han quedado muy impresionados por la mordiente de la que hacen gala las tropas alemanas en este quinto año de guerra en las batallas del Roer y de Lorena. El 20 de noviembre, Eisenhower declara:

> —En el oeste apenas hay indicios de un cercano hundimiento alemán.

En un informe que envía el 4 de diciembre al jefe del Estado Mayor del ejército de Estados Unidos, el general Marshall, en Washington, detalla la situación de los alemanes en el oeste: «Ayudado por el mal tiempo, la crecida de los cursos de agua y el suelo empapado, el enemigo está en disposición de mantener un sólido frente defensivo durante un largo período de tiempo».

En efecto, las inclemencias del tiempo dan un respiro a los alemanes. Todas las divisiones acorazadas, las del Sexto Ejército Panzer de las SS de Sepp Dietrich y las del Quinto Ejército Panzer de Von Manteuffel han sufrido mucho durante los duros combates de octubre y noviembre. Cada una cuenta apenas con los 14.000 hombres reglamentarios, la cifra mínima admitida desde hace dos años para considerar operativa una división. En cuanto al material, la situación es grave. A pesar del esfuerzo para la «guerra total» impuesto por el doctor Goebbels y la extraordinaria planificación de la producción llevada a cabo por el ministro de Armamentos y Municiones Albert Speer —que puede alardear de haber doblado la mayoría de la producción de armas, a finales de este año 1944, en el que los bombardeos masivos de los Aliados son cada vez más devastadores— la llegada al frente de material nuevo no cubre las necesidades más básicas. Una división acorazada cuenta habitualmente con 180 carros de combate y 90 cañones de asalto. En noviembre, las divisiones panzer alemanas están muy lejos de poder alinear un número semejante. Hacia mediados de noviembre, la poderosa 2ª División Panzer cuenta con 58 Panther y 27 Panzer IV, 85 carros de combate en lugar de los 180, y 48 cañones de asalto (Sturmpanzer y Jagdpanther) frente a los 90 reglamentarios.

La situación de la Panzer Lehr, de vuelta del frente de Lorena, es catastrófica. No tiene artillería. Los ingenieros han perdido las tres cuartas partes de sus efectivos. El parque de camiones está diezmado. Los poderosos cazadores de tanques Elefant —concebidos por el creador de Volkswagen, el ingeniero Porsche— han sido destruidos durante la retirada por sus tripulaciones al detectar que la mayoría de los puentes en su recorrido no resisten su peso. Por el lado de los tanques el panorama también es negro: apenas 25 Panther y 27 Panzer IV están en estado operativo.

Es en estas condiciones tan increíbles cómo se prepara y se pone en marcha una de las mayores ofensivas de la guerra por imposición de la voluntad de un único hombre.

13. Eisenhower

16 de diciembre de 1944

Por la mañana temprano tres mujeres de la limpieza se afanan en la glacial capilla real del palacio de Versalles. Limpian los alrededores del altar mayor y del pasillo central de la nave. El ordenanza del general Eisenhower, Mickey McKeough, se casa a las 08:00 de la mañana con Pearlie Margrave, una cabo WAC. Como si no bastase el honor de poder casarse en la capilla de los reyes de Francia, la joven pareja cuenta con la presencia en la boda del comandante supremo de las Fuerzas Aliadas en Europa, el general Dwight David Eisenhower.

A pesar de este conmovedor interludio que rompe momentáneamente la cotidiana disciplina del SHAEF, un cronista habría podido decir que «era una jornada que se anunciaba como las demás».

Ningún día se parece a otro —aún menos durante la guerra—. Y este 16 de diciembre lo viene a demostrar. En este día se desencadena una crisis en el bando Aliado, por mucho que algunos historiadores la hayan minimizado y Montgomery, por razones de amor propio, haya tratado la batalla de las Ardenas con una cierta condescendencia, después de todo, para él se trataba de un asunto de los norteamericanos.

De vuelta de la boda, Eisenhower sube lentamente la escalera de camino a su despacho. Quiere solucionar algunos asuntos urgentes y precisar lo que debe decirle al general Omar Bradley, comandante del 12º Grupo de Ejércitos, el que cubre las Ardenas y Luxemburgo.

Ha convocado a Brad para estudiar con él cómo puede activarse el abastecimiento y solucionar la cuestión de la escasez de reservas de infantería.

Unos días antes, Eisenhower se había dirigido al jefe del Estado Mayor General de las fuerzas estadounidenses en Washington, su amigo el general Marshall, para solicitarle urgentemente una o dos divisiones suplementarias. Pero hay que tener en cuenta el Frente del Pacífico que absorbe muchos hombres y material. De las escasas reservas que se están instruyendo en Estados Unidos, Marshall apenas puede disponer de una decena de regimientos que decide enviar con la máxima urgencia.

El general Omar Bradley lleva varios minutos en el gran despacho de su jefe cuando un oficial del Estado Mayor entra. Es el coronel del 2º Departamento. Acaba de ser avisado por teléfono «sobre ligeras penetraciones enemigas en el sector de las Ardenas en el sector defendido por el VIII Cuerpo del general Middleton».

Eisenhower se dirige hacia un gran mapa de Europa colgado de la pared, seguido por Bradley y el oficial. Ike señala con el dedo índice la región de las Ardenas por donde los alemanes han atacado:

> —El enemigo está combatiendo —dice— contra el VIII Cuerpo y el ala derecha del V Cuerpo.
>
> —¿Cree que se trata de un ataque de envergadura? —pregunta Bradley.

—Parece que el enemigo ha penetrado por cinco ejes. La ruptura en Losheim parece ser la más amenazadora.

—¿Puede tratarse de una operación de diversión?

—No. No se trata de un ataque local.

—¿Una finta? ¿Querrán desviar nuestra atención para atacar en otro lugar?

—Estoy convencido —prosigue Eisenhower— que será en las Ardenas donde Hitler va a intentar su última apuesta. En otros sectores del frente, en efecto, aunque nuestra superioridad no descarte para los alemanes las posibilidades de éxito en el ataque, no hay ningún objetivo importante que ellos puedan razonablemente alcanzar. Por otra parte, sabemos que desde hace algún tiempo los efectivos alemanes en las Ardenas han sido progresivamente reforzados. Es en esta misma región por donde los alemanes lanzaron su ofensiva en 1940, que llevó a la retirada de las tropas británicas en el continente y a la caída de Francia. Esta primera ofensiva fue dirigida por el mismo hombre al que nos enfrentamos ahora, Von Rundstedt. ¿Quizá espera repetir su éxito más de cuatro años después? Siempre hemos pensado que antes de reconocer su derrota completa en el oeste los alemanes intentarían una contraofensiva a la desesperada. Me da la sensación que es lo que acaban de comenzar.

Convencidos que el ataque principal alemán se lleva a cabo contra el centro del 12º Grupo de Ejércitos, Eisenhower y Bradley deciden sacar dos divisiones de los dos flancos y dirigirlas hacia las zonas amenazadas: la 7ª Acorazada del general Robert W. Hasbrouck desde el norte, y la 10ª Acorazada del general William H. Morris Jr. desde el sur. Esta medida de urgencia responde a la preocupación por consolidar el frente del VIII Cuerpo de Middleton a lo largo de sus 120 kilómetros.

> —Ha llegado el momento crítico, Brad —anuncia Eisenhower con tranquilidad—. Advierta a todos sus jefes de ejército y de cuerpo que estén listos para proporcionar unidades de apoyo en esta batalla, que sin duda ganaremos.

Bradley telefonea inmediatamente a Patton que, siempre dinámico y lleno de optimismo, no está convencido del ataque general de los alemanes, pero acata sin poner objeciones la orden de su jefe de poner en marcha la 10ª División Acorazada. El general Simpson, comandante del Noveno Ejército, frío y disciplinado, no hace ningún comentario: la 7ª División Acorazada de Hasbrouck se dirige de inmediato hacia Saint-Vith.

Exceptuando a Eisenhower, siempre prudente, algunos generales como Bradley y los jefes de Inteligencia, a la cabeza de los cuales está Strong, la mayoría de los oficiales superiores Aliados y las tropas se dejan vencer por un cierto optimismo. Las estadísticas de los Estados Mayores son precisas. Demuestran que la producción militar alemana mutilada día a día por los bombardeos, la desorganización de las vías de comunicación ferroviaria, sumadas a los dos millones de soldados de la Wehrmacht muertos, prisioneros, heridos o desaparecidos, sólo en el Frente Oeste desde el 6 de junio de 1944, han puesto a Alemania de rodillas. El final está próximo. Es una cuestión de tiempo. Algunos incluso siguen pensando que los nazis capitularán antes de Navidad, y esta euforia es compartida por muchos soldados en el frente. La Wehrmacht no puede rehacerse de las pérdidas sufridas —unos 100.000 hombres en el sector del 12º Grupo de Ejércitos estadounidense, según otra estadística. En vísperas del ataque alemán, los departamentos de Inteligencia del SHAEF analizan la situación de los alemanes en la parte sur del Frente Oeste, la *Westwall*, de la siguiente forma:

> «Desde septiembre, en ningún momento el enemigo se ha encontrado ante un dilema tan grave. Parece difícil que pueda mantenerse en el sector de Aquisgrán sin comprometer al Sexto Ejército Panzer de las SS y al mismo tiempo mantenerse en la *Westwall*, al sur, sin hacer llegar refuerzos, especialmente tanques. Tendrán que dividir al Sexto Ejército Panzer y, de este modo, exponerlo a ser derrotado en el norte y el sur, pero si se mantiene unido, ofrecerá al Tercer y al Séptimo Ejércitos estadounidenses una buena posibilidad de alcanzar el Rin en la región de Maguncia antes de final de año. Finalmente, resolver el problema trayendo tropas del este los expondría a sufrir un desastre aún mayor.» Este juicio no pecaba de prudente.

Ningún Estado Mayor, fuese estadounidense o británico, preveía el ataque alemán. Prevalecía la idea que el enemigo estaba al límite de sus fuerzas y que si se producía alguna reacción, no sorprendería a nadie y sería fácilmente liquidada.

El 16 de diciembre, de madrugada, la situación de las divisiones estadounidenses en las Ardenas es para muchos «imprevista». Pero, ¿qué ha hecho el G-2, la Inteligencia estadounidense, en los dos últimos meses? ¿Qué sabe de la situación y del número de divisiones de la Wehrmacht en el Palatinado y en Renania? ¿Se ha equivocado? ¿Ha sido engañado?

De hecho, el G-2 ha cumplido con su trabajo con normalidad; una tarea rutinaria sin error, concienzuda. El problema surge en el análisis de la información. Éste está influido por la euforia que se desprende de las estadísticas, también interpretadas erróneamente, según las cuales los alemanes pierden diez mil hombres diarios. Aplicando una corrección motivada por la llegada de sus últimas reservas, y según estos sabios cálculos, matemáticamente la Wehrmacht ya no existe desde una determinada fecha.

Es hacer un auténtico desprecio del valor y la energía que aún puede desplegar el soldado alemán.

En esta atmósfera de optimismo, algunos jefes expresan sus dudas respecto a la inminente derrota alemana. Entre estos se encuentra el general Kenneth Strong, responsable del G-2 en el SHAEF. Sus reflexiones se oponen a las corrientes oficiales. Según él, el OKW está preparando alguna cosa tras la Línea Sigfrido. Sus temores se ven confirmados a mediados de septiembre cuando se entera que la mayor parte del Quinto Ejército de Hasso von Manteuffel ha sido retirado del frente de las Ardenas. Esta información procede de un desertor. Otros datos la confirman. El general Strong puede afirmar que el Estado Mayor General alemán ha retirado al Quinto Ejército para reorganizarlo y, por primera vez, se menciona la existencia del Sexto Ejército Panzer de las SS. Por otra parte, sus servicios señalan una intensa actividad logística en las carreteras y en las estaciones de clasificación de las ciudades y pueblos de Renania y del Palatinado.

A finales de noviembre, el general Strong estima con fundamento que los alemanes están reformando completamente sus divisiones, duramente castigadas desde hace dos meses, y organizando reservas operacionales, de las que sin duda tienen una cruel escasez. Sus observaciones terminan en este punto.

¿Por qué los alemanes están formando estas reservas? ¿Con una finalidad defensiva, para frenar un ataque estadounidense en dirección al Rin? ¿Dónde se situarán y en qué dirección atacarán?

A todas estas incertidumbres se añade otro, y muy importante. El SHAEF ha sido avisado de que el Sexto Ejército Panzer de las SS, organizado y entrenado en Westfalia, ha cruzado el Rin entre Colonia y Bonn. ¿Adónde se dirige?

El mal tiempo impide los reconocimientos aéreos. La mayoría de los vuelos tácticos cotidianos no pueden llevarse a cabo, generando un serio inconveniente a los estadounidenses.

Mientras que, a finales de noviembre, el general Hodges, comandante del Primer Ejército estadounidense, aún sitúa erróneamente al Sexto Ejército Panzer de las SS, el general Patton dispone de una mejor información sobre las tropas enemigas a las que probablemente deberá enfrentarse en breve y que en algún caso forman parte de este Sexto Ejército Panzer, que recientemente ha conocido que está al mando del *Obergruppenführer* Sepp Dietrich. Los informes también indican que su Cuartel General puede encontrarse cerca de Colonia, quizá un poco más al sur... En definitiva, la existencia del Sexto Ejército Panzer de las SS ha quedado demostrada, pero es imposible localizarlo.

Sólo unos días antes del inicio de la ofensiva alemana, en el SHAEF se dice lo siguiente en relación al ejército de Sepp Dietrich: «Sólo disponemos de vagos rumores sobre el Sexto Ejército Panzer de las SS». Para muchos oficiales Aliados, destacados en Versalles, se trata de un ejército fantasma.

Gracias al servicio de Inteligencia del Tercer Ejército, mucho más perspicaz, George Patton, siempre alerta, supone que el Sexto Ejército Panzer de las SS controla un potente cuerpo panzer formado por la 9ª División Panzer de las SS *Hohenstauffen* y la 10ª División Panzer de las SS *Frundsberg*. A ellas habría que añadir la 1ª, la 2ª y la 12ª Divisiones Panzer de las SS. En este orden de batalla también se indica la presencia de la Panzer Lehr de Bayerlein y de algunas divisiones de infantería, que recientemente han sido reequipadas con armas de última generación. Los informes indican, por otra parte, que el enemigo ha recibido un importante número de tanques Panther y de nuevos carros equipados con cañones antiaéreos ligeros. También según estos informes, los alemanes disponen de *Nebelwerfer* —«lanzacohetes»— y de poderosos cañones de asalto Elefant que los estadounidenses ya conocen por haberse enfrentado a ellos en Alsacia.

Una interpretación incorrecta de las informaciones, el mal tiempo y el optimismo que reina en los Estados Mayores y en primera línea, son las causas principales de la sorpresa que provoca la *Wacht am Rhein*.

14. La ruptura de Peiper

16 de diciembre de 1944

Por fin, pero con un mes de retraso, toda la maquinaria de guerra alemana en el oeste se pone en marcha.

La ruptura estratégica en la parte del frente controlada por el Sexto Ejército Panzer de Sepp Dietrich recae en cinco mil hombres, los del *Standartenführer* Joachim Peiper. Sobre él recae la pesada responsabilidad de abrir a la mayor brevedad y a cualquier precio, las líneas estadounidenses y controlar las rutas en dirección al Mosa para que pase el resto del ejército. Por esta fecha penetrarán el ala derecha del Quinto Ejército Panzer y la izquierda del Sexto Ejércirto Panzer de las SS.

Peiper, al frente de su *Kampfgruppe*, rompe el frente estadounidense en Losheim. A las 19.30 horas del 16 de diciembre ya ha superado la localidad ardenesa, su primer objetivo.

Para avanzar con mayor rapidez, no tiene ningún problema en hacer detener los convoyes alemanes cuya lentitud es un obstáculo en su avance —¿Acaso Hitler y el OKW no le han dado carta blanca para lanzarse hacia el Mosa, cueste lo que cueste? Así pues, despiadadamente ordena precipitar a la cuneta toda una columna de artillería hipomóvil de la 12ª División de *Volksgrenadiers* (12ª VGD) para hacer pasar sus blindados. La excepcional anchura de los Tiger o de los Jagdpanther tampoco facilita la tarea cuando se piensa en la estrechez de las rutas que recorren el bosque de las Ardenas o los estrechos y abruptos valles.

Si bien Peiper puede permitirse arrollar a caballos y material para avanzar con mayor rapidez, no sucede lo mismo en otros sectores del frente. Con las primeras luces del alba, el caos en las carreteras que conducen al frente es mayúsculo. Los embotellamientos se extienden a lo largo de kilómetros y durante horas —horas que al principio de una ofensiva tienen un valor incalculable— los oficiales suplen a la *Feldgendarmerie* intentando poner un poco de orden en ese desastre.

Afortunadamente el cielo está muy cubierto, lo que impide a la aviación Aliada llevar a cabo una masacre a lo largo de esas pequeñas carreteras repletas de vehículos inmovilizados, que parecen clavados en la nieve bajo un frío polar. Se oyen juramentos y órdenes: «*Vorwärts! Vorwärts!*» —«¡Adelante!»—. Pero, ¿adelante hacia dónde? La poderosa maquinaria de guerra alemana está bloqueada, agarrotada, devorada por el barro. Habrá que esperar en algunos puntos del frente hasta el final del día —es decir, con unas diez o doce horas de retraso— para descongestionar las rutas que atraviesan los bosques del Eifel. ¡Cuánto tiempo perdido! ¡Cuántas oportunidades malgastadas! La confusión domina allí donde la sorpresa era sumamente esencial al principio de una ofensiva, especialmente en este caso, tan frágil en su concepción y cuyo factor esencial es la rapidez.[1]

Peiper lleva su cuerpo blindado hacia la carretera de Lanzerath. No tiene elección: al norte los puentes han saltado. Se dirige provisionalmente hacia el sudoeste. Su grupo de reconocimiento le anuncia muy pronto que la ruta está cortada por un campo de minas. Lógicamente, los blindados deberían detenerse y esperar la llegada de los ingenieros. Peiper hace caso omiso. Sin dudar, mete a sus tanques en el campo de minas, perdiendo cinco, pero el camino está expedito. Los demás carros y vehículos pasan sin ningún problema.

Al alba del 17 de diciembre, la columna de Peiper, apoyada por dos compañías del 9º Regimiento de Paracaidistas, llega a Honsfeld. Utilizando dos tanques Sherman capturados por sus tropas de vanguardia, consigue sorprender al enemigo y ocupa la localidad que estaba siendo evacuada. Hace numerosos prisioneros y captura unos cincuenta semiorugas, camiones y quince cañones antitanque. En su retirada, los estadounidenses no han tenido tiempo de incendiar su depósito de combustible. Peiper se apodera de él. Es una auténtica suerte: ¡apenas le quedaba combustible!

De madrugada, Peiper reinicia el ataque —¡Por lo menos, ya está liberado de los embotellamientos!— El esfuerzo debe ser llevado a cabo sin detenerse, tal como le han ordenado. Éstas son taxativas: alcanzar los puentes del Mosa antes del segundo día de ofensiva. Son los objetivos fundamentales de la ofensiva. Hay que estar allí sin demora.

Peiper divide su unidad en dos cuerpos para tomar Ligneuville en un movimiento de tenaza. Sabe por prisioneros estadounidenses que en la localidad se encuentra un Estado Mayor norteamericano.

La agrupación de reserva de la 7ª División Acorazada estadounidense del general Hasbrouck desciende hacia el sur procedente de Malmédy. La ruta está libre cuando el convoy alcanza el cruce de Baugnez, a cinco kilómetros de Malmédy. En los alrededores del cruce hay varias granjas. Cerca se encuentra un café, propiedad de madame Adèle Bodarwé. Es domingo. Todos los habitantes de la localidad asisten a misa. Un granjero, Henri Lejoly, tras dar de comer a sus animales se dirige al café.

Procedente del este y camino del Mosa, el *Kampfgruppe* de Joachim Peiper avanza. También va a tomar la carretera de Malmédy en Baugnez, que dista una docena de kilómetros.

A las 12.10 horas los primeros elementos del convoy estadounidense llegan al cruce. Encuentran a dos policías militares del 518º Destacamento en un jeep que han sido enviados especialmente para indicar el camino a la columna. Tres cuartos de hora más tarde el último vehículo del convoy desaparece en dirección a Ligneuville. Cuatro horas más tarde debe pasar toda la artillería pesada de la 7ª División Acorazada. Los policías militares creen que tienen tiempo de regresar a Malmédy. El cruce de Baugnez queda desierto. Solamente quedan madame Bodarwé y Lejoly, separados por la barra de madera barnizada, charlando.

Esta parte de las Ardenas había pertenecido a Alemania antes de 1914. Al ser de lengua francesa, Bélgica la anexionó en 1918. En 1940 volvió a manos alemanas. El marido de madame Bodarwé fue movilizado por la Werhmacht. A pesar de su apellido, Henri Lejoly se consideraba alemán.

Sobre las 13.00 horas llega de Malmédy una pequeña columna estadounidense formada por varios jeeps y camiones. Es un grupo de control de tiro de artillería que no cuenta con ninguna protección. Los hombres están débilmente armados. La Policía Militar no ha sido avisada de la llegada imprevista de la columna y nadie se encuentra en el cruce para indicar el camino.

El primer jeep se detiene a la altura del café. Uno de los soldados le pregunta a madame Bodarwé por la carretera de Vielsalm. Ella le indica el camino. Luego el soldado se gira hacia Henri Lejoly y le pregunta si hay alemanes en la zona. Lejoly hace un gesto tan leve y tan poco explícito que el norteamericano sale sin haber conseguido aclarar nada. La columna se pone en marcha hacia el sur.

Minutos más tarde aparecen por la carretera de Malmédy, procedentes de Thirimont, tres Köenigstiger, seguidos de varios semiorugas blindados, transportando granaderos panzer de las SS. Es una vanguardia de reconocimiento del *Kampfgruppe*. Peiper no está en absoluto descontento de él: su ruptura ha tenido éxito. Hasta aquí, sus hombres no han encontrado una resistencia organizada. Varios soldados estadounidenses y un teniente coronel, capturados de madrugada, le han informado que en Ligneuville hay un importante centro de mando norteamericano. Cree que puede tomarlo por sorpresa.

Los primeros Köenigstiger descubren la pequeña columna estadounidense que se desplaza hacia el sur. Sus largos cañones de 88 mm disparan, pero inmediatamente Peiper les hace cesar el fuego para no alertar a los norteamericanos de Ligneuville, localidad que se encuentra a tan sólo cinco kilómetros. Envía unidades ligeras hacia la columna y la capturan. Entonces los SS hacen descender a los estadounidenses de los jeeps y los camiones, y los conducen a pie hacia el cruce de Baugnez. El número de prisioneros asciende a 125.

Los blindados del *Kampfgruppe* continúan transitando por el cruce en dirección a Ligneuville. Tras la ventana de su café, madame Bodarwé los mira pasar. Henri Lejoly está exultante. Sale y, desde el umbral, hace gestos amistosos a los SS.

De pronto, uno de los semiorugas blindados se detiene frente a los prisioneros. Un SS se incorpora, apunta con su Luger y dispara sobre un prisionero, que cae fulminado.

Todo ha ido muy rápido. Los SS empujan a los prisioneros hasta un campo cercano al café. La ametralladora de un semioruga apunta a los norteamericanos que forman un grupo compacto, apretándose unos contra otros. La ametralladora abre fuego y acaba con los 1.254 soldados estadounidenses. Varios SS se acercan a los moribundos y a los heridos y los rematan con pistolas. Después de esto, incendian el café de madame Bodarwé ante un Henri Lejoly absolutamente estupefacto. Los SS vuelven a subir a sus semiorugas blindados y se ponen en marcha en dirección a Ligneuville.

Por la tarde, una patrulla del 291° Batallón de Ingenieros estadounidense, que pasa por el cruce de Baugnez, encontrándose de este modo y sin saberlo en la retaguardia del *Kampfgruppe* Peiper —cosa que sucede bastante a menudo en las batallas de movimiento—, descubre los 125 cuerpos que la nieve apenas recubre. Tres horas más tarde, es informado de ello el Estado Mayor del Primer Ejército del general Hodges. Durante los días siguientes, rendirse será algo arriesgado para los alemanes, sobre todo si son de las SS.[2] (Ver anexo III.)

La ruptura de Peiper ha desarticulado el frente estadounidense. Muchas unidades del ejército de Estados Unidos quedan aisladas y algunas representan un curioso y heterogéneo conglomerado de soldados de diferentes armas. Compañías de infantería en retirada ven cómo sus filas aumentan con soldados de ingenieros o de intendencia pertenecientes a otras unidades perdidas en medio de los bosques. Pero, mientras hay tropas que se retiran en un orden más que discutible, otras, como las fuerzas que combaten en Clervaux, Trois-Ponts, Wiltz y Hotton, se defienden con heroísmo. Lo mismo sucede con los dos regimientos estadounidenses de Deschenaux y Cavender.

Desde el principio de la ofensiva enemiga, los soldados de los coroneles Deschenaux y Cavender, comandantes del 442° y del 423° Regimientos de Infantería de Estados Unidos, han combatido magníficamente en el macizo del Schnee Eifel, defendiendo encarnizadamente los fortines de la Línea Sigfrido que ocupan. Desgraciadamente, los suministros y las municiones se les agotan. Saben que están rodeados —la posición que defienden, muy al este de Saint-Vith, los expone a este peligro. Sus camaradas se encuentran en estos momentos a bastantes kilómetros al oeste. Ante ellos se plantean dos opciones: romper contacto e intentar llegar hasta una gran unidad, o rendirse.

El coronel Cavender envía al mayor William Cody Garlow —nieto de Buffalo Bill— en busca del coronel Deschenaux para coordinar un ataque hacia el oeste con los elementos que aún le queden en estado operativo.

Valerosamente, dos batallones estadounidenses, con escasos medios, pasan a la ofensiva y arrollan a los alemanes, expulsándolos de un bosque. Pero, cuando los batallones llegan a la llanura, caen bajo el fuego de una división al completo, la 62ª de *Volksgrenadiers*. Los estadounidenses no pueden alcanzar Schönberg, localidad en la que debían culminar la primera etapa de su retirada.

Al día siguiente, 19 de diciembre, se terminan los víveres y las municiones y el coronel Deschenaux convoca a sus oficiales a su puesto de mando situado en una casamata de la Línea Sigfrido:

> —Señores —les dice—, en este momento nuestra situación es desesperada, situados como estamos a kilómetros tras las líneas enemigas. Los víveres y las municiones se han agotado prácticamente. Me gustaría conocer su parecer respecto a lo que deberíamos hacer.

Hay un intercambio de impresiones a favor y en contra de la rendición, pero estrictamente en referencia a la forma. El coronel Deschenaux saca las únicas conclusiones que se imponen:

—Señores, creo que no tenemos más remedio que rendirnos.

Es la única forma de evitar pérdidas inútiles. Deschenaux da libertad a todos aquellos que deseen alcanzar las líneas estadounidenses. Muy pocos la aprovechan.

Al mayor William Cody Garlow se le encarga negociar la rendición. Por la noche, lo que queda de los dos regimientos estadounidenses se rinde.

En todas y cada una de las rutas que llevan al frente los embotellamientos se suceden sin que la *Ferlgendarmerie*, que oficialmente regula la circulación, pueda mantener los horarios previstos de la ofensiva. Se producen retrasos que ya no podrán ser compensados, tropas de asalto que deberían estar en primera línea aún se encuentran en la retaguardia entre convoyes de suministros, y los camiones cisterna, cargados de combustibles para los blindados, no pueden llegar a los puntos de encuentro con las fuerzas de vanguardia.

Entre el estruendo de los motores desarrollando una potencia de mil caballos —los más potentes de la época— los Tiger, los Köenigstiger y los cañones de asalto, como los Jagd-tiger de 70 toneladas, se mueven entre torbellinos de nieve por los estrechos y sinuosos caminos que recorren los angostos caminos de las Ardenas. Es un universo bruscamente fabuloso, con una campiña blanca, glacial, quebrada, cubierta de abetos y en la que las manadas rugientes de carros de combate se despliegan según las normas de la guerra a lo largo de los torrentes y de los fondos de los estrechos valles, dominados por los macizos rocosos.

Cuando ya han podido pasar los carros de combate, acompañados de los semiorugas de blindaje inclinado que transportan a los granaderos panzer, las tropas de asalto fuertemente armadas, es el turno de las baterías de artillería. Los antitanques de 75 mm, los 88 mm de la Luftwaffe, utilizados como antitanques, los lanzacohetes, los grandes cañones de 150 mm y los obuses pesados y ligeros.

Tras el primer ataque de ruptura vuelven a producirse embotellamientos. Bajo un continuo fragor, todo este material se acumula en estas mediocres carreteras, blindaje contra blindaje, rueda contra cañón, camión contra caballo, caballos contra soldados a pie, perdidos entre los eslabones de acero de esta serpiente que se arrastra hacia el fuego. El mismo Von Manteuffel, que ha intentado durante un momento regular la circulación para que pudiese pasar su propio vehículo, debe abandonar su intento. Va a pie, seguido de su ayuda de campo y de su ordenanza. Sin embargo, llegará con retraso a la cita con el mariscal de campo Model.

Al final, tras haber perdido una hora a causa de esos condenados embotellamientos, encuentra a su jefe, que de inmediato le pregunta por el desarrollo de la ofensiva:

—*Heil Hitler!* ¿Qué opina de la situación, barón?

—Buena en conjunto.

—Tengo la impresión de que no está avanzando lo bastante rápido en Saint-Vith.

—Es cierto, no creíamos que los norteamericanos resistiesen tan tenazmente. Pero mañana tomaremos la localidad.

—Eso espero. Para asegurarlo, le voy a dar la *Führwer Eskorte Brigade.*

Von Manteuffel manifiesta una cierta sorpresa. Esperaba poder emplear dicha brigada de élite más al oeste.

—¿No está de acuerdo? —pregunta Model.

—Sí. Hay que tomar Saint-Vith mañana y el apoyo de la brigada de Remer puede ser decisivo.

Durante la noche del 17 al 18, el comandante del Primer Ejército estadounidense envía a primera línea a las últimas reservas que le quedan en el sector para intentar frenar a Peiper en el Amblève.[3]

Peiper se lanza al asalto en dirección a Stavelot. Las tropas estadounidenses, bajo el mando del mayor Paul Solis, no tienen tiempo de organizar su defensa. No pueden colocar los explosivos en el puente de Amblève.

Peiper se aprovecha de ello. Dos compañías de granaderos panzer, apoyados por dos Panther, atacan repentinamente: un Panther resulta alcanzado, pero antes consigue acabar con dos Sherman y cubre así el avance del otro Panther, que cruza el puente. Los granaderos le siguen. Los estadounidenses se retiran hacia el centro de Stavelot. La batalla de carros dura dos horas y finaliza con graves pérdidas para ambos bandos. Stavelot cae en manos alemanas.

Sin embargo, la resistencia estadounidense no ha sido en vano. Permite al mayor Solis destruir el mayor depósito de combustible de Francorchamps, en el que había 450.000 litros de gasolina.

Paul Solis ordena a sus soldados cavar un surco cruzando la carretera, rellenarlo de gasolina y luego incendiarlo. Los tanques y los granaderos panzer, montados en los semiorugas blindados de Peiper, no pueden atravesar el muro de llamas. Privados del carburante, los alemanes no podrán llegar al Mosa. Gracias a la heroica resistencia de un puñado de estadounidenses en Stavelot, el avance de Peiper se ve gravemente comprometido.

15. Saint-Vith

18 de diciembre de 1944

El saliente de Saint-Vith, esa zona mantenida tenazmente por los estadounidenses, prácticamente rodeados por el norte y el sur, supone un peligro para el flanco de la brecha por la que penetra la 1ª División Panzer de las SS, encabezada por el *Kampfgruppe* de Peiper.

Un poco más al sur, y al este de esta localidad, la 116ª División Panzer, y la 18ª, la 62ª y la 560ª Divisiones de *Volksgrenadiers*, llevan algún tiempo avanzando frente al macizo del Schnee Eifel. La configuración del terreno y la hábil defensa del coronel Charles Cavender, comandante del 423º Regimiento de Infantería estadounidense, han permitido contener el ataque alemán, dirigido por el general Frederik Kittel, comandante del la 62ª División VG. Sin embargo, su división puede dirigirse hacia el sur, y la noche del día 16, alcanza la carretera, mucho más importante, que conduce a Winterspelt. Kittel hace entrar en acción a un batallón de ciclistas apoyados por cañones de asalto y, a pesar de la heroica defensa de una compañía del 424º Regimiento de Infantería, Winterspelt cae a media noche.

Más al sur, Von Manteuffel sigue avanzando hacia Ouren, donde la 116ª División Panzer y la 58ª División VG, apoyadas por una parte de la 560ª División VG, que circunstancialmente cambia su ruta de avance para dirigirse hacia el norte, deben apoderarse de los dos puentes que atraviesan el Our. Pero el esfuerzo principal lo lleva a cabo el XLVII Cuerpo Panzer, al mando del general Von Lütwitz. Éste destaca la 2ª División Panzer y la 26ª División VG, que acaban con el 110º Regimiento estadounidense. La 26ª División VG abre paso a la Panzer Lehr de Bayerlein. Ésta, liberada de un reciente embotellamiento, recorre el camino entre Saint-Vith y Luxemburgo, atraviesa el Clerf al sur de Clervaux —los soldados estadounidenses resisten en Marnach, un importante nudo de comunicaciones, a los blindados del coronel Von Lauchert— y se dirige definitivamente hacia Bastogne.

El 110º y el 112º Regimientos de Infantería estadounidenses, que constituyen el grueso de la 28ª División del general Cota —la División Keystone— son diezmadas tras los encarnizados combates.

Los objetivos que se ha propuesto el general Von Lütwitz no han sido totalmente conseguidos. Sin embargo, los dos puentes sobre el Our, a cada lado de Ouren, caen intactos tras el ataque relámpago de sus blindados. Ahora sólo queda esperar que éstos puedan atravesar el Clerf, al norte de Clervaux, cruzando el norte de Luxemburgo y tomando como objetivo la frontera belga y Houffalize.

Si bien en el norte, desde Monschau hasta el sector asignado a la Panzer Lehr, el ataque supone un potente esfuerzo de ruptura por parte de las divisiones de Sepp Dietrich y de Hasso von Manteuffel —esta ruptura «cueste lo que cueste», clave de toda la operación *Wacht am Rhein*—, en el frente sur, en el sector confiado al general de artillería Eric Brandenberger, comandante del Séptimo Ejército, las cosas van de forma muy diferente.

Este ejército cubre el flanco sur del ataque del Quinto Ejército de Von Manteuffel, un papel evidentemente de complemento, pero debe participar de una manera vigorosa y dinámica en la ofensiva general.

Desgraciadamente, las reservas de la Wehrmacht son inexistentes. La concepción, la elaboración y la realización de la ofensiva son por sí mismas un auténtico reto. Ha sido necesario buscar tropas hasta en Noruega e Italia. El OKW ha tenido que buscar en el fondo del armario. En cuanto al material, los carros de combate especialmente, apenas ha sido testado a la salida de las líneas de producción. Muchos vehículos quedan averiados; muchos tienen la caja de cambios rota debido a la inexperiencia de los jóvenes conductores.

El problema de las reservas demuestra una lógica aplastante: cuando no hay hombres, no hay reservas. A pesar de los bombardeos sistemáticos de los Aliados, Alemania produce una mayor cantidad de material de guerra —ejército, marina y fuerza aérea— en 1944 que el año anterior. Pero el Tercer Reich ha perdido durante el mismo lapso de tiempo tres millones de hombres... De este modo, la ofensiva de las Ardenas sufre de una falta de reservas lo suficientemente importante como para que pierda credibilidad. Las reservas humanas de que se dispone son incapaces de alimentar semejante operación, que debe llevar a sus fuerzas motorizadas hasta el mar del Norte. De cara a los tres ejércitos serían necesarias diez divisiones de refuerzo, formadas por hombres aguerridos. ¡Qué lejos están de ello!

Brandenberger es la primera víctima de la escasez de reservas. A falta de una masa de maniobra en la retaguardia, el Führer insufla la fe en la victoria a través de sus discursos y el poder de fascinación de su voluntad. Si Hitler ha cometido un error, el único, en su análisis de la ofensiva, es el de haber pensado que la mentalidad de los Aliados no ha cambiado en cuatro años. Allí dónde en 1940, belgas, holandeses, ingleses y franceses se hundieron, cuatro años más tarde, los norteamericanos, en menor número, resisten. Un ejército que resiste «individualmente» exorciza el espectro de la derrota. La resistencia de esqueléticos regimientos estadounidenses, extendidos a lo largo de 140 kilómetros, permite el refuerzo de la guarnición de Bastogne, que ésta resista, y que llegue el Tercer Ejército de Patton. Tras la euforia generada por las primeras victorias, los alemanes han tenido muy a menudo una fuerte tendencia a subestimar a sus adversarios y a jugarse el todo por el todo en una partida de dados.

Con esas pocas divisiones que el OKW le ha proporcionado, Brandenberger intenta hacer lo que puede.

Tiene a su disposición el LXXXV Cuerpo de Ejército del general Baptist Kniess. Destaca la 5ª División de Paracaidistas que opera siguiendo los pasos del Quinto Ejército Panzer de Von Manteuffel. Para mantener el contacto con la 5ª División hay que hacer que la 352ª División VG franquee el Our, cerca de Viaden. Los otros dos cuerpos de que dispone, el LXXX y el LIII, apenas cuentan entre los dos con tres divisiones. Estas tropas han sido destinadas a una ofensiva con unos objetivos estratégicos y políticos considerables. Por otra parte, la falta de medios de Brandenberger es bien conocida por el OKW. El comandante del Séptimo Ejército se da cuenta de los peligrosos vacíos que la 5ª División deja tras ella al llegar a Martelange, en la carretera Bastogne-Arlon. Avisa de inmediato al OKW. Con la aprobación de Hitler, el OKW envía refuerzos, la Brigada de Granaderos del Führer, que el servicio de Inteligencia estadounidense confunde con la Brigada de Escolta del Führer, al mando del general Remer y que combate más al norte, en el sector de Saint-Vith.

El saliente de Saint-Vith, defendido encarnizadamente por la 7ª División Acorazada de Estados Unidos, constituye un auténtico peligro para Joachim Peiper, que avanza al norte de la ciudad en ruinas, siguiendo como eje de ataque este-oeste el río Amblève. Tras tomar Stavelot, se ha dirigido con su potente grupo blindado hacia Trois-Ponts. Esta pequeña localidad está situada en la confluencia del Amblève y del Salm. Es un importante nudo de comunicaciones que conecta con La Gleize y Werbomont. Tomar Trois-Ponts significa abrir la carretera hacia el Mosa, permitir alcanzar el río, recuperar el aliento y, desde allí, lanzarse con audacia hacia Amberes.

Trois-Ponts justifica su nombre. Es necesario que Peiper, que debe llegar por la carretera de Stavelot, tome los tres puentes: el primero sobre el Amblève, y los otros dos sobre el Salm. La importancia táctica de la localidad no ha escapado a su atención, y apoderarse de ella con la máxima urgencia se convierte en una importante baza en el éxito de la ofensiva relámpago.

Peiper se presenta ante Trois-Ponts. El 51º Batallón de Ingenieros estadounidense dispone allí de una guarnición desde principios de diciembre. Sobre ella recae la responsabilidad de defender la pequeña población, llevar a cabo una acción dilatoria y hacer saltar los puentes.

Un antitanque del 75 estadounidense aislado de su regimiento durante la retirada y que ha sido situado en batería frente al puente del Amblève, en la carretera de La Gleize, consigue detener a un Tiger. El carro de combate alemán inmediatamente lo descubre y lo destruye con su cañón del 88. Peiper, que no esperaba encontrar resistencia, sospecha de la presencia del cañón. Prefiere rodear Trois-Ponts, temiendo que la localidad esté fuertemente defendida y considerando que los lugares estrechos y accidentados se prestan a una vigorosa resistencia y que el poder de fuego y la protección de sus carros de combate son menos efectivos en esos pequeños valles repletos de desagradables sorpresas.

Entonces, Peiper se dirige hacia Stoumont. Allí, los problemas de espacio no le permiten desplegar sus tanques, especialmente sus Tiger y sus Königstiger, superiores a cualquier carro de combate de los estadounidenses. Se ve obligado a combatir en la carretera y sacrificar dos o tres tanques —preferentemente Panzer IV, los más antiguos— para hacer estallar las minas enemigas. La misma táctica vuelve a emplearse en Stoumont.

Los estadounidenses tienen tiempo de atrincherarse, pero cuentan con pocos efectivos: el 3er Batallón del 119° Regimiento, apoyado por ocho tanques cazacarros, dos piezas antiaéreas de 90 mm y tres cañones antitanque. No es mucho, pero los norteamericanos se aferran a sus posiciones.

Los soldados norteamericanos consiguen frenar a los alemanes durante dos horas. Luego se retiran tras una cortina de humo. Los hombres de Peiper los persiguen. Afortunadamente para el 119° Regimiento, una compañía de tanques del 740° Batallón de Tanques aparece en el valle, para gran sorpresa de los alemanes que no les esperaban, y salva *in extremis* al 119° Regimiento.

Las escaramuzas cuestan muy caro al *Standartenführer*. Las dificultades del terreno lo obligan a sacrificar mucho material para poder llevar a cabo la ruptura. A estos problemas se añade una crisis de carburante —los carros pesados consumen grandes cantidades: un Tiger quema 500 litros a los 100 kilómetros—, lo que le impide continuar su ataque en dirección a Werbomont y le fuerza a detenerse en Stoumont, una grave decisión de cara al desarrollo general de la ofensiva.

El 19 de diciembre —fecha en la que, según el plan de la operación *Wacht am Rhein*, el *Kampfgruppe* debería alcanzar el Mosa— ordena regresar a sus tropas de reconocimiento, que ya se encuentran más allá de Stoumont. El 1er Regimiento Panzer toma posiciones defensivas.

La situación del *Kampfgruppe* es incómoda. Pasa a ser crítica cuando Peiper recibe la noticia de que el 117º Batallón de Infantería estadounidense ha recuperado Stavelot: ¡el *Kampfgruppe* ha quedado copado! Los norteamericanos, en plena retirada, encuentran la forma de contraatacar y recuperar una localidad, a pesar de sus escasos efectivos.

Peiper reacciona rápidamente. Envía un batallón de granaderos panzer apoyado por dos compañías de reconocimiento, reforzados por un escuadrón de Panther. Pero, por su lado, los estadounidenses han recibido refuerzos y Stavelot permanece en sus manos a pesar de los ataques alemanes.

Mientras el *Kampfgruppe* de Peiper, frenado en Stoumont, se pone a la defensiva, el saliente de Saint-Vith, sólidamente defendido por la 7ª División Acorazada estadounidense, sigue amenazado por el Sexto Ejército Panzer de las SS de Sepp Dietrich. Éste está furioso después de saber que Peiper, bloqueado en Stoumont y La Gleize, se encuentra en situación crítica tras la ocupación de Stavelot por los norteamericanos.

El 20 de diciembre por la noche, Sepp Dietrich ordena al II Cuerpo Panzer de las SS que se dirija al sur para ayudar a las divisiones del Quinto Ejército Panzer de Von Manteuffel a tomar Saint-Vith.

Al día siguiente al mediodía, el II Cuerpo Panzer de las SS pasa al ataque tras una intensa preparación artillera que dura 35 minutos. Los carros de combate, seguidos de los granaderos panzer transportados en semiorugas blindados, avanzan en tres ejes: por el este, a lo largo de la carretera de Schönberg, a las 17.00 horas; por el norte, desde Malmédy, a las 18.30 horas; y por el sudeste, a lo largo de la carretera de Prüm, a las 20.00 horas.

Sin preocuparse por las bajas, los alemanes atacan por oleadas. La orden del mariscal de campo Model es tomar Saint-Vith cueste lo que cueste. Esta acción es vital para el desarrollo posterior de la ofensiva. Junto a la *Führer Brigade* de Otto Remer —que tarda tres días en alcanzar sus posiciones debido a los embotellamientos— participan la 78ª División VG, al sur de la 1ª División Panzer de las SS, la 18ª División VG, procedente de Schönberg, y la 62ª División VG, que se dirige hacia el norte para intentar tomar Saint-Vith por detrás.

Los norteamericanos combaten de forma extraordinaria, pero los repetidos ataques los hacen retroceder.

Los carros de combate alemanes, pintarrajeados de blanco sobre la capa ignífuga —una protección contra las granadas incendiarias—, avanzan bajo la nieve que cae en grandes copos. Hace mucho frío, unos 15° bajo cero. Bajo los capós de los motores, tras la torreta, pueden verse, en cuclillas, apretados unos contra otros, los granaderos con el casco enfundado en tela blanca, abrigados con gruesas guerreras de las que sólo salen las manos que agarran los fusiles y los panzerfaust. Al rugido de los motores, que se amplifica bruscamente cuando las masas de 50 toneladas franquean el desnivel, se le añade el sonido seco que producen los cañones dotados de freno de boca y, esporádicamente, el crepitar de las ametralladoras. Llega la noche tras un día dominado por una gris oscuridad salpicada por fogonazos que recuerdan breves y pálidas auroras. Es una visión misteriosa de una guerra en la que los objetivos fantásticos y casi utópicos se difuminan como los límites de los bosques bajo la nieve y en la noche.

Morir por Saint-Vith... Para todos estos veteranos del Frente del Este, mezclados con jóvenes granaderos, o para estos tanquistas, que aún no han podido practicar a los mandos de los nuevos tanques que les han sido asignados, la orden es taxativa: hacerse matar, pero forzando la ruptura del frente, limpiando el terreno y abriendo paso para que los demás camaradas puedan pasar. Hay que acabar con las posiciones defensivas enemigas situadas en los valles ardeneses para poder alcanzar las llanuras y el Mosa. Peiper ha fracasado, el saliente de Saint-Vith debe ser reducido para que el Quinto Ejército Panzer tenga la oportunidad de rechazar a los estadounidenses.

Los norteamericanos se defienden encarnizadamente. Los alemanes son superiores en número, y ellos deben retroceder para no ser rodeados, como el 422º Regimiento de Infantería estadounidense del coronel Deschenaux, aislado rápidamente por las maniobras convergentes de la 18ª División VG, que avanza a lo largo de la carretera de Schönberg y la 62ª División VG, procedente de la región de Prüm.

Salva tras salva, los alemanes lanzan durante una media hora una auténtica lluvia de cohetes. Sus carros se infiltran tras las líneas enemigas, mientras la artillería autopropulsada castiga las vías de comunicación. Este fuego impide cualquier reagrupamiento de los soldados estadounidenses. Sus posiciones, unas tras otras, quedan cercadas. Tienen que abandonar Saint-Vith.

En pequeños grupos intentan, a través del bosque, alcanzar las posiciones de la 7ª División Acorazada, que se encuentran más al oeste, entre Krombach y Vielsalm. Pocos lo consiguen. Más de 600 oficiales y soldados estadounidenses son capturados. Pero la toma de Saint-Vith ha costado cara a los alemanes y el «saliente» no ha sido aún totalmente reducido.

El antiguo y altivo decorado de la gran sala del castillo de Froid-Coeur, en La Gleize, podría conferir una cierta solemnidad a la reunión de comandantes de unidad que el *Standartenführer* Joachim Peiper ha convocado, si la situación no hubiera sido tan grave e incluso sin esperanza. En la reunión tampoco se atiende a criterios de rango. Alrededor de Peiper, en pie detrás de la oscura mesa en la que están extendidos los mapas de la zona, los *Sturmbannführer*, los *Hauptsturmführer* e incluso algún *Obersturmführer* tanquista —reemplazando a su jefe de compañía que posiblemente acaba de caer en el campo de batalla—,[1] se mezclan sin distinción de grado y sin ningún protocolo para tomar la palabra.

Aislados, sin combustible, los hombres del *Kampfgruppe* se ven obligados a regresar a las líneas alemanas. Todos los oficiales reunidos están de acuerdo: es imposible continuar con el ataque.

Sepp Dietrich ha localizado a Peiper por radio —los alemanes conocen la posición de la columna de las SS por las emisiones radiofónicas estadounidenses, que captan mejor que las propias. El *Obergruppenführer* ha previsto ordenar al 1er Regimiento Panzer de las SS que se retire para reabastecerlo, pero Peiper le disuade de llevar a cabo la maniobra: es incapaz de mantener Stoumont y Cheneux, y cree que es muy peligroso implicar al 1er Regimiento Panzer de las SS en esta operación. Una tentativa de reabastecimiento con paracaídas sobre La Gleize termina en fracaso, sólo una décima parte de los contenedores cae en el sitio previsto. Los alemanes recuperan sólo algunos contenedores de municiones.

Peiper, de acuerdo con sus oficiales, ordena abandonar Stoumont y Cheneux y replegarse hacia La Gleize, manteniendo abierto el puente de Cheneux. Éste ha de permitir conservar una posición ventajosa si las fuerzas del Sexto Ejército Panzer de las SS consiguen lanzar una nueva ofensiva a lo largo de los siguientes días.

La retirada de las dos localidades se completa durante la noche del 21 de diciembre. La operación está tan bien conducida que los estadounidenses no se dan cuenta de nada. No es hasta las 11.00 horas del día 22, cuando se enteran por dos habitantes de la localidad de que ya no hay alemanes en Stoumont.

A pesar de este repliegue, la situación de los restos del *Kampfgruppe*, en La Gleize, es desesperada, sufriendo intensivos bombardeos de la artillería estadounidense y furiosos combates callejeros en los que cada casa es defendida con dureza, cambiando de manos en varias ocasiones. Peiper no tiene víveres y no consigue ponerse en contacto radiofónico con su jefe, el *Brigadenführer* Mohnke. El último mensaje que recibe de la 1ª División Panzer apenas pierde su carácter burocrático a pesar de las dramáticas circunstancias. «No espere recibir combustible hasta que no se indiquen las cantidades que quedan.»

Hay que alcanzar las líneas alemanas sin dilación y hay que destruir todo el material alemán: tanques, cañones y cañones, inutilizables por falta de combustible.

También hay prisioneros, a la cabeza de los cuales se encuentran el mayor Hal McCown y el capitán Bruce Crissinger. Se pacta un acuerdo con los dos oficiales estadounidenses —se responsabilizan personalmente y no en nombre del ejército estadounidense—. El documento estipula que Peiper libera a los prisioneros estadounidenses y se queda a McCown como rehén; los heridos alemanes y un médico permanecen en La Gleize; cuando esta localidad caiga en manos estadounidenses, estos enviarán hacia las líneas propias a los heridos alemanes y Peiper a cambio liberará a McCown.[2]

El 24 de diciembre la temperatura cae hasta los 17° bajo cero. Los 800 hombres que constituyen el resto del *Kampfgruppe* cruzan la carretera de Trois-Ponts por Basse-Bordeux y se dirigen por los bosques en dirección este. La noche de Navidad atraviesan a nado las glaciales aguas del Salm, mientras numerosos heridos son arrastrados por la rápida corriente. Los huidos, muchos de los cuales tienen miembros congelados, combaten en el bosque, cuerpo a cuerpo, con los norteamericanos lanzados en su persecución. La retaguardia se sacrifica hasta el último hombre para permitir a los rezagados cruzar el Salm. En la noche del 26, los soldados de Peiper, agotados por el hambre, las heridas y el frío, alcanzan las líneas alemanas en pequeños grupos.

Al reunirse con las tropas del Sexto Ejército Panzer de las SS, tras cruzar el campo de batalla y después de heroicos esfuerzos, los supervivientes del *Kampfgruppe*, al mando de su jefe, acaban de completar un destacado hecho de armas, dejando tras de sí una gloriosa aura alrededor de un fracaso incontestable cuyos desastrosos efectos llenan de inanidad la continuación de la ofensiva de las Ardenas.

El 28 de diciembre, el 1er Regimiento de las SS establece sus cuarteles al oeste de Saint-Vith, para reconstituirse, pero «la punta de lanza» del Sexto Ejército Panzer de las SS ha quedado rota.

16. Operación «Paras»

17 de diciembre de 1944

El mal tiempo, el precioso aliado de los alemanes, causa un retraso de veinticuatro horas en el lanzamiento de los paracaidistas que debían preceder a la ofensiva. En efecto, se había decidido que los paracaidistas se reunirían con los hombres de Peiper lo más rápidamente posible, el 17, como muy tarde el 18.

El ayudante, Joachim Neuman, de veintiocho años de edad, es lo que se denomina comúnmente un veterano. Es uno de los más antiguos del Cuerpo alemán de Paracaidistas, creado con tanto esfuerzo y pasión por el *Reichsmarschall* Herman Goering y el coronel Kurt Student, dos años antes de empezar la guerra.

Neuman saltó en mayo de 1940 sobre los polders holandeses y obtuvo su Cruz de Hierro de segunda clase al capturar por sorpresa a una sección de soldados bátavos que defendían un puente. Éste cayó intacto, y unas horas más tarde los tanques alemanes pasaban por él en dirección a Rotterdam, cuyo centro histórico, formado por casas de la época de Erasmo, ya no era más que un montón de ruinas, desde que la víspera, sucesivas oleadas de Heinkel 111 y Dornier 17 lanzaran sus bombas incendiarias.

Neuman había superado luego de forma brillante los exámenes de suboficial. Recién salido, con sus ribetes plateados en el cuello de su guerrera y las charreteras nuevas y centelleantes, tuvo el honor de ser uno de los primeros paracaidistas alemanes en saltar sobre la isla de Creta en 1941. Gravemente herido, permaneció escondido en una gruta con uno de sus hombres, que le hizo una cura de urgencia, y cuatro días más tarde fue evacuado a Grecia y luego, una semana más tarde, a Austria. El general Student,[1] que había estado al mando de la operación en Creta, le condecoró con la Cruz de Hierro de primera clase estando aún en la cama del hospital. También lucía la insignia de los Paracaidistas, el distintivo de plata de combate cuerpo a cuerpo, el de herido y el de primera clase de la Cruz al Mérito de Guerra. Tras su restablecimiento, combatió en Rusia como simple soldado de infantería y el 20 de agosto de 1944 estaba en el convoy que protegió al mariscal de campo Model mientras inspeccionaba la guarnición de París, que el general Von Choltitz había jurado que no se rendiría jamás.

Neuman no había querido ascender a oficial, aunque ello no habría sido ningún problema para él; prefería ostentar la máxima graduación entre los suboficiales porque le permitía permanecer con sus hombres. A pesar de su juventud, era de esos veteranos de los cuerpos de élite a los que los oficiales —e incluso los generales— otorgan toda su confianza en las operaciones delicadas. El coronel Von der Heydte había convocado personalmente al ayudante en su despacho.

Joachim es el tipo de soldado que gusta al barón: alto, con ojos azules, directo, poseedor de un elegante sentido del humor, un ligero bamboleo al andar, valiente y un tanto... anti nazi. «Hubiese sido una desgracia que este muchacho hubiese acabado como funcionario de correos..., por suerte la guerra hizo de él un héroe y un magnífico suboficial», piensa el coronel cuando Neuman entra en su despacho y choca silenciosamente los tacones de caucho de sus botas de paracaidista.

—Neuman, siéntese. ¿Un cigarro?

El ayudante coge uno de una caja de madera que le acerca el barón.

—Gracias, mi coronel.

—Agradézcalo al servicio de tabacos del ejército británico. Me los dio el general Student, al que vi ayer. Son sin duda un recuerdo de Arnhem. Los británicos lanzaron en paracaídas cajas repletas de cigarros. En el bando enemigo hacen las cosas bien.

El ayudante enciende ceremoniosamente el «Henry Clay» que confunde su humo azul con el del cigarro de su superior.

—Neuman, ¿aún recuerda cómo se salta de un avión?

—Sí, mi coronel, aún lo recuerdo siempre y cuando el avión esté en el suelo.

El barón se agita en su butaca de madera y rompe a reír.

—Muy bien, Neuman. Veo que nuestro Führer puede aún contar con usted. Pero esta vez el salto que le propongo será el más difícil de su vida.

—¿Qué habrá debajo?

—Abetos.

—Eso amortigua el golpe.

—Eso cuando se cae encima.

—¿Nos lanzarán de noche?

—Exactamente.

—¡No será un juego de niños!

—No, y por eso le he pedido que venga, antes incluso que al capitán Meiss, que es también un paracaidista consagrado, además de que su graduación le permite ser convocado antes que usted.

Joachim Neuman observa detenidamente el humo de su cigarro, como si esperara verlo atravesado por un pequeño paracaidista.

Von der Heydte se incorpora y coloca un mapa de las Ardenas frente a Neuman, que automáticamente se incorpora. El coronel indica con el dedo un punto situado cerca de Eupen:

—Es aquí donde los jefazos del Estado Mayor General quieren que nos lancemos por la noche para cortar la retirada a los estadounidenses e impedir la llegada de sus reservas.

—¡Están locos!

—¿Quiénes?

—Los del Estado Mayor.

—Opino lo mismo —responde imperturbable el coronel barón Von der Heydte—, pero también sabe que una orden es una orden y que debe obedecerse hasta el absurdo, bueno, hasta el final.

—Lo sé, mi coronel.

—Bien, pues entonces pongámonos manos a la obra. Reúna a todos los que aún saben saltar, los que acaban de aprender y los demás, los que aún pueden accionar la anilla del paracaídas. Yo mismo he echado un vistazo a los efectivos disponibles y he dado las órdenes para que se acelere la reunión de los hombres, el material y los maniquíes que lanzaremos sobre la zona de Stavelot. Podremos formar unas cinco o seis compañías y alinear un máximo de un centenar de aparatos de transporte Ju 52. Póngase a las órdenes del comandante Bruhl, que está organizando el viaje tras las líneas estadounidenses. Actúe con la máxima celeridad y apenas haga uso de las órdenes por escrito. En Berlín han entrado las prisas y desean el silencio más absoluto sobre esta operación que forma parte de una ofensiva que podríamos calificar de fantástica. Después de tocar tierra, si conseguimos reunirnos en esa maldita noche, deberemos liquidar el mayor número posible de norteamericanos y dirigirnos al encuentro, como si se tratase de un paseo, del Sexto Ejército Panzer de las SS de Dietrich. A esto hay que añadir que veremos en el cielo a nuestros primeros aviones a reacción. ¿Se da cuenta de a qué nos enfrentamos?

—Vagamente, mi coronel.

—Buena respuesta, Neuman. Aún me sorprende que usted no sea oficial. Puede retirarse.

El ayudante Neuman saluda, pivota sobre sus talones y se dirige hacia la pesada puerta de roble de la habitación, una de las más bonitas de la casa, una especie de pequeño castillo del siglo XIX que alberga el Cuartel General del barón paracaidista. El ayudante está a punto de franquear la puerta cuando el barón lo interpela:

—Neuman, no olvide que será su último salto, no se arriesgue. Tras él, le puedo asegurar que ya no habrá más. ¿Me entiende?

—Eso creo, mi coronel.

Durante las semanas que preceden al salto de los paracaidistas de Von der Heydte en la región salvaje de la llanura de Hohes Venn, entre Verviers y Malmédy, justo en la retaguardia del VIII Cuerpo de Ejército estadounidense del general Troy Middleton, Neuman organiza las compañías, procedentes de todos los rincones de Alemania. A pesar de su selección, Neuman está sumamente desanimado ante la amalgama de unos pocos veteranos con jóvenes reclutas que aún no han saltado nunca, debido a la escasez de combustible y al peligro que suponen los cazas estadounidenses que ahora cubren el cielo de Alemania.

El ayudante Joachim Neuman, ciñendo su guerrera azul petróleo en la que brillan las condecoraciones, con sus largas piernas enfundadas en un pantalón verde con múltiples bolsillos y luciendo en su cabeza la célebre gorra de los cazadores paracaidistas, presenta al coronel Von der Heydte las cuatro primeras compañías en el campo de maniobras de Paderborn. Éste le llama a parte.

> —Bien, Neuman, ha realizado una gran tarea. Intentaremos hacer nuestro trabajo lo mejor posible.

La noche del 17 de diciembre, varios bombarderos Ju 88 despegan para guiar a la flota que les sigue. Ciento cinco trimotores Junkers 52 cargados de paracaidistas despegan del gran aeródromo de Paderborn. Se dirigen hacia Eupen a pesar del fuerte viento que aumenta su ya legendaria lentitud.

Neuman forma parte de los primeros grupos que serán lanzados. La mayoría de los paracaidistas que están bajo su mando son jóvenes. Algunos veteranos les acompañan. Los transportan tres Junkers. No puede decirse que su moral esté muy alta. En su avión el ayudante agota todo el repertorio de canciones. Por segunda vez se pone a cantar *Lily Marlene*:

Vor der Kaserne, vor dem Vrossen Tor
Steht eine Lanterne und steht sie noch davor
Dort wollen wir uns wiederstehen
Vor der Kaserne wollen wir stehen
Mit dir Lily Marlene, mit dir Lily Marlene.[2]

Espera que cuando la canción termine, el avión esté sobre el objetivo, pero con estas viejas tortugas que son los Junkers nunca se sabe dónde está uno. Por ahora, el avión se bambolea constantemente y dos jóvenes «paras» (paracaidistas) se ponen enfermos: «Esto no tiene buena pinta —piensa Neuman—, nada buena...». Está pensando en lo que les ha deparado el cruel destino cuando el avión es sacudido con violencia. El piloto se gira y grita:

—*Achtung! Flack! Achtung Flack!*[3]

Las balas trazadoras se elevan en la noche alrededor de los tres grandes Junkers que parecen no avanzar, enfrentados a potentes vientos en contra que no cesan de soplar desde el oeste. Un aparato acaba de ser centrado por un proyector, que lo mantiene enfocado. Inmediatamente las balas trazadoras, seguidas de proyectiles de 40 mm de los Bofors estadounidenses, que se encuentran en la ruta de los aviones alemanes, convergen en el pesado trimotor cargado hasta los topes de paracaidistas.[4] El motor izquierdo es alcanzado y se incendia. El avión se inclina hacia la derecha y, debido al peso de su carga —un paracaidista llega a poder saltar al vacío—, se voltea y se precipita hacia el suelo acompañado por el haz del proyector.

El piloto de Neuman empuja la palanca del timón y el aparato vira bruscamente hacia la izquierda para evitar los haces de los proyectores que lo buscan. La confusión se apropia de la carlinga. Pueden oírse todo tipo de insultos y juramentos. Por fin, el avión recupera su equilibrio y su rumbo hacia el oeste. Los paras vuelven a instalarse en los dos bancos laterales.

El avión se ha quedado solo. Neuman ve desde la cabina de los pilotos, lejos hacia la derecha, las constantes luces que revelan la intensidad de la DCA estadounidense. Neuman hace un rápido cálculo: la deriva del avión tras el fuego de barrera estadounidense y el nuevo rumbo. Hace sus correcciones sobre el mapa que mantiene sobre sus rodillas, iluminado por una linterna de bolsillo colgada de su guerrera de camuflaje. Se levanta y da las nuevas instrucciones para el lanzamiento al piloto:

> —En principio, caeremos a la izquierda del coronel Von der Heydte —dice, pero el zumbido de los motores en la ondulada chapa del Junkers ahoga sus palabras—, por otra parte —añade el ayudante— que caigamos aquí o allá...

Se vuelve a sentar en su sitio, cerca de la puerta, y mira su reloj.

> —¡Ya estamos!

Neuman hace abrir la puerta. El viento penetra en la carlinga:

> —Vamos muchachos, buena suerte y hasta la vista.

Y empuja a sus hombres al vacío uno por uno cada cinco segundos:

—*Los!... Los!... Los!* —grita.[5]

Poco a poco el avión recupera altitud. Cuando el último para abandona el avión, Neuman engancha la anilla a la cincha del cordón de apertura del paracaídas que se encuentra sobre su cabeza y salta.

Durante el día 16, en el sector en el que se lanzarán la noche siguiente los paracaidistas de Von der Heydte, los estadounidenses refuerzan a toda prisa la 2ª División de Infantería con elementos de la 99ª División de Infantería, del 9º y el 23er Regimientos de Infantería, dos batallones de tanques cazacarros —que con su movilidad y la visibilidad que les confiere su torreta abierta los convierten en más temibles que el Sherman—, y un batallón de tanques Sherman y de cañones autopropulsados de 105 mm. Bruscamente, en la zona norte de la ofensiva alemana, el frente estadounidense toma consistencia con las pocas fuerzas disponibles frente a la avalancha blindada alemana, formada por la 12ª División Panzer de las SS *Hitlerjugend*, las divisiones de granaderos del pueblo (12ª, 277ª y 326º VG) y la 1ª División Panzer de las SS *Leibstandarte Adolf Hitler*, al frente del *Brigadeführer* Mohnke. Esta vigorosa reacción norteamericana está dirigida por un general muy competente: Walter Robertson.

A pesar de la ruptura de Peiper, cuyo *Kampfgruppe* siembra en esos instantes la confusión en la retaguardia estadounidense, la noche del 16 de diciembre el Sexto Ejército Panzer de las SS no ha alcanzado aún los objetivos asignados. Cuando las secciones de paracaidistas aterrizan la noche del 17 en la accidentada y nevada llanura de Hohes Venn, tras las líneas estadounidenses, aún se encuentran muy lejos de los SS de Sepp Dietrich.

Neuman, que se libera de un abeto cargado de nieve —que le ha amortiguado la caída—, intenta encontrar de inmediato un claro en el que poder reunir a sus hombres.

Tras franquear con grandes esfuerzos un trecho de unos cincuenta metros de profunda nieve repleto de abetos, Neuman descubre un claro en el bosque suficientemente grande para sus propósitos, y se dirige al centro lentamente dando unas más que prudentes zancadas, un tanto ridículas para un veterano paracaidista. Su reloj marca las 02.00 horas. Ve a lo lejos, hacia el norte, los sordos estallidos de los proyectiles de la DCA estadounidense.

La noche es negra. Los altos abetos que rodean a Neuman forman una especie de pantalla que le oculta los destellos de la batalla. Sólo puede orientarse por el sonido, aunque éste no le llegue claramente al lugar en el que se encuentra hundido en la nieve hasta los muslos. Tras fijar su posición gracias a la brújula con marcas fosforescentes, se pone a ulular, la señal convenida para llamar a reunión.

El ayudante no ha de esperar mucho tiempo antes de oír una señal de respuesta hacia el este. Cinco minutos más tarde aparece el cabo primero Grosser llevando en la mano su puñal de paracaidista, con el que se ha abierto paso entre las ramas bajas de los abetos. Está cubierto de nieve como si se tratase de un Papa Noel. Grosser duda un instante, feliz de reencontrarse con el ayudante.

—*Komm mal her!* —grita Neuman.[6]

—Creo que la 7ª y la 9ª Secciones se encuentran detrás de nosotros, lejos hacia el este —dice—. Este viento nos ha dispersado por completo.[7]

Al caer, Grosser se ha fracturado el tobillo y avanza dando pequeños saltos.

Neuman repite varias veces la señal de reunión, pero no recibe ninguna respuesta.

—Creo, Grosser, que deberemos salir solos de este bosque si no queremos dejar la piel aquí.

Ambos están desarmados. Es inútil buscar en medio de esta tempestad de nieve el contenedor de armas y municiones de la sección. Simplemente cuentan con sus puñales, una ración de víveres para un día y varios cigarrillos. El cabo primero utiliza su puñal para cortar una rama que utilizará de bastón. Su tobillo cada vez le duele más. Los dos paracaidistas están relativamente resguardados del viento y de las ráfagas de nieve por el espeso bosque de abetos, pero la marcha que llevan a cabo es agotadora: a cada paso se hunden en un manto de nieve que parece querer quedarse con ellos. A pesar del intenso frío están absolutamente empapados por el sudor.

Tras más de una hora de esfuerzos marchando hacia el sur —dirección que eventualmente les debe permitir llegar hasta algún elemento de reconocimiento del Sexto Ejército Panzer de las SS— Neuman, que tiene un oído muy fino a pesar de tener las orejas protegidas por las orejeras de su gorra, se detiene. A lo lejos, en la misma dirección en la que esperan encontrar a sus compatriotas, percibe el sordo estruendo de un convoy motorizado. Penosamente, Grosser se reúne con el ayudante. Neuman le tiende un brazo para que se apoye.

—¿Oyes eso, Grosser?

—Sí, se diría que son...

—Camiones.

—Esperemos que sean de los nuestros.

Siguen avanzando en dirección al convoy. Los abetos, el viento y la nieve continúan dificultando su avance. Quizá han recorrido un kilómetro cuando llegan a un valle. Al fondo, ven unas luces en medio de la ventisca: es un convoy.

Se acercan. Pero cuando Neuman consulta su brújula se da cuenta de que, con la dirección que siguen, los camiones deben ser forzosamente americanos. Grosser, que avanza a duras penas, le dice al ayudante:

—¡Creo que para nosotros la guerra ha terminado!

Neuman se gira:

—Tienes razón. El coronel tenía razón, habrá sido nuestro último salto de la guerra.

Por su parte, el coronel Von der Heydte ha caído un poco más al norte con una quincena de hombres, que ha logrado reunir no sin bastantes dificultades. Debido a su brazo izquierdo, que le provoca un constante sufrimiento, no está en la mejor disposición para combatir. El contenedor en el que se encontraba la radio ha quedado aplastado y la radio ya no puede utilizarse. El coronel se enfurece cada vez que recuerda que Sepp Dietrich le prohibió llevarse palomas mensajeras.[8]

* * *

Veinte horas más tarde, Von der Heydte comprende que la operación que se le encargó ha fracasado. Tras enviar grupos de reconocimiento hacia Stavelot, Verviers e incluso Werbomont, ordena a sus hombres que se dispersen en grupos de dos o tres para dirigirse hacia las líneas alemanas. Él mismo regresa desde Malmédy y, acompañado de su segundo y de su ordenanza se dirige hacia el sur, atravesando la retaguardia estadounidense, escondiéndose de día y marchando de noche por los bosques.

Von der Heydte llega el 22 de diciembre a Monschau, en la zona norte del despliegue alemán para la ofensiva, que sigue en manos estadounidenses. A la herida en el brazo se añaden congelaciones en los pies. No ha comido desde la salida de Alemania ya que ha perdido sus raciones personales. Está agotado. Llega hasta una casa abandonada buscando descanso, y allí se encuentra con los primeros soldados estadounidenses. Para él la guerra ha terminado.

La mayoría de los paracaidistas que han podido ser lanzados sobre su objetivo han sido hechos prisioneros; sólo algunos consiguen regresar a las líneas alemanas. La operación es un fracaso. Sin medios de transmisión, imposibilitados para formar grupos homogéneos de combate, los paracaidistas alemanes no han podido llevar a cabo ningún ataque de envergadura contra los estadounidenses.

El temor que albergan durante algunos días los soldados *yankees* de que un poderoso cuerpo de paracaidistas alemanes se encuentra a su espalda es el único elemento positivo de la operación.

El fracaso de Von der Heydte no tiene sin embargo graves consecuencias. Aunque la operación hubiera sido un éxito, en el plano estratégico no habría provocado una desastrosa ruptura del frente de los Aliados. Habría sido necesario que los alemanes lanzasen al menos una división completa de paracaidistas con planeadores y material —como los Aliados hicieron a gran escala en Arnhem— para que obtuviesen, en el mejor de los casos, un resultado de alcance estratégico.

17. Clervaux

17 de diciembre de 1944

Mientras Peiper se lanza hacia Trois-Ponts y varios paracaidistas de Von der Heydte consiguen con dificultades reunirse tras ese desgraciado lanzamiento, el coronel Hurley Fuller, un veterano de la primera guerra mundial, recibe malas noticias de su 2º Batallón sobre los combates con tanques de vanguardia de la 2ª División Panzer del Quinto Ejército Panzer de Von Manteuffel.

Durante la noche, los carros de combate alemanes han franqueado rápidamente el río Our, sobre el que los ingenieros han tendido un puente. Se lanzan hacia el oeste, sin haber sufrido al principio de la ofensiva los embotellamientos de las divisiones vecinas. Todo va bien y la moral de los hombres de la 2ª División Panzer es excelente.

Fuller ha instalado su puesto de mando en el Hotel Claravallis de Clervaux. Esta bonita y vieja ciudad de aspecto medieval, encajonada en un valle, está dominada por las imponentes ruinas de un castillo del siglo XIII. Clervaux se encuentra en el camino a Bastogne. Algunos kilómetros más al oeste se extiende a lo largo de más de 25 kilómetros una vasta llanura, el sueño de cualquier comandante de carros en el momento de desplegar sus fuerzas.

En medio de la noche, los estadounidenses se apresuran en preparar la defensa de la pequeña ciudadela. La carretera que viene de Alemania y que pasa por la localidad de Marnach ha sido cortada a la altura de la tercera y última curva en el fondo del valle nevado.

Si se hiciera de día podría verse Clervaux, por donde pasa un romántico curso de agua, unas barricadas en zigzag colocadas a toda prisa y un viejo camión belga volcado. Una ametralladora pesada Browning de 12,7 mm cubre a dos secciones de fusileros situadas como avanzadilla. Aunque es de madrugada, una bruma espesa parece querer prolongar la noche con una nube cristalina de la que emergen las sombras de las casas. Los preparativos defensivos se llevan a cabo en un silencio absoluto, aunque el graznido de una corneja, que se eleva desde un punto de la muralla, parece desobedecer —o incluso traicionar— las órdenes recibidas.

Fuller, que sabe por su experiencia en el campo de batalla que un buen disparo puede a veces tener felices consecuencias y que el espíritu de retirada es muy frecuentemente mal consejero, ha dado orden a todos los hombres, desde los infantes hasta los cocineros, de resistir hasta la última bala.

Hace distribuir fusiles y subfusiles a panaderos, cocineros, oficinistas y policías militares y los envía a las ruinas del castillo. Desde las ventanas hasta las antiguas aspilleras, estos combatientes improvisados cubren con su tiro el pequeño valle y las casas frente a las que se ha levantado la barricada. Cuando el rugido de los motores mezclado con el sonido metálico de las cadenas de los Tiger y los Panther anuncian a los *yankees* la llegada de los alemanes de la 2ª División Panzer que desembocan desde los más alto del valle, la defensa de Clervaux ya está lista.

La bruma se levanta muy lentamente. La visibilidad, muy mala, no impide a los estadounidenses emboscados tras los muros del castillo desencadenar un nutrido fuego sobre la primera unidad alemana que desciende por la carretera. Ésta es sorprendida y se ve obligada a retroceder, esperando de forma manifiesta la llegada de refuerzos. Los alemanes se ven obligados a poner en batería un cañón anticarro. Disparan proyectiles explosivos contra el castillo. La torre norte, donde se encuentran los policías militares, resulta alcanzada.

La batalla se extiende pronto por todo el valle. El mayor alemán que está al mando de la unidad envía a sus *Volksgrenadiers* para limpiar los accesos a la localidad. Pierde el tiempo.

Por su parte, el coronel Fuller se aprovecha de ello. Es lo que él quería: resistir al máximo para permitir que lleguen las reservas. Desgraciadamente estas reservas no son muy numerosas. Por el momento, sólo puede contar con sus propias fuerzas y, quizá, con el afortunado vecino que apenas tiene actividad en su sector y que puede prestar una compañía o algunos tanques. Afortunadamente, Fuller dispone de un pelotón de tanques Sherman M 4 en reserva. El Sherman, de 33 toneladas, no puede compararse con el Panther. La diferencia entre carros aumenta considerablemente si lo comparamos con el Tiger y el Königstiger, de los que disponen las unidades de las SS, y que pesan más de 50 toneladas.

Pero los estadounidenses sacan un provecho admirable de su M 4 con cañón de 75 mm corto, emboscándolos entre las masas de abetos recubiertos de nieve. Los Sherman, en sus escondites, esperan a los pesados tanques enemigos. La estrechez de los valles, el omnipresente bosque y la exigüidad de los espacios no permiten a los alemanes aprovechar del todo su superioridad tecnológica, en particular la longitud de sus cañones. Muchos Panther serán destruidos de flanco por estos Sherman al acecho, y muy a menudo por bazookas.

Siendo la mejor de las defensas un buen ataque, el coronel Fuller envía a su pelotón de tanques Sherman hacia el este —rodeando a las unidades de vanguardia alemanas que ya atacan Clervaux— con la intención de recuperar la localidad de Marnach. Ordena a los tanques desviarse hacia Munshausen para reunir todos los soldados de infantería que encuentren, vayan en semioruga o a pie.

Telefonea al general Norman Cota, comandante de la 28ª División, vecina de su regimiento:

> —Hola mi general, estamos sufriendo un duro ataque de los *Krauts*.[1] Sin embargo, he ordenado reconquistar Marnach.
>
> —¿Con qué?
>
> —Con un pelotón de tanques y una compañía de infantería que recuperé en Munshausen.
>
> —No es mucho.
>
> —Sé que los *Krauts* no están de broma, pero si resistimos, acabaremos con ellos.
>
> —Tiene razón.
>
> —¿Podría enviarme algunos tanques cazacarros, mi general?
>
> —Si los encuentro, le prometo que los tendrá.
>
> —OK.

Fuller no tiene noticias de su 2º Batallón. Desde el sótano del Hotel Claravallis en el que se encuentra su puesto de mando, ahora escucha los estallidos de los proyectiles de artillería. Un impacto directo en la casa vecina hace estremecer los cimientos del viejo hotel. Un joven subteniente recién salido de West Point, al frente de las comunicaciones, palidece y dice balbuceando ligeramente:

—¿Éste no ha caído lejos, verdad?

—¿Acaso alguien pensaba que los alemanes disparaban para divertirse? —gruñe Fuller.

Una tras otra las localidades que se encuentran en los alrededores de Clervaux van quedando rodeadas por los *Volksgrenadiers* que saltan de sus semiorugas blindados mientras los tanques se abren camino hacia el oeste, siguiendo pistas forestales, atravesando valles, aplastando con su fuego aquellas pequeñas aldeas en la que los soldados estadounidenses se han atrincherado, sorprendidos por la violencia del ataque.

Hurley Fuller, cuyo carácter irascible y sus ataques de cólera no tienen nada que envidiar a las de su superior, el general Patton, se impacienta:

—¿Qué demonios está haciendo ese colegial? ¡Ya debería haber recuperado Marnach!

El colegial es el joven mayor que marcha al frente de su pelotón de carros de combate reforzado por la infantería de Munshausen. Esta vez el teniente de West Point no hace el menor comentario.

Tres cuartos de hora más tarde, el mayor contacta y puede advertir a su coronel que no ha podido recuperar Marnach; la compañía que lo apoyaba ha quedado diezmada:

—¿Vuelvo a Munshausen? —pregunta.

—No —responde secamente Fuller—, tenemos a los *K rauts* en Clervaux. Vengan hacia aquí. Ustedes les atacarán por detrás.

Mientras tanto, el cañón anticarro alemán —un 75 último modelo— castiga los muros del castillo, añadiendo nuevas ruinas a las antiguas. Los oficinistas, los policías militares, los cocineros y los panaderos disparan a los granaderos alemanes, cuyas siluetas se mueven por el pequeño valle y la bruma, que se disipa, deja de ocultar. El castillo sobre la peña, el sonido de los disparos de fusil que resuena en el valle, los disparos del cañón, que apoyan el avance de los infantes alemanes, hacen pensar en un ataque del siglo pasado.

Para tranquilidad de Fuller, ve al mayor y a su pelotón acercarse por la retaguardia de los *Fritz*. No pierde ni un minuto en llevar a cabo un inteligente despliegue de sus tanques, y de inmediato ordena abrir fuego sobre cualquier vehículo que luzca la cruz negra y sobre los *Feldgraus* con sus guerreras blancas que se confunden con la nieve.

El pánico se apodera de los alemanes que se dispersan para evitar el mortal fuego cruzado.

El coronel Fuller puede estar satisfecho, pero es un soldado veterano que conoce los medios de que dispone un enemigo decidido a todo y los límites que ofrece el terreno, aunque fuese el más propicio para una resistencia eficaz.

> —Lo principal —se dice para sí mismo—, es mantener el contacto con los demás. Sin contacto no hay contraataque posible.

Aún está decidido a «comerse a los *Krauts*» y pasar a la contraofensiva, pero también elabora un plan de retirada para salir del avispero de Clervaux. Para su tranquilidad, sobre las 10.00 horas recibe noticias del 2° Batallón que ha podido retirarse gracias a la intervención del pelotón de carros de regreso de Marnach.

Viniendo por la ruta de Bastogne, los 16 Sherman enviados por el general Cota para reforzar a Fuller entran en Clervaux a las 10.30 horas. Es un precioso complemento al pelotón del mayor, que ha conseguido sembrar el caos en la retaguardia alemana gracias a las indicaciones del coronel —cuyas brillantes iniciativas hacen olvidar sus ataques de cólera.

Una vez superada la sorpresa, los alemanes vuelven a la carga. Clervaux empieza a ser desbordada por el este y el oeste. Los proyectiles de artillería llueven sobre la ciudad. Se elevan columnas de humo. El olor acre de los incendios que se mezcla con el de los cuerpos quemados se extiende por el valle. De vez en cuando, surge una llamarada que ilumina los tejados nevados.

Fuller hace que cinco de los Sherman enviados por Cota se dirijan hacia la colina para hacer frente al peligro más inminente.

A las 11.30 horas, una potente columna de tanques enemigos procedente de Marnach se despliega y en pocos instantes destruye todos los tanques enviados por Cota, dos tercios de la fuerza de tanques de que dispone Fuller. Uno de los cinco tanques situados en la colina recibe el impacto de un proyectil de 75 mm de un Panther: su torreta salta por los aires como una tapadera y gira en el aire algunos segundos antes de caer a una veintena de metros entre una nube de nieve. Un ataque rápido de los *Volksgrenadiers* aniquila lo que queda del 2° Batallón. Los refuerzos del general Cota y las reservas del coronel Fuller dejan de existir. Éste llama al general:

—Ya no tengo ni carros ni artillería. ¿Puede enviarme algo?

—Ya no le puedo proporcionar más tanques —responde Cota—. En cuanto a artillería, recibirá una batería de obuses.

—¿Ningún Priest?[2]

—Ninguno. Aún tengo otros dos regimientos solicitando refuerzos, uno de ellos prácticamente rodeado. No puedo enviarles nada. Ya no me quedan reservas.

—¡Mi situación no es mejor que la suya! Tengo el valle lleno de *Krauts* y unos doce Tiger se disponen a entrar en Clervaux.

—No puedo hacer más por usted, Fuller. Ya sabe cuáles son las órdenes: ¡Resistir! Mantenga Clervaux hasta el final. ¿Me ha comprendido?

—Sí, mi general, resistiremos.

Al mediodía, Clervaux queda rodeada. Todas las posiciones situadas en el contorno en poder de los hombres de Fuller caen una tras otra. Gran parte de la localidad está en llamas. En el tejado del sanatorio que domina el valle se izan sábanas y banderas de la Cruz Roja. Los enfermos se acumulan en los sótanos junto con los heridos norteamericanos. Hay muchos. Les faltan medicamentos y aire. Los enfermeros se multiplican para atender a todos. Los alemanes no están lejos y los ocupantes del sanatorio, aunque se encuentran bajo tierra, oyen perfectamente los disparos de los fusiles y las ráfagas de las armas automáticas, más exactamente de las Sturmgewehr, cuyo sonido al disparar es inconfundible.

El comandante de un batallón rodeado más al este llama al puesto de mando del coronel Fuller.

—¿Me puede enviar refuerzos?

—Imposible.

—Sólo me quedan unos pocos hombres. Solicito su autorización para retirarme hacia Wiltz.

Fuller se pone a gritar al aparato:

—¡Le ordeno resistir hasta el último hombre, mayor!

—OK.

¿Qué se puede hacer? En ese momento el regimiento de Fuller ha dejado de existir como unidad de combate. La rendición sería una vergüenza. Hay que seguir resistiendo hasta el final y luego intentar alcanzar las líneas estadounidenses, más al oeste, adentrándose en el bosque después de cumplir la misión ordenada: resistir.

Entre las explosiones de los proyectiles de la artillería alemana, Fuller oye el sordo traqueteo de los obuses de Cota, que han conseguido pasar antes que los soldados de Von Manteuffel cierren la trampa sobre Clervaux. Llegan a la ciudad, abriéndose paso sorteando las ruinas de las casas y evitando los incendios. Reciben la orden de atacar a los Tiger, emboscados en la colina frente al viejo castillo. Los heroicos defensores, policías militares y cocineros, han resistido hasta la última bala, concediendo un tiempo precioso a las reservas para que se dirijan a primera línea.

La noche está a punto de caer cuando Hurley Fuller recibe noticias —las últimas— del capitán que aún resiste en Munshausen:

—Apenas quedamos un puñado de hombres. Envíen refuerzos.

—Ya no tengo a nadie. Resistan hasta el final.

La comunicación queda cortada. En ese mismo instante los obuses, que retroceden ante el contraataque de los Tiger, pasan frente al Hotel Claravallis, cuyo tejado está en llamas. Puede verse cómo caen los copos de nieve gracias a la claridad que generan los incendios. Los infantes alemanes, unas sombras blancas, siguen a los Tiger y a los Panther y se infiltran en la ciudad en pequeños grupos. Se pueden oír los roncos rugidos de los soldados que echan abajo las puertas de las casas que aún están en pie para descubrir soldados norteamericanos escondidos. Camiones GMC, semiorugas y jeeps abandonados permanecen blancos y sucios en el fango, iluminados de forma intermitente por la luz de los incendios.

En el Hotel Claravallis también hay heridos. Un civil belga advierte al coronel Fuller que existe una salida detrás del edificio. Por un repecho es posible trepar hasta el flanco del valle y alcanzar el bosque. Del regimiento ya no queda más que un puñado de soldados dispersos. Una sección defiende el hotel.

Fuller reúne a todos estos hombres. Deja a los heridos más graves en el hotel con los enfermeros. Siguiendo al belga, escala la abrupta y helada ladera del valle con lo que queda de su regimiento y, aprovechando la oscuridad, se dirige hacia el oeste con ayuda de la brújula.

18 de diciembre de 1944

Si al sur de la penetración alemana la situación es grave, al norte no lo es menos. De madrugada, el general Gavin, comandante de la 82ª División Aerotransportada, transmite el siguiente mensaje al Cuartel General del Primer Ejército del general Hodges:

> Los primeros informes relativos a los choques con el enemigo en Stavelot acaban de llegar ahora mismo. Indican que un ataque enemigo en este punto ha rechazado a nuestras tropas al otro lado del río y ha conseguido capturar y destruir un importante depósito. Por lo que parece, han hecho saltar el puente, rechazando a nuestras fuerzas. No sabemos nada sobre la situación al sur y al oeste de Stavelot, aunque tenemos informaciones sobre la ruptura de nuestro frente por parte del enemigo. Un gran número de tropas estadounidenses se concentra en Saint-Vith. Parece haber una gran bolsa en la línea de frente defendida por la 106ª División.

Dos días después de la ofensiva alemana —los alemanes aún no han roto el frente al sur de Stavelot— los estadounidenses aún carecen de información precisa sobre las dimensiones del ataque enemigo. Así, en un momento crítico, un oficial del Estado Mayor del Primer Ejército ordena al teniente coronel Rubel, comandante del 740º Batallón de Tanques Cazacarros, que destaque fuerzas en el Amblève, cerca de la carretera Lieja-Bastogne, para proteger los «grandes depósitos de suministros». El oficial del Estado Mayor añade con dramatismo: «Von Rundstedt está avanzando rápidamente. No se conocen con precisión las dimensiones de la brecha porque las comunicaciones han quedado rotas en multitud de puntos. El desorden en los enlaces se debe al hecho de que los puestos de mando de las unidades han sido arrastrados en una auténtica marea. Esto se debe en parte a la acción de los paracaidistas alemanes que operan en nuestra retaguardia».

Si bien en algunos sectores del frente, como en Clervaux o Trois-Ponts, el frente se estabiliza, en otros la situación se caracteriza por el «movimiento» que en algunos momentos prácticamente se convierte en pánico.

18. Operación *Greif*

18 de diciembre de 1944

Otto Skorzeny se desespera por no poder estar con sus hombres al principio del ataque. No puede olvidar cuán categórico estuvo Hitler:

> —Skorzeny, no abandonará el Cuartel General del Sexto Ejército Panzer de las SS. Dirigirá *Greif* por radio.

De hecho, el jefe de la 150ª Brigada conserva su independencia y la libertad de movimientos. Su puesto de mando está instalado en Schmidtheim, lo más cerca posible de sus hombres, que forman parte de los Grupos X, Y y Z, en la vanguardia del I Cuerpo Panzer de las Waffen SS, en el sector Losheim-Graben.

Mientras baja del vehículo de mando y se dirige hacia la casa en la que ha instalado su puesto de mando, maldice esta orden que le impide dirigir el ataque sobre el terreno.

La estatura de Skorzeny le obliga a agacharse cuando pasa por la puerta y baja por la escalera que lo conduce al sótano. Allí se encuentra el puesto de radio de la brigada. El *Obersturmbannführer* Adrien von Foelkersam, brazo derecho de Skorzeny, acaba de llegar. También está de muy mal humor porque su coche, un pequeño y maniobrable KDF, se ha visto implicado en un embotellamiento indescriptible. Un batallón de granaderos panzer, forzado a abandonar sus semiorugas blindados, se ve obligado a continuar a pie.

Skorzeny se quita su largo abrigo de cuero negro forrado.

—¿Tiene noticias de nuestra brigada, Adrien?

—Por ahora son muy fragmentarias.

—¿Es importante nuestra penetración?[1]

—Lo parece, pero aún no sabemos ni dónde ni de qué forma han podido infiltrarse nuestros grupos en el dispositivo estadounidense.

—¿Dónde se encuentra el Grupo X?

—En cabeza, con el I Cuerpo.

—¿Es el que se desplaza en *scout-cars*?[2]

—Sí, y van acompañados por jeeps con insignias estadounidenses.

—¿Apoyados por un Sherman?

—No, el Sherman se averió. Hemos tenido que transformar uno de nuestros Panzer IV, pintándole dos estrellas blancas, una a cada lado, en lugar de las dos cruces negras.

—Esperemos que la brecha sea lo suficientemente profunda para que nuestras tropas puedan infiltrarse en la retaguardia estadounidense —responde Skorzeny—. Durante las próximas cuarenta y ocho horas debemos controlar cueste lo que cueste los puentes de Hay, Amay y Engis, sobre el Mosa. Sin ello la operación *Greif* estará en peligro y, sin duda, también lo estará la *Wacht am Rhein*.

Una lámpara de petróleo situada cerca de la radio emite una luz tenue. Otto Skorzeny se pasea por la habitación, con la espalda ligeramente curvada como si temiese que en cualquier momento su cabeza pudiera golpear en la bóveda de piedra. Foelkersam alumbra un cigarrillo Philip Morris.

Los primeros mensajes radiofónicos anuncian una viva resistencia del enemigo, mientras se repiten los embotellamientos que retrasan de forma catastrófica la llegada de la mayoría de los carros de combate a primera línea para apoyar a los granaderos.

Un mensaje cae como una losa: el *Obersturmbannführer* Hardieck, un oficial extraordinariamente competente, comandante del Grupo Z, ha muerto tras pisar una mina durante un reconocimiento. Skorzeny se gira hacia Foelkersam:

> —Adrien, tome el mando del Grupo Z en sustitución de Hardieck. Póngase de inmediato en contacto con Radl. ¡Buena suerte!

Por la tarde, Skorzeny abandona su puesto de mando en Schmidtheim y se dirige a Losheim para conocer de primera mano las razones por las que la ofensiva se está estancando. De inmediato se enfrenta a una realidad desastrosa, la misma a la que se ha enfrentado Peiper y todos los comandantes de las unidades motorizadas, el increíble caos en las estrechas carreteras en las que se acumulan vehículos de todo tipo, extendiéndose sin cesar a lo largo de kilómetros y que no tiene visos de solución. Otto Skorzeny, el hombre de las decisiones rápidas, que ataca a los enemigos al frente de sus comandos en maniobras fulgurantes, se ve obligado, como muchos otros, a abandonar su vehículo. Azotado por ráfagas de nieve, recorre más de diez kilómetros a pie y llega a su puesto de mando en Losheim en plena noche. Afortunadamente, el temporal y las nubes extraordinariamente bajas impiden cualquier operación aérea por parte de los norteamericanos.

De otro modo, la *Wacht am Rhein* ya se habría convertido en la tumba de tres ejércitos alemanes.

Al día siguiente al alba, Skorzeny hace llegar un lacónico mensaje a Sepp Dietrich: «Nuestros blindados deben franquear sin tardanza Hautes Fagnes y alcanzar el Mosa. El éxito de la operación depende de ello».

Algunas horas más tarde, el jefe de la 150ª Brigada, en quien Hitler ha depositado toda su confianza y sus esperanzas, ordena a tres equipos de sus compañías especiales que se infiltren al sur del sector del Sexto Ejército Panzer de las SS, tras las líneas estadounidenses, para conseguir información.

Al poco tiempo traen sus primeros prisioneros norteamericanos, que son interrogados. Confiesan que han sido totalmente sorprendidos por la repentina y potente ofensiva alemana y que la resistencia de sus tropas se ve comprometida por la falta de apoyo aéreo. Estas revelaciones, que alegran al primer oficial de Inteligencia presente, no tranquilizan al *Obersturmbannführer* Skorzeny, que tiene la costumbre de descifrar rápidamente las claves de un interrogatorio y discriminar lo verdadero de lo falso.

Cuando el 19 de diciembre Skorzeny se da cuenta que la ofensiva ha empezado mal, y que es imposible que todos sus comandos se extiendan por la retaguardia estadounidense, decide mantenerlos en las líneas alemanas, con excepción de ocho[3], que consiguieron infiltrarse tras las líneas estadounidenses. ¡Cuál hubiera sido el resultado si todos los comandos hubiesen podido cruzar las líneas norteamericanas, cuando se conocen los éxitos conseguidos por los únicos seis que lo consiguieron!

El comando que llega más lejos consigue acercarse a la orilla del Mosa, en Huy, cuyo puente en principio debía ser tomado por la 150ª Brigada. El jefe del comando, instalado en el cruce de dos importantes carreteras, desvía una columna de tanques norteamericanos en dirección contraria al frente. El servicio de escucha de la 150ª Brigada confirma que el Estado Mayor del Primer Ejército estadounidense está buscando en vano esta unidad. Algunos mandos del entorno del general Hodges, comandante del Primer Ejército, creen que esa columna ha sido aniquilada o capturada por los diablos de Skorzeny en una misteriosa batalla. Este mismo comando corta las líneas telefónicas sembrando la confusión en una parte del dispositivo estadounidense, y cambia las señales indicadoras de las carreteras perturbando gravemente la circulación de los convoyes militares Aliados que llevan hacia el frente suministros y refuerzos.

Otros comandos también siembran el desorden lejos del campo de batalla: un jeep que transporta un equipo de cuatro alemanes vestidos como soldados estadounidenses, engaña durante más de veinticuatro horas a todas las tropas norteamericanas señalando con cintas rojas que las carreteras que conducen al frente están minadas. Esto fuerza a los convoyes a retroceder y a llevar a cabo grandes rodeos para llegar a las posiciones asignadas. Un pequeño comando hace retroceder a un batallón estadounidense asegurando «que los alemanes están más hacia el oeste». Otro, formado por sólo tres hombres, hace saltar un depósito de municiones...

El octavo comando está marcado por la desgracia. O quizá por el exceso de confianza. Escasos de combustible, el conductor del jeep decide, con descaro, aprovisionarse en uno de los depósitos de combustible volantes que jalonan las rutas de los convoyes:

—*Petrol, please* —suelta el jefe del vehículo en el tono más imperativo posible.

El encargado del poste, un soldado bastante suspicaz, frunce el ceño y se apoya en el parabrisas:

—Decid muchachos, ¿de dónde sois?

Lo que ignoran los alemanes es que en el ejército de Estados Unidos no se utiliza la palabra *petrol*, sino *gas*. Y, además, cuando se lleva prisa, lo que parece ser el caso, no se añade *please*.

Pero los cuatro ocupantes del jeep ignoran estas sutilezas lingüísticas. Creyéndose descubierto, el conductor arranca brutalmente. Sólo ha olvidado una cosa: la carretera está cubierta de una fina capa de hielo y, tras el acelerón, el jeep se cruza en la calzada, patina, choca con el camión que encabeza un convoy que viene de cara y vuelca.

Del jeep volcado, los estadounidenses sacan a los cuatro soldados estadounidenses falsos, bajo cuyos capotes de lana caqui aparecen los uniformes *feldgrau* de la Wehrmacht.

Los prisioneros son inmediatamente enviados a la retaguardia para ser interrogados.

—Serán fusilados —les anuncian los oficiales estadounidenses.

Uno de los prisioneros se desmorona y, ante la promesa de salvar la vida, explica lo que cree que es la verdad:

—Sé —dice—, que una unidad especial, bajo el mando directo de Otto Skorzeny, ha recibido la misión de secuestrar al general Eisenhower y eliminar a la mayoría de los comandantes de división estadounidenses y británicos, así como a sus Estados Mayores...

Esta información, si es cierta, es de importancia. A condición de que esté fundada. Para el jefe de los servicios de Inteligencia estadounidenses no parece plantear ninguna duda.

Además, se va a tomar la revancha: el 10 de diciembre indicó al jefe del servicio de Inteligencia del general Hodges la aparición de nuevas divisiones alemanas al este de Saint-Vith. Nadie lo creyó. Pero, ahora, está en posesión de la orden 0012759 del OKW y concluye, lógicamente, que un número indeterminado de falsos norteamericanos se encuentran mezclados con los verdaderos.

Así pues, envía a todas las unidades del frente una advertencia urgente contra los «alemanes disfrazados».

Un viento cargado de copos de nieve azota la dura y blanca campiña. El 18 de diciembre, a dos kilómetros de Poteau, que se encuentra al nordeste de Vielsalm, detrás de las líneas estadounidenses, una pequeña columna blindada norteamericana surge del bosque por un camino que llega hasta la carretera nacional. Está formada por tres jeeps, un semioruga y dos obuses autopropulsados. Los jeeps circulan con normalidad, el semioruga parece que falla. De tanto en tanto circula a golpes como si tuviese problemas cada vez que se cambia de marcha; los dos obuses también parecen tener problemas. Circulando a velocidad lenta y a golpes, el grupo alcanza la carretera nacional. Esta vez los dos obuses tienen problemas para girar, sus cadenas se bloquean con frecuencia. Tras unas laboriosas maniobras, el último obús autopropulsado llega a la carretera. En vanguardia, en los jeeps, los soldados no se han dado cuenta de las dificultades de los dos obuses —o no han querido entretenerse mirándolos—. Los vehículos y los dos obuses autopropulsados pertenecen al *Troop E* del 18° Escuadrón de Caballería estadounidense.

En el momento en el que el pequeño convoy empieza a avanzar, esta vez correctamente, hacia el norte, dejando atrás Poteau, llega en sentido contrario una columna del 82° Escuadrón de Caballería.

En cabeza marchan una docena de jeeps, el mismo número de semiorugas, vehículos de exploración repletos de ametralladoras y una veintena de camiones GMC cargados de soldados. En pie, en el primer jeep, un sargento ordena la detención de la pequeña columna. Los dos convoyes se detienen. El sargento deja que la columna con los dos obuses reemprenda su camino pero observa que el calzado de algunos de los soldados que ocupan los tres jeeps no es reglamentario. Antes de que les pregunte, uno de los «norteamericanos», creyendo así desviar cualquier sospecha, le grita al sargento:

—*We are E Company!*[4]

Inmediatamente el sargento empuña su Thompson y los soldados apuntan con sus fusiles. Toda la columna estadounidense dispara sobre el pequeño convoy y el comando alemán es exterminado hasta el último hombre.

El alemán que creía haber acertado gritando: «*We are E Company!*», ha cometido un error. En las compañías de Caballería estadounidense, sólo el escuadrón de carros ligeros se denomina «compañía». Los demás escuadrones —los *squadrons*—, equipados con tanques pesados, como los Sherman, o con obuses autopropulsados, se denominan *troops*. El comando, sin duda de la Compañía Stielau, se había apoderado de los obuses y de los demás vehículos, que los estadounidenses habían abandonado en su retirada en el pequeño camino que atraviesa el bosque. Para que los hombres de Skorzeny hubiesen tenido posibilidades de éxito deberían haber conocido este sutil matiz que les costó la vida.[5]

En el sector de Stavelot, un suboficial estadounidense alejado de su patrulla es atacado por dos *GI*. No pierde su sangre fría y les dice en un perfecto alemán:

> —¡Idiotas! ¡Tengo la misma misión que vosotros!

Se reúne con su patrulla y, de inmediato, tienden una emboscada a los dos falsos norteamericanos. Matan a uno y capturan al otro.

Sólo se produce un caso de deserción entre los miembros de los comandos. La fuga del soldado está marcada por una extraordinaria mala suerte. En efecto, el alemán se rinde a un centinela estadounidense que, desgraciadamente, pertenece a otro comando:

> —Lo siento —le dice— yo también pertenezco a la Compañía Stielau.[6]

¡El centinela es un compatriota!

A una veintena de kilómetros del puente de Engis, en el Mosa, al sur de Lieja, un jeep con tres ocupantes es detenido por una patrulla de policías militares. El sargento al mando les pide la contraseña a los tres soldados. Estos la desconocen, balbucean y son inmediatamente detenidos. Llevan con ellos una cartilla militar alemana. En el jeep descubren 900 dólares, 1.000 libras esterlinas, dos subfusiles Sten, dos Colt 45, una Luger y seis granadas norteamericanas. Los papeles falsos estadounidenses están a nombre de Charles W. Lawrence, Clarence van der Pert y George Sensenbach.[7]

Tres comandos, no superando ninguno de ellos los tres hombres, consiguen regresar a las líneas alemanas. Uno de ellos lleva a cabo sabotajes hasta Huy —a 30 kilómetros de la línea del frente—, otro incluso ha cruzado el Mosa y cortado las líneas telefónicas entre estadounidenses y británicos. El último ha sembrado la confusión en la retaguardia norteamericana en Vielsalm, cambiando la señalización de las carreteras, cortando líneas telefónicas e indicando campos de minas allí donde no había.

Desde el 19 de diciembre, los Aliados viven una auténtica psicosis de espionaje. Creen en la posibilidad de un atentado o en un atentado contra Eisenhower en el Petit Trianon de Versalles, donde se encuentra su Cuartel General. La Policía Militar detiene por los motivos más fútiles a soldados y oficiales —incluso de alta graduación, como un general que permanece retenido varias horas.

Esta «guerra de nervios» hábilmente conducida por Skorzeny a pesar de sus escasos medios, adquiere una mayor amplitud con un rumor falso: la evasión simultánea de todos los prisioneros alemanes de los campos de Francia y Bélgica. Según esos rumores, intentan hacerse con armas, coger rehenes en cuarteles y capturar tanques y camiones. Los Aliados se ven obligados a adoptar contramedidas. Se instalan barricadas de hormigón en todos los cruces de carretera; pelotones motorizados vigilan puentes y alrededores en varios kilómetros a la redonda; los policías militares detienen a todos los militares —cualquiera que sea su graduación— sometiéndoles a un interrogatorio sobre la forma de vida norteamericana: nombres de presidentes de Estados Unidos, apodos de los equipos de béisbol, canciones populares norteamericanas, nombres de algunos trompetistas de jazz, etc. El mismo general Montgomery es detenido en varias ocasiones. Exasperado, se dirige al general Simpson, comandante del Noveno Ejército, para obtener una tarjeta de identificación estadounidense, ya que los policías militares están poco familiarizados con las tarjetas británicas.

Se producen numerosos casos de pánico entre los soldados norteamericanos. Los rumores más fantasiosos siguen circulando por el campo Aliado, mantenidos por las emisiones radiofónicas y los comandos de Skorzeny: ¡los norteamericanos creen que Lieja se ha convertido en el objetivo del enemigo! Y los mandos del Primer Ejército mantienen sus fuerzas en los alrededores de Spa, que convierten en una ciudadela imposible de tomar —al menos así lo intentan— mucho después de que la marea alemana la haya superado en su carrera hacia el oeste, siempre según su visión extravagante de las cosas.

En la noche del 19 de diciembre, Skorzeny envía a Malmédy uno de sus comandos, cuyo jefe es un viejo oficial de Marina de origen báltico, el barón Von Behr, con su característico abrigo de cuero negro. Los civiles belgas lo abordan y le preguntan «si es cierto que los alemanes vuelven». Él no les disuade de creer esta «desagradable noticia», más bien al contrario, e invita a todos los habitantes a evacuar la ciudad para aumentar el caos en las carreteras.

El comando a las órdenes del barón obtiene unos resultados tangibles —sin duda porque se encuentra tras las líneas enemigas sin haberse dado cuenta:

> —No sabía del todo dónde me encontraba —asegura Von Behr a su jefe cuando hace su informe de vuelta de la operación—. ¡Nunca me había pasado nada parecido en la mar!

—La próxima vez hágase con una brújula y un sextante —le responde Skorzeny riendo.

El 21 de diciembre al alba, Skorzeny recibe la orden de tomar Malmédy. El Estado Mayor alemán cree que la situación en esta ciudad debe ser confusa y propicia a un ataque por sorpresa. Para ello ha elegido a la 150ª Brigada que, debido al fracaso de Peiper en La Gleize, no ha utilizado la mayoría de sus comandos. Evidentemente, estos combaten con uniforme alemán.

Una violenta barrera de artillería, seguida de una potente contraofensiva de los blindados estadounidenses hace fracasar todas las tentativas de la 150ª Brigada para recuperar la localidad. Pero esta victoria tiene un alto coste para los estadounidenses —y para los civiles belgas que permanecen en Malmédy—. La confusión que reina entre las tropas estadounidenses, debida en gran parte a las «intoxicaciones» de la operación *Greif*, se ve confirmada por un terrible error: ¡la aviación de Estados Unidos bombardea Malmédy sin haber sido tomada por los alemanes!

El 23, la niebla se disipa, el cielo está claro. La aviación estadounidense lo aprovecha y numerosas escuadrillas de bombarderos despegan en dirección a Malmédy.

Hay centenares de muertos entre los norteamericanos y la población civil. El ataque de los bombardeos sobre Malmédy sólo puede explicarse por un error de información. Pero el error ni tan siquiera es descubierto porque los aviones estadounidenses regresan al día siguiente y aplastan bajo sus bombas las ruinas de la víspera —más muertos Aliados y belgas se añaden a los del 23 de diciembre.

Skorzeny se da cuenta de que es muy difícil —para no decir imposible, el efecto sorpresa ya ha pasado— acabar con los focos de resistencia estadounidenses, que además han podido reforzarse. El ataque sobre Malmédy ha desgastado a la 150ª Brigada que originalmente no había sido concebida para ser utilizada como una unidad de combate clásica. Los comandos, reunidos en varios grupos para constituir unidades más grandes, se aferran al terreno en duros combates defensivos. La artillería norteamericana castiga con regularidad las posiciones de la 150ª Brigada y, cuando la apertura de claros en el cielo lo permite, los Thunderbolt y los Mustang atacan con cohetes y napalm a los hombres de Skorzeny, insuficientemente enterrados en esta tierra helada en la que la nieve hace que cualquier relieve destaque. Prácticamente todos los carros se han perdido en estos combates. Skorzeny resulta herido en una pierna y un ojo, pero se niega a ser evacuado.

Hay gran cantidad de heridos, pero hay pocos graves, salvo el ayudante de Foelkersam, el teniente Lochner, que ha recibido un balazo en el vientre. Echado en una camilla ha perdido el conocimiento. Otto Skorzeny se inclina sobre él y le llama. Lochner abre los ojos y le reconoce. También ve el vendaje que le cubre un ojo:

—Usted también ha sido alcanzado —murmura.

Luego muere.

A pesar de la gran cantidad de material perdido y de la disminución de efectivos a causa de la retirada de heridos hacia los hospitales de campaña, la 150ª Brigada aún podría jugar un papel relevante si recibiese refuerzos y el apoyo de carros y artillería. El 24 de diciembre sólo le proporcionan ocho *Nebelwerfer*, con una veintena de cohetes.

El 28 de diciembre la brigada es relevada por una división de infantería que asegura la cobertura del flanco norte del I

Cuerpo Panzer de las SS. La ofensiva ha fracasado y con ella *Greif*. Otto Skorzeny no ha podido alcanzar los puentes del Mosa. Pero la 150ª Brigada ha sobrevivido.

El 31 de diciembre Hitler convoca a Skorzeny a última hora de la mañana en su Cuartel General del búnker subterráneo de Adlerhorst, en Ziegenheim, cerca de Giessen.

El Führer se inquieta de inmediato por la herida en el ojo izquierdo de su jefe de comandos, que una venda apenas protege. La herida supura. Hace venir a uno de sus médicos personales, el doctor Stumpfegger. El ojo está infectado. Prescribe un tratamiento draconiano, acompañado de rayos infrarrojos.

A petición de Hitler, Skorzeny vuelve por la tarde. El *Obersturmbannführer* no es ningún enclenque, pero aunque estos quince días de combates ininterrumpidos, el fracaso de sus equipos en la retaguardia Aliada, lo de Malmédy, el excesivo número de comandos diezmados, y la muerte de fieles compañeros como Hardieck y Lochner, no han conseguido socavar su moral, por lo menos si la han ensombrecido. Cuál es su sorpresa cuando encuentra a un Hitler en plena forma que, a pesar de los duros reveses sufridos, tiene la moral por las nubes. Skorzeny piensa: «Debe ser el efecto generado por una de las drogas del deplorable doctor Morell».

Tras estrechar efusivamente la mano de Skorzeny, el Führer da algunos pasos. Se apoya en el borde de la mesa, en la que se encuentra un gran mapa que representa el Frente Oeste, desde el mar del Norte hasta la frontera suiza. Luego se sienta en un taburete —desde el atentado del 20 de julio los taburetes están colocados no muy lejos unos de otros en los lugares que ocupa el Führer: apenas puede mantenerse en pie unos pocos minutos—. Se gira hacia el *Obersturmbannführer*, que se mantiene en posición de firmes:

—Acérquese Skorzeny. ¿Va mejor su ojo desde que el doctor Stumpfegger le ha hecho la cura esta mañana?

—Mucho mejor, mi Führer.

—He sabido que ha hecho con sus hombres todo lo humanamente posible. La 150ª Brigada ha actuado valerosamente.

—Nos faltó tiempo para entrenar y los efectivos...

—Lo sé. La ofensiva no ha conseguido sus objetivos. Nuestros carros, bloqueados los dos primeros días mientras el mal tiempo impedía operar a la aviación enemiga, no pudieron avanzar lo suficientemente rápido por carreteras imposibles. Divisiones de infantería marchando a pie avanzaron tan rápido como algunas de nuestras divisiones blindadas. Me he enterado que incluso usted tuvo problemas para desplazarse durante las primeras horas de la ofensiva en...

—Losheim, mi Führer.

—Eso es... Sin embargo, el enemigo ha sufrido graves pérdidas y, sobre todo, esta ofensiva ha supuesto un golpe serio para su moral. Eso es lo importante. El soldado norteamericano o británico pensaba que para él no sería más que un paseo militar. Sus jefes se lo habían asegurado. Pero, ¡he aquí que el moribundo se levanta y emprende la ofensiva! ¡El día 17, sólo en el Schnee Eifel capturamos entre 8.000 y 10.000 prisioneros!... No podemos esperar a que nos vengan a degollar, Skorzeny. La única opción para Alemania es el combate victorioso. No hay otra opción.

Otto Skorzeny se envara, lleva maquinalmente la mano a su Cruz de Caballero que cuelga del cuello de su guerrera y responde al jefe supremo de la Wehrmacht, sin ninguna precaución oratoria:

—Desgraciadamente, mi Führer, creo que ninguno de los objetivos de *Greif* se ha cumplido.

De nuevo Hitler sorprende a Skorzeny.

—No tengo ningún reproche que hacerle, Skorzeny. Usted ha tenido que improvisar todo, contando con medios muy pobres, y su brigada blindada no ha podido hacer su papel con el Sexto Ejército Panzer de las SS. Si le hubiera colocado en la vanguardia del Quinto Ejército Panzer, lo habría conseguido. Verdaderamente hubiera podido ir más allá de Dinant. Quizá podría haber llegado hasta Brabante, y ¡Dios sabe lo que habría podido pasar! En cuanto a sus comandos, tengo la impresión que su efecto psicológico habrá sido más importante de lo que se imagina. Más adelante lo sabremos.

—Eso espero, mi Führer...

—Estoy seguro, Skorzeny. Estoy satisfecho de la actuación de nuestros tres grupos en Malmédy a partir del 20 de diciembre y haré que condecoren a los jefes de los grupos X, Y, y Z, así como al teniente coronel Wolf, el capitán Scherff, el capitán Von Foelkersam y su predecesor, el teniente coronel Hardieck, a título póstumo.

Hitler coloca su brazo medio paralizado sobre su rodilla. Observa detenidamente a Skorzeny y, como buscando una mayor solemnidad a lo que va a decir, guarda unos instantes de silencio.

—Vamos a lanzar una gran contraofensiva en el sudoeste[8] —dice al fin—. Esta nueva operación llevará por nombre *Nordwind*.[9] Los estadounidenses no la esperan. Creen que nuestra ofensiva en dirección al Mosa nos ha agotado. Se equivocan. Es la primera vez desde el otoño de 1939, es decir, desde que estamos en guerra, que vamos a conseguir mantener en secreto una operación.[10]

Hitler explica a Skorzeny que la operación *Nordwind* consiste en mantener la iniciativa atacando ahora al Sexto Grupo de Ejércitos Aliado del general Jacob Devers, que comprende al Séptimo Ejército del general Patch, al norte, y el Primer Ejército francés del general De Lattre de Tassigny, al sur. Para atacar el dispositivo Aliado, los alemanes cuentan con el Grupo de Ejércitos G, al mando del general de tropas panzer Hermann Balck. El grupo de ejércitos se compone del Decimonoveno Ejército del general Fridrich Wiese, apoyado por dos cuerpos de las SS, que permanecen al oeste del Rin, en la bolsa de Colmar. Este conjunto de tropas que forma el Grupo de Ejércitos *Oberrhein* —Rin superior— está bajo el mando de Heinrich Himmler, que responde directamente ante Hitler. Al norte, la región comprendida entre Estrasburgo y la frontera de Luxemburgo está defendida por el Grupo de Ejércitos G. Cuenta con tres cuerpos: el XIII de las SS, el LXXXIX y el XC, con un total de nueve divisiones. Estas divisiones constituyen el Primer Ejército, a las órdenes del general Hans von Obstfelder. Tres divisiones de infantería y una panzer forman otro cuerpo, pero que depende directamente del general Balck.

Skorzeny es presa del entusiasmo, como sucede cada vez que Hitler inicia una de sus exposiciones que acaba en un largo monólogo, en el que siempre aporta una justificación histórica de los acontecimientos, acompañada de ejemplos comparativos sacados de su experiencia personal y, para finalizar, un mensaje profético.

Pero cuando Skorzeny averigua, gracias a un oficial del Estado Mayor, que tanto *Oberrhein* como el Grupo de Ejércitos G no poseen apenas reservas, se alarma. No es necesario ser un gran estratega para comprender que una ofensiva requiere potentes cuerpos de batalla en la retaguardia dispuestos a intervenir en todo momento para apoyar y reemplazar a las unidades de primera línea con problemas.

El 22 de diciembre, Hitler reemplaza al competente general de tropas panzer Balck por un comandante de gran reputación, el *Generaloberst* Johannes Blaskowitz. Este último, más conocido que Balck y que, a semejanza de los Model y los Von Manteuffel, tiene un ascendente mayor entre la tropa: «Cuando los ejércitos están agotados lo que hace falta es contar con jefes de prestigio, una cosa compensa a la otra», piensa amargamente Skorzeny. Estos juegos de manos aportan malos presagios. Lo nota. Alemania está agotada. Ya no hay reservas y las nuevas armas llegan demasiado tarde. La ofensiva *Nordwind* en Alsacia y Lorena no conseguirá salvar la operación *Wacht am Rhein,* a la que *Greif* no ha abierto los accesos al mar.

19. Bastogne

18 de diciembre de 1944

Un silencio insólito. Carros de combate enmascarados tras los nevados abetos. Sólo algún insignificante ruido producto de la caída de una placa de nieve sobre un Panther. La batalla, desencadenada hace unos instantes, parece haber cesado por completo. En el espeso bosque, los silenciosos infantes avanzan con dificultades con la nieve hasta la cintura. Más allá, una llanura, larga, blanca, helada, barrida por el viento. Es la llanura que rodea Bastogne, en la que se encuentran las localidades de Champs, Hemroulle y Mende-Saint-Etienne.

El Panther espera. Tiene otros detrás, escondidos de los aviones estadounidenses de observación —aparatos Piper Club que se enfrentan a las ráfagas de nieve— a lo largo de los extensos bosques de abetos. Forman parte de la compañía de vanguardia de la Panzer Lehr. Fritz Bayerlein acaba de dejarlos tras su inspección y regresa a su Cuartel General que se encuentra cerca de Hargimont, a cuatro kilómetros de allí. Los tanques permanecen inmóviles, blancos y grises, con los cañones exageradamente inclinados hacia abajo, como el aguijón de un gigantesco insecto fatigado. En el congelado interior sus tripulaciones buscan un poco de calor cerca del motor, que se enfría de inmediato. Los hombres, vestidos de negro —la mayoría luce condecoraciones que brillan a cada movimiento—, intentan calentarse dándose palmadas.

El capitán Schmidt —caballero de la Orden del Mérito de Guerra, Cruz de Hierro de primera clase, seis tanques norteamericanos destruidos el primer día de combates cerca de Weiler—, con auriculares, se impacienta.

> —¿Por qué me han ordenado detenerme? —maldice—. Bastogne está allí delante. ¡Ataquemos! ¿Qué orden pueden darnos que no sea tomar Bastogne? Hace apenas una hora, tras un breve combate, mi compañía ha hecho una veintena de prisioneros norteamericanos. Éstos me han dicho que la pequeña localidad estaba mal defendida, sin tanques y sin artillería. ¿Vamos a creer a un civil belga —con opiniones claramente americanófilas— que ha anunciado poco después que Bastogne está defendido por una división al completo? Es una información falsa, destinada a engañarnos.

Sigue refunfuñando para superar su mal humor. La nieve sigue cayendo de forma incansable, cubriendo todo, la campiña, los carros de combate, los cañones, los hombres. Bajo su guerrera negra de tanquista, el capitán Schmidt lleva una camisa y dos jerseis de lana. A pesar de estás precauciones sigue teniendo frío, habría cogido tranquilamente la guerrera forrada de un soldado norteamericano muerto, pero las órdenes son severas: está prohibido vestir uniformes del enemigo, aunque sean de un muerto. En Rusia, sin embargo, nadie tiene ningún problema en ponerse las maravillosas botas forradas o los gruesos abrigos de cualquier «Iván» vivo o muerto.

Schmidt, con su busto rígido y nevado emergiendo de la torreta de su carro, recuerda a esos soldados de plomo fijados a los tanques de juguete que lanzan destellos. A la espera de las órdenes, el capitán escruta con sus prismáticos la llanura que se extiende frente a Bastogne y puede distinguir a lo lejos los tejados de las casas y un campanario:

—Una llanura ideal para desplegarse y atacar a los norteamericanos que defienden la ciudad —prosigue dirigiéndose a la extensión blanca y triste que también espera la tormenta de la guerra.

Un hombre sale por la escotilla del Panther que se encuentra detrás del de Schmidt y que está camuflado bajo un árbol en el linde del bosque. Lo sigue otro. Se hunden en la nieve. Tras algunas torpes zancadas se detienen detrás de un abeto. Uno de los tanquistas habla con una animación contenida, como si explicase a su camarada una historia curiosa. Schmidt lo oye reír. Vuelven a su tanque. El más alto de los dos se detiene y se esconde de los copos de nieve acercándose al hombro de su compañero ¡para encender un cigarrillo norteamericano!

—Una vez más el sargento jefe Garlster haciendo de las suyas —murmura Schmidt—. Es mi mejor jefe de carro, pero no sé qué tiene en la cabeza.

Llama al sargento jefe atenuando al máximo su voz en medio del silencio reinante, en el que se oiría correr a un conejo a medio kilómetro de distancia:

—¡Garlster!... ¡Garlster!

El sargento jefe ve a su capitán que, con el brazo tendido, le indica imperativamente su tanque. Garlster da una larga calada a su cigarrillo y se lo pasa a su camarada, que da otra antes de tirarlo a la nieve y luego monta en su Panther, el 914.

Entre el 914 y otro Panther se encuentra un semioruga Hanomag, que transporta diez granaderos dispuestos a lanzarse tras los carros por la puerta trasera de su vehículo:

—Al menos ellos pueden mantener el calor al estar tan juntos y bromear a la espera del ataque —piensa Schmidt.

¡El ataque! El capitán lo espera con impaciencia.

—Cuando uno es soldado siempre está esperando algo —refunfuña mientras limpia los cristales de los prismáticos—. Se espera el parte, el correo, el permiso, la hora de la comida, la salida para las maniobras, la vuelta al campamento, la hora H del ataque, el momento de hacerse matar...

Llega a sus oídos la voz nasal del coronel. Éste le ordena rodear Bastogne por el sudeste. Será reemplazado por los infantes de la 26ª División de *Volksgrenadiers*. Debe ponerse en marcha de inmediato y posteriormente recibirá más órdenes. Para la Panzer Lehr y las demás fuerzas blindadas del Quinto y el Sexto Ejércitos Panzer, la orden es alcanzar el Mosa lo antes posible y no entretenerse ante ciudades y pueblos de los que darán cuenta la infantería y la artillería hipomóvil.

—¿Cómo? —protesta Schmidt—. ¡Dejamos Bastogne cuando apenas está defendida! ¡Podríamos tomar la localidad en una hora!

Se desliza al interior de la torreta y ordena ponerse en marcha. Luego, hace transmitir sus instrucciones por radio a los otros carros de la compañía y a los cuatro Hanomag.

Los motores rugen. La nieve cae de las ramas. Un fuerte olor a gases de escape invade el interior del tanque de mando a pesar de los ventiladores. Schmidt vuelve a ascender y, con medio cuerpo fuera de la escotilla, indica la dirección al conductor. El Panther VD, uno de los últimos modelos, pivota sobre la izquierda mientras la cadena derecha cruje en su rodadura. El hedor de azufre y aceite quemado se expande alrededor del motor de 750 caballos. Las 43 toneladas superan sin problemas un foso antes de alcanzar el camino forestal que lleva hacia el sur. El capitán Schmidt se gira para ver maniobrar a los demás carros de su pelotón. La manada ruge. Los largos cañones de 75 mm dejan su marca en el bosque: «¡No tomar Bastogne! —manifiesta elevando la voz rabiosamente, mientras sus manos, protegidas por unas manoplas, se aferran al bloque de acero del periscopio del carro—. ¡En el Estado Mayor se han vuelto locos! ¡Los norteamericanos lo aprovecharán para traer refuerzos! ¡No serán los marineros que vienen de Dinamarca y Noruega, y que forman la mayor parte de las tropas de la 26ª División al mando de Kokott, los que tomen Bastogne!».

Los Panther avanzan rugiendo por la nieve, que lanzan a su alrededor formando auténticas nubes. En cada carro, tras la plancha de acero frontal de 120 mm, los cinco hombres de la tripulación se agarran como pueden porque, cuando se avanza a campo traviesa, el problema para un tanquista consiste en golpearse lo mínimo posible y proteger su cabeza.

• • •

18 de diciembre de 1944, por la mañana

El general Fritz Bayerlein, al frente de su división panzer, obedece las órdenes recibidas: sobrepasar Bastogne. En su opinión, la oportunidad de tomar la ciudad se ha perdido irremisiblemente.

La orden procede de su jefe, el general Von Luttwitz, comandante del XLVII Cuerpo Panzer. Von Luttwitz, un especialista en carros de combate, ha dado esa orden a regañadientes. Si hubiera sido por él, se habría lanzado de inmediato sobre Bastogne, cuando aún era posible. Su servicio de Inteligencia le ha informado que la 101ª División Aerotransportada estadounidense, procedente de Reims, se dirige hacia Bastogne para reforzar la pequeña guarnición. Pero el general Von Luttwitz obedece la orden de avanzar a toda prisa que ha recibido de su superior, el general de tropas panzer Hasso von Manteuffel, el cual la ha recibido a su vez del mariscal de campo Walter Model, cuya responsabilidad está así mismo cubierta por el mariscal de campo Gerd von Rundstedt que, por una vez, ha estado de acuerdo con Hitler: los blindados —ha ordenado— dejarán atrás las ciudades y se lanzarán hacia el Mosa, la infantería protegerá sus flancos, reducirá las bolsas de resistencia y luego tomará las ciudades.

Esta feliz coincidencia entre el OKW y los generales responsables de la *Wacht am Rhein* debería posibilitar una mayor flexibilidad en su ejecución. Desgraciadamente, el Führer casi nunca da margen de maniobra a sus generales. Von Luttwitz, bien informado sobre la debilidad de la defensa estadounidense en Bastogne, que le habría permitido apoderarse de la ciudad, da la orden lamentando seguir el camino.

* * *

En la noche del 18 de diciembre, a toda prisa, los primeros elementos de la 101ª División Aerotransportada estadounidense, a las órdenes del general de brigada Anthony McAuliffe, que la dirige de forma temporal, entran en Bastogne. Llegan justo a tiempo. El cerco alemán se va cerrando progresivamente.

El 20 de diciembre, la 2ª División Panzer del general Von Lauchert toma Noville, al norte de Bastogne. Elementos de la 101ª, a las órdenes del mayor Harwick, son derrotados y deben ceder la localidad a los granaderos panzer. Los acontecimientos se precipitan; por un momento, muchos podrían creerse que se encuentran de nuevo en plena *Blitzkrieg*, la famosa guerra relámpago de 1940. La misma noche, tras pasar Ortheuville, las tropas alemanas llegan a orillas del Ourthe y consiguen tomar un puente. Desgraciadamente, como ya ha sucedido con la Panzer Lehr, rodean la ciudad y no la atacan, siguiendo el plan establecido.

De esta forma, ya se han perdido dos días cuando el OKW autoriza finalmente a Von Luttwitz para que asedie Bastogne. Dos días que darán un giro fatídico a la batalla de las Ardenas.

Hasso von Manteuffel cree que, aunque la guarnición de Bastogne ha recibido el refuerzo de tropas de élite, los paracaidistas de la 101ª División Aerotransportada, la localidad puede ser tomada por una única división, la 26ª de *Volksgrenadiers* del general Kokott, reforzada por el 901º Regimiento de Granaderos Panzer de la Panzer Lehr de Bayerlein. Von Luttwitz le dice a Von Manteuffel:

—No hemos querido tomar Bastogne por sorpresa, y ahora necesitaremos todo un cuerpo de ejército para conquistarla. No creo que baste con una única división.

Von Manteuffel no parece querer escuchar esta opinión. La Panzer Lehr se lanza en dirección a Saint-Hubert, a 25 kilómetros al oeste de Bastogne, con el pelotón de carros Panther del capitán Schmidt a la cabeza.

El 21 de diciembre, el general Kokott, al frente de la 26ª División de *Volksgrenadiers* cierra el cerco alrededor de Bastogne. Sus fuerzas están integradas por el 39°, el 77° y el 78° Regimientos de *Volksgrenadiers*, un batallón de reconocimiento y el 901° Regimiento de Granaderos Panzer que le ha prestado Bayerlein.

McAuliffe, que está al mando en Bastogne, cuenta con 12 batallones de infantería apoyados por cuatro escuadrones de artillería, reforzados por dos obuses pesados, a lo que se añade el 420° Escuadrón de Artillería Blindada. Además, dispone de una cuarentena de tanques Sherman, de numerosos carros ligeros y del 705° Batallón de *Tank-Destroyers*, una unidad temible.

La víspera, el 22 de diciembre, hacia las 11.30 horas, dos oficiales alemanes acompañados de dos soldados se presentaron en los puestos avanzados.

Los dos oficiales solicitaban la rendición de Bastogne. Entonces, McAuliffe hizo escribir la respuesta de inmediato:

> Al mando alemán:
> »*Nuts!*[1]
> »El comandante norteamericano.

McAuliffe encargó al coronel Harper, comandante del 327° Regimiento de Infantería Aerotransportada, la entrega de la célebre nota mecanografiada a los dos oficiales alemanes que esperaban, con los ojos vendados, en el puesto de mando de la Compañía F.

—Les traigo la respuesta del comandante estadounidense.

—¿Escrita u oral?

—Escrita. La traigo conmigo —dijo Harper a los dos oficiales.

Los alemanes no entendieron la traducción. Harper tuvo que hacer una precisión:

—Esta respuesta es un no categórico.

Les hizo subir en su jeep y les llevó hasta una pista nevada, de unos 400 metros de longitud, en la que los alemanes y los estadounidenses que ocupaban las posiciones avanzadas conversaban entre ellos con bastante libertad. En cuanto llegaron, les quitó las vendas de los ojos y le dijo al oficial alemán de mayor graduación, un jefe de batallón:

—Si no entiende lo que quiere decir *Nuts*, podría decirle que es el equivalente de «Váyanse a tomar por c...». Déjeme decirle una cosa: si continúan con su ataque, mataremos a todos los condenados alemanes que intenten penetrar en esta ciudad.

Los dos oficiales se saludaron.

—Y nosotros mataremos a muchos norteamericanos. ¡Es la guerra!

—Ahora, muchachos, ¡váyanse y que tengan mucha suerte!

La «propuesta» alemana es torpe. Los estadounidenses no se equivocan respecto a las reservas mentales del Estado Mayor alemán y están convencidos de que dudan de la posibilidad de conquistar la plaza. La propuesta consigue excitar el sentido del humor del mando norteamericano y divierte a los soldados en sus trincheras.

Kokott envía secciones de reconocimiento para sondear el dispositivo defensivo estadounidense. Constata que éste es muy eficaz y que Bastogne no está próxima a caer. El 23 de diciembre envía el 39º Regimiento VG contra Marvie, al sudeste de Bastogne.

Desgraciadamente, el tiempo mejora. Los aviones estadounidenses despegan. A partir del mediodía y a lo largo de cuatro horas, 240 Dakota lanzan más de cien toneladas de suministros. 800 cazas escoltan 2.000 bombarderos, que machacan 31 objetivos entre Monschau y Bastogne.

Poco después del mediodía, la Flak alemana entra en acción bajo el cielo cubierto de Bastogne. Toda la artillería antiaérea abre fuego, desde los montajes cuádruples de 20 mm y los 37 montados sobre los carros Flakpanzer IV Wirbelwind, hasta los temibles cañones de 88 mm, situados en batería a unos pocos kilómetros de la ciudad rodeada.

Los pesados bimotores de transporte C 47 aparecen en formación cerrada a baja altura. Algunos aún no han llegado a la vertical de Bastogne cuando se estremecen, alcanzados por los proyectiles de la Flak. Caen en la llanura, algunos sobre las líneas alemanas. Antes de que se lancen los numerosos contenedores de suministros y municiones, son lanzados especialistas en paracaídas para preparar con minuciosidad las futuras zonas de lanzamiento y las balizas con los radares de aproximación. Mientras tanto, los cazabombarderos Lightning con dos fuselajes del XIX Mando Táctico Aéreo y los Thunderbolt, atacan con cohetes, bombas explosivas, napalm y ametralladoras cualquier cosa que se parezca a un panzer o a una unidad alemana de infantería, grande o pequeña.

De los campos nevados se elevan tras su paso espesas columnas de humo negro que atestiguan la precisión de los disparos.

Cuando empieza a anochecer la Luftwaffe reacciona. Varios Ju 88 escoltados por Me 109 y Focke Wulf 190 bombardean Bastogne. Semiorugas, camiones y jeeps resultan destruidos en las calles próximas a la plaza central, así como numerosas casas, un hospital auxiliar y el puesto de mando del Grupo C Cherry que había combatido brillantemente los días precedentes.

La resistencia del enemigo en Bastogne sorprende a Hitler. La decisión que ha tomado el mando estadounidense de reforzar la guarnición con tropas de élite, como la 101ª División Aerotransportada, le provoca uno de sus habituales ataques de cólera.

No es de extrañar que el enemigo convierta ahora a Bastogne en el pivote principal de su dispositivo defensivo en el sudoeste, de forma parecida a lo que el Primer Ejército de Hodges ha hecho manteniéndose firmemente en Malmédy y Monschau ante los asaltos de los blindados de Sepp Dietrich.

El Führer juzga rápidamente la situación y de inmediato envía al Cuartel General de Von Luttwitz a su ayudante de campo personal, el comandante Johannes Mayer, para que se informe *in situ* sobre la nueva situación creada en Bastogne.

A Von Luttwitz no le resulta difícil describir al enviado del comandante supremo la mediocridad de los medios de que dispone:

> —Con lo que tengo —concluye—, jamás podría conquistar Bastogne. A ello debe añadirse que los norteamericanos son tremendamente resistentes.

El comandante Mayer se dirige a primera línea para constatar la situación en primera persona y luego regresa diligentemente al Cuartel General del Führer en Zigenheim.

Tras escuchar el informe de su ayudante de campo, Hitler comprende que por todos los medios hay que quitar la astilla que supone Bastogne, situada en la retaguardia de sus tropas. A disgusto, da la orden de enviar a la 15ª División de *Volksgrenadiers*, que hasta ahora ha mantenido en reserva, para reforzar a Von Luttwitz.

El 24 de diciembre —el mismo día que Peiper y el resto de su *Kampfgruppe* se retiran hacia las líneas alemanas tras su fracaso— la 15ª División VG, bajo las órdenes de Hitler, toma posición junto a las demás fuerzas del general Kokott con la intención de tomar Bastogne.

Hasso von Manteuffel da luz verde a Von Luttwitz para desencadenar el ataque sin tardanza.

El ataque alemán, iniciado al alba del 25 de diciembre por las tropas del general Kokott, fracasa ante la animosa defensa de los hombres de McAuliffe.

La batalla es terrible. Los alemanes saben que se está preparando una potente contraofensiva desde el sur a cargo del Tercer Ejército de Patton que puede romper el cerco alemán de Bastogne. Ahora, las fuerzas alemanas lamentan no haber sacado provecho de la situación generada durante las primeras horas de asedio el 18 de diciembre, cuando la Panzer Lehr de Bayerlein llegó ante la pequeña ciudad. Ese día, las tropas del coronel Harper fueron en parte diezmadas ante Longwilly. Los supervivientes se atrincheraron. Los Tiger y los Panther destruyeron la práctica totalidad de los Sherman y los *Tank-Destroyers* del grupo de Harper; dos tercios de su infantería habían muerto o estaban prisioneros.

Sin embargo, en este día de Navidad de 1944, las tropas estadounidenses que se defienden en Bastogne son tropas de élite, son los hombres de la 101ª División Aerotransportada, ayudados por los aguerridos batallones de la 10ª División Acorazada. Además, el simple soldado estadounidense ha abandonado su «complejo» de los primeros días de la ofensiva alemana. Reacciona, hace demostración de su iniciativa. Ha frenado la ofensiva ante la sorpresa de los alemanes que hasta este momento habían considerado, no sin cierto desprecio, que el soldado estadounidense era mediocre.

Para los alemanes este descubrimiento supone un trauma. La batalla de las Ardenas ha revelado el valor de los simples soldados de más allá del Atlántico, y la sangre fría y la agresividad de sus oficiales. En cuanto a los generales, desde el simple general de brigada, como McAuliffe, hasta el comandante supremo, Eisenhower, han recibido en la Escuela Militar esta directiva —eterno principio básico de las enseñanzas militares del francés Guibert y del alemán Clausewitz—: en la guerra el único objetivo es batir al adversario. Es simple, pero hay que llevarlo a cabo. Los generales estadounidenses lo aplican al pie de la letra en las Ardenas.

Menos de ocho días después de la formidable ofensiva de los alemanes, los norteamericanos pasan al ataque con un brío, una audacia y una ciencia de la estrategia que mueven a admiración. Montgomery solicita tres meses para poner al Primer Ejército de Hodges en situación de pasar a la ofensiva. Bradley y Patton demuestran que, a pesar del mal tiempo y los problemas logísticos inherentes a las grandes unidades, es posible contraatacar en plena ofensiva enemiga.

El valor del soldado *yankee*, hasta este momento muy mal conocido, es el segundo «milagro» que permite la recuperación estadounidense en las Ardenas. Se convierte en todo un ejemplo.

Desde el inicio de la ofensiva alemana —cuando el tiempo lo ha permitido— los aviones del XIX Mando Aéreo Táctico intervienen masivamente. Los Panther detenidos se retiran, separados de su infantería, que ha sido diezmada tanto por los ataques de la aviación como por los disparos de ametralladora de los hombres de la División del Águila de McAuliffe. En su movimiento de retirada, los Panther presentan sus flancos, menos protegidos, que se convierten en blancos fáciles para los *Tank-Destroyers* del 705° Batallón. Los cazadores alemanes intervienen. Los siguen los espectaculares duelos entre cazas Focke Wulf y Thunderbolt una vez que el cielo sobre Bastogne se despeja.

El ardoroso Patton ordena a Hugh Gaffey, comandante de la 4ª División Acorazada, que ataque sin dilación en dirección a la ciudad y que hunda las líneas defensivas establecidas por las tropas de Brandenberger. Bastogne es el punto en el que se unen dos de los ejércitos alemanes: al norte, se despliega el Quinto Ejército Panzer de Von Manteuffel, al sur se encuentra el Séptimo Ejército de Brandenberger. En el lado estadounidense no se repite la misma situación; desde el 20 de diciembre el VIII Cuerpo de Ejército de Middleton, al que pertenece la 101ª Aerotransportada, pasa a depender de Patton.

Los alemanes resisten con ferocidad.

Se levanta un pálido amanecer. El viento arrastra copos de nieve. Los hombres combaten bajo la borrasca. Son las 05.00 horas. El 115º Regimiento de Granaderos Panzer continúa atacando. Dos compañías del 327º Regimiento de Infantería Paracaidista estadounidense ceden, pero como experimentados veteranos, habituados a encajar duros golpes, los *yankees* se aferran a sus trincheras y dejan pasar a los tanques. Luego se levantan de nuevo y se lanzan sobre la infantería alemana. Ésta, sorprendida por la espalda, intenta ponerse a cubierto de inmediato y responder al intenso fuego de los estadounidenses. Éstos siguen disparando ráfagas y alcanzan varios Panther con bazookas, apuntando a la parte de abajo del motor, punto en el que estos carros son más vulnerables y donde es más fácil conseguir que se incendien.

Los alemanes intentan por todos los medios destruir los nidos de resistencia estadounidenses antes de que amanezca y la aviación norteamericana haga su aparición, como ya es habitual.

Sobre las 06.00 horas, el general Kokott, que dirige el ataque, recibe la noticia de que sus tropas han llegado a los suburbios de Bastogne. Desgraciadamente, diez minutos más tarde, la noticia es desmentida. Peor aún, a las 07.00 horas, se pierde el rastro de las dos columnas del 115° Regimiento de Granaderos Panzer. El general Kokott envía de inmediato un oficial de enlace para que pueda informar sobre los combates que se desarrollan entre Hemroulle y Champs.

El oficial vuelve media hora más tarde. Ha sucedido lo que el general Kokott se temía. La primera columna que avanzaba hacia Champs se ha topado con dos compañías reforzadas del 502° Regimiento Aerotransportado estadounidense apoyadas por la artillería. Éstas se han replegado de forma ordenada hacia un bosque desde el que han contraatacado y han destruido siete Panther, exterminando a los infantes que les acompañan. Las ametralladoras estadounidenses han entrado en acción. Más de 80 granaderos panzer quedan sobre el terreno. Los cazabombarderos norteamericanos intervienen ahora de forma continuada y los tanques alemanes permanecen escondidos en los bosques.

La columna que ataca Hemroulle es atacada por una concentración de tanques destructores, cañones antitanque semienterrados y bazookas que acaban destruyendo 17 Panther y rechazando a los hombres que componen la segunda columna del 115° Regimiento de Granaderos Panzer. Los alemanes, tras el ataque, también dejan allí numerosos muertos, heridos y prisioneros.

El día 26 de diciembre por la mañana la batalla continúa. Patton aún no sabe ni cómo ni dónde encontrará el punto débil del adversario que le permitirá abrir una brecha en el dispositivo alemán de Brandenberger que cubre el sur de Bastogne, en una línea que va entre Neufchâteau y Martelange y alcanza al este el río Sûre. Pero, si bien los alemanes tienen prisa por alcanzar el Mosa, Patton también quiere alcanzar Bastogne cuanto antes. Un caso y otro comportan un desarrollo cuyas consecuencias son difíciles de imaginar: ¿cruzando el Mosa los alemanes no quieren hacer «saltar» todas las posiciones de los Aliados en Europa Occidental? ¿Al hundir el frente del Séptimo Ejército, Patton forzará a Hitler a detener su ofensiva, o quizá a enviar al combate a sus últimas reservas, decisión de un alcance incalculable porque son las últimas fuerzas que le quedan al OKW y después de ser utilizadas ya no quedará nada entre las Ardenas y Berlín?

En todo caso, para Patton la cosa está clara: levantar el asedio de Bastogne permite asegurar una plataforma de salida de cara a una posterior ofensiva. Y además, es una forma, la mejor, de no dar ni un minuto de reposo a esos condenados alemanes, porque para Patton, hombre dinámico y de fría lógica, el régimen de Hitler, con sus campos de concentración y sus SS, responsables de la masacre de Malmédy, va de cabeza al infierno y el pueblo alemán, al que todo ello le concierne directamente, debe sufrir naturalmente las consecuencias. ¡Adelante y a toda máquina! Ésa podría haber sido su máxima —que también habría sido la del *Obergruppenführer* Sepp Dietrich por diferentes razones...— si Patton no fuera de esa raza de hombres de moral infrangible y un táctico sin par. Lo había demostrado llevando a cabo su célebre ruptura del frente en Arranches. Una vez más demuestra su intuición y su rapidez de decisión frente a Bastogne.

Patton envía al combate a la 4ª División Acorazada de Gaffey. Pertenece al III Cuerpo de Millikin al que pocos días antes decía:

> —¡No se entretenga! Rodee las localidades, ya las limpiará más tarde. Ahora el terreno es óptimo para los tanques.

Hitler había repetido lo mismo a sus generales la víspera del 16 de diciembre, cuando les habló del Mosa.

De la 4ª División Acorazada se destacan dos unidades rápidas de combate fuertemente armadas, el *Combat Command A* y el *Combat Command B*. Éstos han librado duros combates frente a Martelange con elementos de la 5ª División de Paracaidistas alemanes que vigilaban los puentes destruidos en el río Sûre. A pesar de la firme resistencia enemiga, los zapadores del CCA han conseguido tender un puente sobre el río.

Reorganizados someramente la víspera del ataque decisivo sobre Bastogne, el 26 de diciembre por la mañana el CCA y el CCB no se encuentran a más de seis kilómetros de la localidad.

La reorganización de los dos *Combat Command* puede haberse realizado la víspera, pero la sustitución de las unidades perdidas deja mucho que desear. Se les añade un tercer *Combat Command*, el CCR formado por elementos de la 4ª División Acorazada y de la 80ª División de Infantería. El CCR está al mando del coronel Wendell Blanchard. Lo constituyen el 37º Batallón de Tanques a las órdenes del teniente coronel Creighton Abrams y el 53º Batallón de Infantería, transportado por semiorugas y al mando del teniente coronel George Jacques. Dos escuadrones de obuses de 105 mm y una batería de 155 mm *Long Tom* lo apoyan.

Abrams y Jacques, que ya están habituados a combatir juntos y que se tienen en gran estima, asumen la responsabilidad de atacar en dirección a Assenois sin comentarlo a Blanchard, que parece conocer menos la configuración del lugar.

El CCR ha sufrido pérdidas: a Abrams le faltan 20 Sherman y una compañía del 53º Batallón de Jacques ha dejado de existir. A pesar de este contratiempo, los dos hombres se muestran confiados.

Los cazabombarderos han castigado a los panzer frente a Remichampagne y Clochimont, que distan cinco kilómetros de Bastogne. Los Thunderbolt atacan con cohetes a sólo unos centenares de metros de los primeros carros. Limpian el camino porque no hay seguridad que los cañones cortos de 75 mm de los Sherman puedan penetrar en el espeso blindaje inclinado de los Panther y los Königstiger.

A las 15.30 horas, Jacques indica por radio a Abrams que pronto anochecerá. ¿Es necesario proseguir el ataque?

En ese instante, los C 47 de transporte lanzan refuerzos sobre Bastogne. Centenares de paracaídas se abren mientras los planeadores se dirigen hacia las zonas de aterrizaje balizadas. Abrams aprovecha la ocasión. Comprende que es el momento de lanzarse hacia la pequeña ciudad que ya no es más que un amasijo de ruinas. De inmediato, solicita por radio al comandante de la 4ª División Acorazada, el general Hugh Gaffey, autorización para atacar en dirección norte. Gaffey lo comenta a Patton:

> —¿Está usted de acuerdo, mi general, en que el escuadrón de Abrams asuma semejante riesgo intentando lanzarse en dirección a Bastogne?
>
> —¡Que ataque! —responde Patton sin dudar.

Cuando recibe el mensaje que le da total libertad de movimientos, Abrams, con el busto emergiendo de la torreta de su Sherman, enciende un cigarro, tan agresivo como su cañón y anuncia por la radio a su escuadrón esta nota desprovista de cualquier floritura:

> —¡Vamos, circulen!

La aviación estadounidense ataca cada vez con mayor intensidad, mientras nueve supertanques Cobra-King de 40 toneladas, al mando del teniente Boggess, se dirigen hacia la localidad de Assenais, que previamente ha sido machacada a conciencia por la artillería. La cruzan, mientras cada Cobra-King hace fuego con todas sus piezas. En medio del resplandor rojo causado por las granjas ardiendo, los carros pesados superan los cráteres de las bombas, disparando sin detenerse contra los alemanes que huyen. Uno de los semiorugas del 53º que acompaña a los carros de Boggess resulta alcanzado de lleno por un proyectil disparado por un Panther y empieza a arder. El soldado Handrix consigue saltar y se dirige corriendo hacia las posiciones alemanas camufladas por el humo sosteniendo una carabina. Sabe que más allá se encuentran dos cañones del 88. Acaban con el primer artillero que sale de su agujero. Los demás se rinden.

A las 16.30 horas, el teniente Boggess ya ha cruzado la localidad. Los cañones de sus Cobra-King están al rojo. La ametralladora del carro de cabeza sigue disparando. Barre de derecha a izquierda los abetos tras los que se esconden los alemanes. Al lado de un blocao liquidado con tres proyectiles, Boggess descubre paracaídas en los árboles. Observa en la nieve la tierra recientemente removida al cavar pozos individuales: «¿Amigos o enemigos?». Grita varias veces desde su torreta:

—Come here! This is the Fourth Armoured.[2]

Tras unos instantes una cabeza que luce un casco emerge de uno de los agujeros:

—I'm lieutenant Webster of the 326th Engineers, 101st Airborne Division. Glad to see you.[3]

El riesgo corrido por Abrams y Jacques ha dado sus frutos. El asedio de Bastogne ha sido roto y la 101ª Aerotransportada, al mando de McAuliffe, se incorpora al Tercer Ejército.

Cuando Abrams y Jacques entran en Bastogne y se dirigen al encuentro de McAuliffe, descubren a su paso los efectos de los bombardeos de la artillería alemana sobre la ciudad. Todas las casas han sido alcanzadas y la mayoría han sido demolidas. Muchos habitantes han muerto y los supervivientes permanecen escondidos en sus sótanos, porque aunque Bastogne ya no está rodeada, la pequeña y castigada localidad sigue en la línea de fuego. Unos 12.000 alemanes han muerto en los intentos por tomar la ciudad, los estadounidenses han perdido 4.000 hombres.

El mismo día, a las 16.35 horas, 300 bombarderos pesados Halifax y Lancaster se dirigen hacia Saint-Vith. Cuando sobrevuelan la ciudad sueltan su cargamento explosivo e incendiario. Luego viran hacia el oeste y regresan a Inglaterra.

El suelo tiembla a bastantes kilómetros a la redonda, como si fuera sacudido por una potente sacudida telúrica. Un buen número de abetos cae. A lo lejos, la localidad de Saint-Vith parece elevarse en el aire durante unos instantes, para luego hundirse entre las llamas. Los alemanes están acampados en los alrededores. De los 1.000 habitantes que han permanecido en la ciudad y que se esconden en los sótanos, 300 mueren.

Muchas otras ciudades de las Ardenas ya han sufrido la experiencia del combate: Stavelot, Trois-Ponts, Saint-Hubert y Malmédy. Centenares de civiles belgas han muerto —algunos masacrados por soldados de las SS, como en Stavelot—. Los daños son importantes y no sólo se extienden a las ciudades, a los pueblos o a las obras de arte, sino también a cualquier infraestructura de la región comprendida entre la frontera, al norte, en Aix-la-Chapelle, y al sur, en Luxemburgo: puentes, carreteras, vías férreas, industrias y centrales quedan destruidos.

20. Montgomery

Tocado con su legendaria gorra y vestido con su guerrera de paracaidista, Montgomery desciende de su larga limusina camuflada y hace su entrada en el Cuartel General del Primer Ejército estadounidense. El general Hodges lo recibe, rodeado de sus oficiales del Estado Mayor.

Hodges saluda al mariscal de campo. Los dos hombres se dan un apretón de manos para demostrar frente a los oficiales reunidos que la entente entre los dos aliados no es una palabra vana en las horas difíciles, aunque algunos no se priven, incluso de forma oficial, de dar a entender lo contrario.

En efecto, es palpable que los ingleses, tras el desastroso lanzamiento sobre Arnhem, no son indiferentes a los «problemas» que la ofensiva alemana en las Ardenas plantea a los estadounidenses, porque esos condenados *Krauts* no parecen querer deponer las armas antes de Navidad.

Ahora ya es oficial. Por motivos que no son ajenos a la diplomacia, Eisenhower cede a Montgomery una parte de sus prerrogativas y este último asume el mando del frente norte de las Ardenas. El Primer Ejército de Hodges pasa a depender de él, mientras el Tercer Ejército de Patton seguirá bajo las órdenes directas de Bradley, comandante del 12º Grupo de Ejércitos. Así el honor queda a salvo y los británicos pueden participar de una victoria en las Ardenas, porque la certeza de Montgomery sobre la derrota de los alemanes es total. Se habría limitado a encogerse de hombros si alguien le hubiera dicho que Amberes podía estar a un día de las fuerzas atacantes.

Montgomery se sienta ante los oficiales estadounidenses. Su rostro está profundamente marcado, las acusadas arrugas traicionan su temperamento puritano: ¿acaso no es hijo de un pastor anglicano? Un atisbo de sonrisa parece tensar aún más su boca.

—Así pues, señores, creo entender que su situación parece ser difícil.

Hodges interviene con un tono neutro, casi seco.

—Nuestro frente resiste ante el Sexto Ejército Panzer de las SS de Sepp Dietrich.

Montgomery parece no haber oído la respuesta y coge un sándwich del cesto de picnic que su ayudante acaba de poner a su lado.

Un oficial de enlace entreabre una puerta. Monty se levanta y pasa a la habitación de al lado. Allí están los oficiales enviados al frente la víspera para tener una mayor información sobre la ofensiva alemana.

El mayor Whitley, de la 53ª División de Infantería, vistiendo un estricto uniforme de oficial del ejército de Su Majestad, rostro moreno y un mechón entrecano en la frente, toma la palabra. Es el oficial de mayor antigüedad entre los presentes:

—Los alemanes, señor, han enviado poderosos contingentes blindados para intentar romper nuestras líneas por el sector de Otón, entre Trois-Ponts y Bastogne, al norte de Houffalize.

—¿Con cuántos efectivos cuentan, Whitley?

—Unas dos divisiones.

—¿Cuáles?

—Los soldados que hemos capturado pertenecen a la 116ª División Panzer, al mando del general Von Waldenburg. La otra división aún no ha sido identificada. También hemos detectado la presencia de la 560ª División de *Volksgrenadiers*...

—Los alemanes dan la impresión de querer hacer un gran esfuerzo implicando el mayor número de tropas disponibles con la intención de alcanzar el Mosa —responde para sí mismo el mariscal de campo, con sequedad—. Gracias, Whitley.

El antiguo comandante del Octavo Ejército escucha a los demás oficiales uno tras otro. De este modo se hace una idea más precisa de la situación en el frente norte del saliente, del que él es responsable. Regresa a la habitación.

—Les escucho, caballeros —dice antes de coger un nuevo sándwich.

Los oficiales le exponen su punto de vista y le presentan la situación actual del campo de batalla, parecida a lo que ya ha visto a través de los informes presentados hace unos instantes por los oficiales de su Estado Mayor y el mayor Whitley de la 53ª División de Infantería.

Montgomery va hacia un mapa de las Ardenas colgado de la pared. Se gira hacia el comandante del Primer Ejército estadounidense.

—Hodges, le propongo la siguiente solución. Reuniremos el equivalente de un cuerpo de ejército para llevar a cabo un contraataque.

—¿Inmediatamente?

—No, antes estabilizaremos el frente.

Hodges se acerca al mapa e indica un punto.

—Entonces tendremos que empezar a enviar rápidamente reservas al sector de Stavelot, aquí.

—No.

Hodges, que aún tiene el dedo índice apuntando hacia el sector en cuestión, se gira hacia el mariscal de campo:

—No entiendo.

—Le pido que evacue el saliente de Saint-Vith.

El jefe del Primer Ejército estadounidense, uno de los mejores generales del ejército, está estupefacto. Había sido un alumno brillante en la escuela de Guerra del Ejército de Estados Unidos, donde le enseñaron que el espíritu de la ofensiva debe estar siempre presente en todos los combates, incluso en las retiradas —como es el caso—. Así pues, no puede concebir que se abandone el saliente de Saint-Vith, que constituye, a su entender, un excelente trampolín para llevar a cabo un contraataque contra el flanco izquierdo del Quinto Ejército de Von Manteuffel. Hodges vería con mejores ojos una reacción rápida que le permitiese asestar golpes violentos y repetidos para frenar la ofensiva alemana. La hábil y enérgica manera con la que ha frenado en poco tiempo el impulso de los panzer de las SS del Sexto Ejército Panzer de las SS de Sepp Dietrich, entre Monschau y Honsfeld, habla a su favor. Montgomery se resiste a los argumentos del estadounidense.

—Hay que retirarse de la bolsa de Saint-Vith —repite.

Hodges permanece en silencio.

Precisando sobre el mapa la posición de las fuerzas norteamericanas en la bolsa, Monty añade:

—Esta protuberancia es peligrosa y malsana. La situación de las divisiones que se encuentran allí podría convertirse en catastrófica de la noche a la mañana si los alemanes atacan por los flancos. Lo harán, puede estar seguro, cuando tengan los medios, y éstos pueden llegarles muy pronto. Sería un error enviar los refuerzos de Ridgway a la bolsa. Hay que llevar a cabo una importante retirada.

Montgomery aún no ha finalizado su exposición cuando llega un oficial de enlace estadounidense con aspecto agotado. Entrega una nota al general Bill Hodges. Tras leerla en silencio, levanta la cabeza. Ante el mariscal de campo y los demás oficiales presentes, la relee, esta vez en voz alta:

Mi querido Bill, he quedado aislado del VIII Cuerpo, por eso envío yo mismo este mensaje. Mi división mantiene la línea Saint-Vith-Poteau. A mi derecha, la línea Saint-Vith-Holdingen está al cargo del Grupo Táctico B, de la 9ª División Acorazada (General Hoge), el 424º Regimiento de Infantería de la 106ª División (Coronel Reed) y el 112º Regimiento de Infantería de la 28ª División de Infantería (Coronel Nelson). Los dos regimientos de infantería están en mal estado. Tengo un gran hueco en mi flanco derecho que mantienen unas pocas unidades de reconocimiento, cazadores de carros y algunos soldados separados de sus unidades que hemos reagrupado y situado en improvisadas posiciones en las carreteras. Dos divisiones alemanas, la 116ª Panzer y la 560ª de *Volkgrenadiers* se disponen a atacar por el nordeste, apoyando su derecha en Gouvy. Podría intentar contenerlos hoy, pero mañana quedaré copado. Se me ha dado la orden de resistir y así lo haré, pero necesito ayuda. Un ataque hacia el nordeste desde Bastogne reduciría la presión y permitiría cortar las comunicaciones de estos cabrones. También necesito un importante apoyo aéreo. Sé que el XVIII Cuerpo Aerotransportado está en camino y que la 82ª División Aerotransportada se acerca por mi flanco norte, por lo que la situación por allí no es inquietante. Bob Hasbrouck.

A lo lejos, en la carretera, se oye el particular estruendo de los tanques que se dirigen hacia el frente. Hodges añade:

—Estas informaciones modifican nuestros planes.

El general estadounidense observa a Montgomery, que se mantiene en silencio. Hodges prosigue:

—Sería necesario ordenar al XVIII Cuerpo Aerotransportado de Ridgway que no se sitúe en reserva de cara a una próxima contraofensiva, y que se dirija sin dilación hacia Saint-Vith.

Montgomery da un rápido vistazo al mapa.

—*Well* —dice deportivamente—. Envíen a Ridgway hacia el saliente.

Se decide que el XVIII Cuerpo no penetrará en la bolsa de Saint-Vith. Sería demasiado arriesgado. Se situará muy cerca de la bolsa, a la altura de Vielsalm. De esta forma, será posible evacuar Saint-Vith y estrechar el frente sin llevar a cabo un peligroso movimiento de retirada hacia el oeste. Montgomery concluye, esbozando una ligera sonrisa:

> —Por supuesto, señores, debemos evitar que el enemigo consiga una victoria completa sacando provecho de la anarquía y la confusión.

Ridgway decide que todas las unidades que defienden lo que ya se denomina «la hernia fortificada» de Vielsalm deben colocarse bajo el mando único de Robert Hasbrouck. El joven general de brigada Bob Hasbrouck manda ahora más de dos divisiones, que tienen la pesada responsabilidad de enfrentarse al norte a la 9ª División Panzer de las SS, a la Brigada de Escolta del Führer del general Remer, la 18ª y la 62ª Divisiones de *Volksgrenadiers*, que vienen de Saint-Vith y a la vanguardia de la 2ª División Panzer de las SS que se desplaza desde el sur.

De madrugada, Ridgway se dirige al puesto de mando de Hasbrouck.

> —Bob —le ordena— hay que mantener Vielsalm. Empiece a evacuar las unidades más expuestas y la logística inútil. Todo debe estar acabado esta tarde. Entierre los tanques si es necesario. Debemos resistir a cualquier precio.

Las ráfagas de nieve agitan los árboles. El frío corta las manos a pesar de los gruesos guantes de franela forrada. Algunos hombres que han conseguido escapar a pie del inexorable empuje de los carros y de los granaderos alemanes, llegan con los pies congelados. Los más afortunados acaban en una ambulancia y son evacuados al hospital de Spa, que por otra parte empiezan a evacuar.

El viento sopla y parece sumergir el pequeño valle en una borrasca de nieve. Las nubes de color gris acero, casi negras, forman un espeso techo muy bajo, lo que no gusta a los soldados estadounidenses que esperan impacientes la llegada del buen tiempo para recuperar el inestimable apoyo de los cazabombarderos.

El sargento Brown está escondido entre la maleza. La Flak alemana rocía el valle con sus proyectiles de 20 mm. Los cañones cuádruples están montados sobre semiorugas. Protegen una compañía de granaderos panzer que tienen sus Hanomag blindados y sus camiones disimulados en el bosque. Los vehículos de la Flak esperan. Cambian a menudo de emplazamiento para evitar convertirse en un objetivo fácil. Necesitan cruzar el pequeño valle que se encuentra bajo el fuego de dos Sherman: los alemanes esperan que los Panther desalojen los dos valientes carros estadounidenses antes de reemprender su avance por el bosque.

Una hora antes, Ralph Brown se ha visto obligado a abandonar su bazooka. Estaba sin municiones. Sin embargo, ¡cómo le gustaría poder colgarlo en la entrada de la casa de sus padres en Providence, Rhode Island! Porque, con su «tubo», esta mañana ha enviado al *Walhalla* a un Königstiger y su tripulación y, un poco después, un rápido Jagdpanzer IV de 26 toneladas de la 12ª División Panzer de las SS que, por el impacto del proyectil, se ha precipitado a la cuneta.

Ahora, con los dedos entumecidos a pesar de los guantes forrados, agita su Thompson para reunir a su sección, dispersa por el linde del bosque. Porque el sargento Brown es un tipo con suerte; durante la retirada general en dirección oeste, hacia Elsenborn, ha podido mantener con él a todos sus hombres, lo que es una proeza que habría sido aplaudida por su coronel si, desgraciadamente, no hubiese caído prisionero cuando conducía con su jeep por una carretera en la que creía que no podía haber alemanes.

El primero que se reúne con Brown es el cabo primero Ward. Aaron Ward, de Montana, es un reputado tirador al que jamás le falta la energía necesaria para correr por la nieve como si se tratara de un trampero del gran Norte. Como dice el soldado Fry, con un cierto toque de racismo: «¡Ward tiene seguramente sangre india en las venas!».

Ward introduce un cargador y limpia la helada culata de su carabina M1. Se agacha al lado de Brown, que mantiene su mirada fija en el bosque agitado por el viento, a la derecha. Tras los árboles, a unos 1.200 metros están emboscados dos cañones autopropulsados de la Flak. Delante pueden verse algunos alemanes desplegados para proteger los dos vehículos de un eventual ataque con bazookas.

—¿Qué tal, sargento? —pregunta Ward haciendo una mueca que revela unos dientes tan blancos como la nieve.

—No mal del todo. Esperaremos a la noche. Esos malditos vehículos nos impiden pasar.

Las curiosidades de la vida hacen que Brown y sus hombres vayan en la misma dirección que los alemanes: al oeste. Los alemanes atacan sin parar para alcanzar el Mosa y forzar la ruta hacia Amberes; la sección de Brown, como muchos otros grupos estadounidenses que han sido superados por el avance de los panzer, también va hacia el Mosa para reagruparse tras el río y contraatacar.

Uno a uno, arrastrándose en la nieve en polvo barrida por un viento cegador, la sección se reagrupa alrededor de Brown.

—¿A alguien le queda un cigarrillo? —pregunta Ward con la carabina sobre el pecho como si mimara un bebé.

—Toma —dice Fry, mientras le tiende un arrugado paquete de Lucky Strike en el que queda aún un cigarrillo. En ese mismo instante, una ráfaga de viento trae el sonido de un motor acompañado de algunas conversaciones en alemán. Ward, con el cigarrillo pegado a sus labios cortados, empuña de inmediato su arma y apunta hacia una de las pequeñas siluetas que parecen avanzar por delante de los dos vehículos.

—¡Detente! —gruñe Brown mientras le sujeta el brazo—. ¿Quieres que nos descubran? Te he dicho que esperaríamos aquí a que anochezca.

—¡Pero nos vamos a congelar! ¡No podemos esperar más! ¡Con mi verga puedo acabar con todos esos *Krauts*!

Le encanta utilizar ese término con el que Porter, un maestro del Bronx, se refiere a su fusil. Porter ha comparado su arma con la verga de Aarón, el homónimo de Ward, lo que al cabo le parece una promoción mayor que un ascenso. Ward repite:

—Le aseguro sargento que puedo cargármelos y así seguir nuestra marcha por la llanura.

—Prefiero tener una pata congelada que hacerme liquidar por esos cañones —replica Brown.

—Apretémonos unos contra otros —sugiere Porter—, así nos mantendremos más calientes.

Fry se gira hacia Ward, que recibe una bocanada de aliento sobre su rostro como si se tratara de una nube tibia.

—Tú, que eres de Montana, debes saber lo que es el frío. ¿Nos frotarás los pies?

—Desde luego que los tuyos no, hijo de...

—¡Callaros! —ruge Brown—, los *Krauts* acabarán descubriéndonos

Los alemanes disparan algunas ráfagas con sus cañones de tiro rápido en la llanura, pero lo hacen para calentar los mecanismos y asegurarse de que no se clavarán a causa del frío.

Anochece rápidamente. Las borrascas parecen calmarse. Se oyen algunos cañonazos en el valle, como si se tratase de truenos. Sin duda, los panzer han llegado.

Brown y sus hombres no ven nada. El combate se está librando tras un recodo del valle. El duelo es breve. Tanto de un lado como del otro nadie insiste.

Entre sombras pueden distinguirse las siluetas de los cañones autopropulsados que se aventuran en el valle.

La noche ha caído. El silencio, que parece adueñarse del valle después del duelo de carros, se ve roto por el rugido de los Hanomag cubiertos de ramas de abeto que transportan a los granaderos panzer. Salen del bosque siguiendo a los cañones autopropulsados.

—Es el momento —susurra Brown.

Paralelamente a la ruta que siguen los vehículos alemanes, pero a una distancia respetable, la sección de Brown sale de los matorrales. Los hombres corren en la nieve en dirección al linde del bosque, que se encuentra frente a ellos.

Brown y Ward ya han llegado a cubierto de los primeros árboles cuando el valle que hay tras ellos se ilumina con una luz lívida. Los alemanes han encendido un reflector de la Flak. Apunta hacia las nubes y por la reflexión alumbra el suelo. Los alemanes, convencidos que la capa de nubes bajas impide intervenir a la aviación estadounidense, utilizan este poderoso medio para atacar o facilitar su avance. En este momento, el comandante del batallón de granaderos panzer activa el paso de sus vehículos en el marco de la ofensiva en la que, según las órdenes de Hitler, tras la ruptura hay que acelerar en dirección al Mosa, aunque ello comporte dejar importantes grupos de tropas norteamericanas a la espalda.

Al iluminar el pequeño valle, encajado entre dos espesos bosques, los alemanes buscan una senda forestal, pero acaban descubriendo a los hombres de Brown mientras penetran en el bosque. De inmediato, un cañón autopropulsado dispara varias salvas en dirección a los fugitivos. Alrededor de Fry y Porter, los dos últimos en llegar a cubierto, las ramas caen bajo el impacto de los proyectiles de 20 mm que rompen los abetos como si se tratase de cerillas.

El reflector de la Flak se apaga, sin duda por precaución. Vuelve la noche. Se oye el zumbido de los motores de los blindados alemanes, mientras estos atraviesan el valle y penetran también en el bosque en el que se encuentra el camino forestal que les permitirá alcanzar la localidad vecina por el camino más corto.

El sargento espera a que todos los hombres estén a su alrededor. Saca su brújula con aguja fosforescente.

—El cabo Ward cubrirá nuestra retirada. Los demás, seguidme.

En fila india, los hombres de Brown se adentran en el bosque de abetos en dirección sudoeste. Ward, marchando a una treintena de metros por detrás de la sección, se gira a intervalos regulares. ¿Los alemanes los siguen?

Tras unos minutos oye el ruido de un motor y los sonidos metálicos de las cadenas de un Hanomag. Aaron deja escapar un juramento.

—¡Los *Krauts* insisten!

Sus palabras parecen indicar que la llegada de los alemanes le contraría. En realidad, jura como la mayoría de los soldados, por hábito. En el fondo, es bastante feliz. Por unos instantes se siente transportado a uno de esos espesos e interminables bosques de Montana, poblados de caribús y en los que se pierde la frontera entre Estados Unidos y Canadá. Arma su «verga de Aarón» y se arrodilla tras un tronco, esperando al primer alemán que se presente entre dos árboles a menos de 60 metros de distancia, porque su excelente carabina M1 no le permite disparar con garantías más allá de esta distancia y, sobre todo, de noche. Afortunadamente, las ramas y ramitas que crujen bajo las botas de los asaltantes le permiten evaluar la distancia y percibe su presencia como si estuviesen a pleno día.

Su espera es de corta duración. El blindado alemán se detiene. Por la puerta trasera salen los granaderos alemanes y se despliegan entre los abetos. Ward comprende que uno de ellos se encuentra ligeramente a su izquierda, a unos cien metros. Espera que avance unos cuarenta metros, apunta a la sombra y dispara.

El alemán deja escapar un grito ronco. Ward oye sus lamentos. Los alemanes se han lanzado cuerpo a tierra, salvo uno, sin duda —el estadounidense escucha claramente el crujido de las ramas bajo el peso de un hombre corriendo hacia donde yace su camarada—. Suenan varios disparos. Los queridos *Volksgrenadiers* de Sepp Dietrich disparan al azar: «Malgastan sus municiones», murmura Ward que, empuñando un M1 y apuntando con su ojo de felino, sin duda alcanzará al siguiente enemigo que se ponga a tiro.

Nadie viene. El fuego cesa. Las órdenes resuenan en el bosque. Instantes más tarde, el motor del Hanomag ruge de nuevo. Las cadenas rechinan y poco a poco el ruido disminuye. El semioruga se reintegra al batallón. Los alemanes han juzgado que era inútil correr tras varios fugitivos. Sólo importan dos cosas: ir rápido y en dirección al Mosa.

Extenuados, Brown y sus hombres encuentran las líneas estadounidenses al día siguiente por la noche. ¿Creen que ya han llegado al final de sus penalidades? ¡Pues no! Los problemas no han hecho más que comenzar.

El sargento apenas lleva cinco minutos esperando con sus hombres para presentar su informe al comandante de la unidad que los ha acogido, cuando un sargento de la Policía Militar le ordena seguirlo. Mientras caminan, el policía militar mantiene su mano cerca de su Colt, cuya funda está fijada a su muslo. Brown pide explicaciones. El sargento no le responde. Brown se va poniendo nervioso. Por toda respuesta el sargento le lanza un seco: «*Shut up!*» («Cállate») y lo empuja contra un jeep. La sección, que sigue a su jefe, es apiñada en un camión Dodge. Los dos vehículos se ponen en marcha hacia Tupen.

Uno tras otro pasan ante un teniente del Servicio de Inteligencia. Ralph Brown no cree lo que ven sus ojos, ni lo que escuchan sus oídos. Él y sus hombres son interrogados como vulgares espías. Ellos, que han conseguido regresar a sus líneas con todas sus armas, teniendo en su haber cuatro carros —Ralph ha destruido dos él solo—, son sospechosos. Pero ¿de qué?

El teniente, bastante más joven, está sentado tras una mesa de madera blanca: es el despacho del director de una escuela de niños. El teniente, asistido por un ayudante y un soldado, obliga a Brown a permanecer en posición de firmes:

—¿Pertenece al 33° Regimiento de Infantería, sargento?

—Exactamente.

—¿Es usted de Providence?

—Así consta en mi cartilla militar.

El teniente no se inmuta.

—¿Cómo ha podido cruzar las líneas alemanas?

—Me quedé aislado de mi compañía cuando los *Krauts*...

—Con qué nombre se conoce el equipo de fútbol de Detroit?

—¿Cómo quiere que lo sepa?

—¿Quién era el esposo de Carole Lombard?

—Eeeh... James Stewart, sin ninguna duda.

—No, era Clark Gable.

Le sigue una serie de preguntas del mismo tipo. Brown cree que se trata de una broma, pero la mirada del teniente del Servicio de Inteligencia se encarga de hacerle ver que se equivoca: es sospechoso, e igualmente lo son sus hombres. Todos los soldados estadounidenses que regresan a sus líneas tras haber quedado aislados de sus unidades durante los combates deben ser interrogados. Es lo ordenado después de que tres hombres de los comandos de Skorzeny hayan sido detenidos esta misma mañana en la retaguardia llevando uniforme norteamericano: estaban cambiando los postes indicadores en un cruce de carreteras.

21. La contraofensiva

23 de diciembre de 1944

Este 23 de diciembre de 1944, el tío Geoffroy cumple siete años al frente del quiosco de periódicos situado en el cruce entre el boulevard de la Madeleine y la rue Daunou. Se instaló el año de la Exposición, en 1937. En el barrio se le quiere, es un personaje popular. Por su parte, él conoce bien a los habitantes y sus costumbres. Los clientes pasan a comprar el periódico a horas precisas: a las 07.00, los cazadores del Hotel Scribe y del Grand Hotel, a las 7.30, el gerente del café Daunou, a las 08.00, antes de dirigirse a su tienda, el reparador de pipas de Dunhill, y a las 09.00, el sastre de la tienda Old England. Sin contar todas las pequeñas indiscreciones de la calle, esas citas furtivas, como la del Tabac du Boulevard, entre una coqueta vendedora de la Samaritaine de Luxe, que cada día, cinco minutos antes de la apertura de la tienda, se encuentra con el corbatero —casado— de la rue Scribe. Es inútil seguir hablando de la situación privilegiada del tío Geoffroy que ha adquirido, con el paso de los años, un agudo sentido de la observación.

La guerra no ha modificado la rutina de su existencia. Ha vendido, aunque le pese, periódicos colaboracionistas: *Aujourd'hui, Le cri du Peuple* de Doriot, *Paris-Soir, Je suis Partout*, etc., o la revista alemana *Signal*. Pero hay que comer, a menudo en el mercado negro, y no es su mediocre pensión de antiguo combatiente de la guerra de 1914 la que le puede permitir vivir en estos momentos de penuria. Durante cuatro años ha visto desfilar los uniformes *feldgrau* de la Wehrmacht o los gris-azul de la Luftwaffe. Tras la liberación, el barrio se ha llenado de todas las variantes del caqui, de la guerrera clara sobre el kilt del *highlander* hasta el caqui-verde de los oficiales estadounidenses. A pesar de la crisis del papel, decenas de nuevos periódicos —a menudo de sólo dos páginas— han florecido como las flores en primavera.

Sobre la una del mediodía —en el periódico *Combat* del día aparece un editorial de Albert Camus sobre la esperanza y la nación— en la rue Daunou, a apenas veinte metros del quiosco, un acontecimiento sobresalta a los viandantes. La policía francesa acaba de detener a un antiguo jefe de la milicia que, a pesar de la barba que luce, ha sido reconocido por un comensal del restaurante en el que el miliciano está comiendo.

Para cualquier otra persona que no fuera el tío Geoffroy este acontecimiento hubiera bastado por ese día, eclipsando cualquier otro incidente. Pero nada escapa a la mirada perspicaz del viejo combatiente, cuyos ojos controlan el cruce como un telémetro instalado en una casamata.

Tras la detención del colaboracionista, su atención se ha concentrado en dos hombres vestidos de civil. No parecen franceses: demasiado altos, con los cabellos tirando a rubios. Parecen deambular como dos ociosos paseantes que «miran escaparates». Pero se demoran demasiado contemplándolos, luego vuelven sobre sus pasos y de tanto en tanto echan vistazos en dirección al Café de la Paix y el Hotel Scribe.

Muchos oficiales estadounidenses tienen su despacho en el Hotel Scribe. Allí trabajan generales y oficiales de la Marina y de la Aviación. Geoffroy lo sabe por una mujer de la limpieza que le compra a veces el *Franc-Tireur* cuando sale del Scribe a las 07.00 horas. El agregado naval de Eisenhower, el capitán de navío Harry Butcherson, tiene su despacho en el hotel.

A las 14.00 horas, el sastre de Old England —la tienda está frente al hotel— pasa frente al quiosco de periódicos. Acaba de tomarse un sucedáneo de café en el Daunou y vuelve a su taller. Se detiene frente a la obertura del quiosco, por donde aparece el simpático rostro de su propietario:

—Parece que acaban de detener a un colaboracionista. ¿Era algún pez gordo?

El tío Geoffroy esboza un gesto imperativo que puede traducirse sin ninguna duda como: «Acérquese, le voy a comentar algo "gordo"». El sastre se acerca.

—Menos importante que el que protegen esos dos de allí —murmura señalando con una rápida mirada la presencia de los dos hombres rubios—. Estoy convencido que son policías estadounidenses. Ya hay cuatro jeeps de la Policía Militar en la rue Scribe y creo que otros tantos se encuentran en la rue Auber y tras la Ópera.

—¿Los norteamericanos temen alguna cosa?

—Seguramente. Nunca había visto tantos tipos de la Policía Militar como estos dos últimos días.

—¿Un atentado?

El tío Geoffroy no contesta, pero un sugerente gesto con los labios parece otorgar a esta pregunta parece confirmar las sospechas del sastre que, desde hace dos días, no para de oír de hablar de los hombres de Skorzeny. ¿Acaso no dicen que hay un centenar de sus hombres en París? ¿Ya se habrán puesto en contacto con los antiguos milicianos de Joseph Darnard y los hombres de Doriot para llevar a cabo sabotajes, asesinar jefes de la Resistencia... y quizá acabar con el mismo De Gaulle?

Los rumores se extienden con rapidez y, sin duda, llegan hasta el tío Geoffroy. Pero el viejo quiosquero une a sus dotes de observación el respeto por el secreto en lo militar. No dice nada y de este modo hace creer a la gente que sabe mucho más.

Sin embargo, esta vez Geoffroy se habría quedado muy sorprendido si hubiese sabido que en el Hotel Scribe todo el mundo, desde las WACS hasta los generales, está en pie de guerra. Los servicios de Inteligencia estadounidenses han indicado, en efecto, que el 23 de diciembre un comando formado por unos 60 hombres de las SS de Skorzeny, perteneciente al *Einheit Stielau*, ha fijado el punto de reunión con sus contactos franceses en los alrededores del Café de la Paix.

Los estadounidenses han empezado a denominar a Skorzeny «Scarface» («Cara cortada») —recordando así al célebre gángster de Chicago— debido a las cicatrices que luce en su rostro. Se dice que los hombres de *Scarface* hablan perfectamente inglés, con el típico tono característico de la lengua de los *yankees*. Sus órdenes son asesinar a Eisenhower.

El capitán de navío Butcherson sale del Hotel Scribe sobre las 14.30 horas. Camina entre dos policías con la mano pegada a las culatas de sus 11,25, que llevan en una funda de cuero sobre la guerrera.

Harry Butcherson cree que los paracaidistas[1] y los equipos de sabotaje alemanes se encuentran bajo el mando de un único hombre: Otto Skorzeny. Como muchos oficiales aliados —especialmente en Inteligencia— cree ahora que la batalla de las Ardenas ha sido preparada hasta el más mínimo detalle por el Estado Mayor alemán y que puede esperarse cualquier cosa, incluso el asesinato o el rapto del jefe de los ejércitos Aliados en Europa, el general Dwight David Eisenhower, cuyo Cuartel General, el SHAEF, se encuentra en el Hotel Trianón de Versalles.

Butcherson llega en tres zancadas hasta el Plymouth verde que arranca de inmediato en dirección a la plaza de la Concordia y, desde allí, a Versalles.

Eisenhower sonríe cuando escucha al capitán de navío Butcherson mientras éste le informa de las medidas tomadas en el frente y la retaguardia para hacer fracasar la operación de comandos planteada por Skorzeny. El responsable de seguridad del SHAEF y él mismo solicitan a su jefe que cumpla las medidas adoptadas para protegerlo.

La sonrisa del jefe de los ejércitos Aliados ha desaparecido, sustituida por una ligera irritación. Entre otras cosas, no debe salir solo al parque de la finca cercana al castillo.

> —Esta historia de saboteadores no se tiene en pie —dice a un secretario—. Posiblemente habrá alguno pero no pueden ser muchos. Los alemanes no tienen ni los medios ni el tiempo para montar una operación de sabotaje de gran envergadura en nuestra retaguardia. Por mi parte, tengo ganas de dar una vuelta. Si alguien quiere impedírmelo, que no se moleste. ¡Necesito salir y saldré!

Ike da su paseo por el parque bajo la inquieta mirada de los policías militares que le protegen, armados hasta los dientes. Una comandante de su temple no se deja dominar por los rumores que, amplificados, se convierten en armas de intoxicación —y que Hitler, que conoce admirablemente los arcanos de la propaganda, nunca subestima en sus efectos. Para Eisenhower y los grandes jefes Aliados, la operación *Greif* de Skorzeny ha fracasado, lo demás es puro folclore.

La movilización contra la operación *Greif* saca a relucir algunos escándalos que la Policía Militar descubre en el curso de las operaciones de acoso a los hombres del *Scarface* alemán. A varios cientos de kilómetros alrededor de París no hay ni un solo SS, pero lo que sí descubre la Policía Militar es más de un centenar de desertores estadounidenses, que saquean los suministros destinados a las tropas. Revenden a los franceses cigarrillos, conservas, ropa, zapatos e incluso gasolina. Un grupo de 181 oficiales y 3 soldados desvió un tren completo de suministros. En el momento de su detención, la mayoría llevaban encima más de un millón de francos.[2]

Cuando todos estos soldados traficantes son detenidos, el número de desertores estadounidenses en las prisiones parisinas reservadas a los Aliados se eleva a 1.400. Si se juzga por los resultados obtenidos, y por sus formas, estos *yankees*, con su curiosa forma de hacer la guerra, fueron mucho más eficaces que los SS del *Obersturmbannführer* Skorzeny.

El servicio meteorológico de la 9ª Fuerza Aérea, el cuerpo de ejército aéreo de Estados Unidos que cubre la zona Ardenas/Alsacia, es categórico: «Durante los próximos días persistirá el tiempo cubierto, con visibilidad reducida. No hay cambios previstos antes del 26 de diciembre». El jefe del Estado Mayor de la 9ª Fuerza Aérea no asume una responsabilidad que vaya más allá de sus atribuciones cuando afirma:

—Con este tiempo es imposible que nuestros aviones despeguen.

Su jefe, el general del cuerpo de ejército aéreo Vandenberg, sólo puede asentir con la cabeza. El mal tiempo, el único aliado de Hitler —incluso el único que le queda—, se instala en una capa de nubes, baja y espesa, que va desde el mar de Norte hasta la frontera suiza. No se podría hacer volar ni una cometa.

Esta poco esperanzadora constatación no consigue disminuir el ardiente optimismo de George Patton, el comandante del Tercer Ejército, cuyos Colt con culata de nácar, que siempre lleva en el cinto, se han convertido en tan legendarios en el ejército estadounidense como las granadas de Ridgway, que colgaba por sus pasadores.

Patton posee la fe propia de un cruzado, a cuyo ritual no le falta una ruda familiaridad. Para él, la semana anterior, el mal tiempo ya se había prolongado lo suficiente y ahora se convertía en vital para los ejércitos estadounidenses una intervención del mismo Dios. Así pues, convoca de inmediato a su capellán justo cuando desencadena su ofensiva en el Sarre:

—Padre, desearía que pusiese al Buen Dios de nuestro lado.

—Mi general —responde el capellán jefe del Tercer Ejército—, no es una cosa tan fácil de hacer.

—Éste es su trabajo.

—Por supuesto, mi general, pero comprenda que me es difícil llevar a cabo una plegaria en la que pida a Dios matar a otros hombres.

—Padre, ¡no le pido que me haga un curso de teología!

Le recuerdo que es el capellán del Tercer Ejército y que quiero mi oración.

El capellán en jefe, de forma maquinal, se lleva la mano a la cruz de plata que cuelga de su cuello, por encima de su guerrera de oficial, y esboza una tímida sonrisa —caritativa— antes de retirarse.

Esa misma tarde, Patton tiene su plegaria:

> Señor, todopoderoso y misericordioso, te imploramos tu bondad divina para que te dignes contener estas lluvias contra las que debemos luchar. Concédenos con Tu gracia un tiempo favorable para la batalla.

Esta plegaria satisface a Patton, que la hace imprimir en varios miles de folletos. Inmediatamente son distribuidos en todo su ejército. Días más tarde, su jefe del Estado Mayor atrae su atención sobre el hecho de que esta plegaria está destinada a su ofensiva en el Sarre, pero, mientras tanto, Bradley le ha ordenado dirigirse urgentemente hacia el norte para frenar la ofensiva alemana en las Ardenas:

> —No la líe más —le responde Patton—, Dios está al corriente de ello. Sabe perfectamente que estamos demasiado ocupados combatiendo a los alemanes como para que tengamos tiempo de imprimir otra.

Ciertamente, Patton está muy ocupado y no ha perdido ni un minuto en redesplegar su ejército en el Sarre para dirigirlo hacia Luxemburgo. Este gigantesco movimiento de tropas se realiza en tan sólo cuarenta y ocho horas. Para ello, todo un ejército al completo retrocede sobre sus pasos y se dirige hacia el norte a lo largo de 150 kilómetros, por carreteras y caminos que sólo existen nominalmente, y entre borrascas de lluvia y luego de nieve. Sólo cuando se piensa en los centenares de vehículos que integran una división y en todas las divisiones que forman el Tercer Ejército, a los que hay que añadir los camiones de suministros, de municiones y de Ingenieros y los grupos sanitarios, se puede valorar las dimensiones de la proeza del general Patton y de sus hombres.

De este Tercer Ejército rápidamente se destacan la 4ª División Acorazada, que tiene Bastogne como objetivo, la 26ª División de Infantería, que se dirige hacia Wiltz, a la derecha, donde se encuentran atrincherados importantes elementos blindados del Séptimo Ejército alemán de Brandenberger, y la 80ª División de Infantería, que debe apoderarse de Ettelbruck, para luego atacar por la espalda al Quinto Ejército Panzer de Von Manteuffel dirigiéndose hacia Saint-Vith —este último plan no es en ese momento más que un proyecto, que sólo un hombre como el jefe del Tercer Ejército puede contemplar como realizable de un día para otro.

Sin poseer el dinamismo de George Patton y su sólido optimismo, el ejército de Estados Unidos se rehace gracias al heroísmo de sus hombres, que toman la iniciativa de combatir aisladamente tras quedar aislados del grueso de las tropas durante las primeras horas de la batalla, y a la sangre fría de sus oficiales y de los comandantes de los ejércitos.

La partida aún no está ganada pero la retirada ya ha finalizado. Los alemanes no han podido llegar al Mosa. Hitler empieza a pensar ahora que la ofensiva sobre Amberes quizá entraba en el dominio de las ilusiones perdidas. Los estadounidenses comienzan a pensar en una contraofensiva en las Ardenas que esperan poner en marcha durante las primeras semanas de enero de 1945. Será la ofensiva definitiva que les llevará al Rin y más allá, hasta la victoria. Pero antes de ello, hay que destrozar a los tres ejércitos alemanes.

Por el momento, a pesar de que los norteamericanos se han recuperado de una forma espectacular, los siguientes asaltos aún no están ganados. Si bien la columna de Peiper ha sido eliminada en el norte y Bastogne resiste en el sur, la 2ª División Panzer de Von Lauchert aún avanza camino de Dinant, al oeste, y la 116ª División Panzer de Von Waldenburg se dispone a desbordar Marche por el norte, intentando abrir un hueco entre la 1ª División Acorazada estadounidense y la 83ª División de Infantería pertenecientes al VII Cuerpo de Ejército del general Collins, que depende de Montgomery, comandante del 21er Grupo de Ejércitos. En cuanto al Tercer Ejército de Patton, encuentra, tras su magistral maniobra, una fuerte resistencia frente a Wiltz: los soldados del Séptimo Ejército de Brandenberger aún mantienen su pegada.

22. Frente al Mosa

24 de diciembre de 1944

Tras recibir la orden de rodear Bastogne y dirigirse hacia el oeste, el capitán Schmidt y sus carros, acompañados de granaderos panzer a los que su coronel ha añadido una sección de zapadores y otra de transmisiones, encuentran poca resistencia. Sólo ha librado dos combates, breves, en la carretera de Rochefort donde, en un intervalo de siete kilómetros, ha tomado dos posiciones estadounidenses y puesto fuera de combate cinco Sherman, perdiendo sólo un Panther. Este último, durante su movimiento para superar la población defendida por los *yankees,* ha expuesto desgraciadamente su flanco, menos blindado que la parte frontal, y un proyectil anticarro de 76 mm le ha alcanzado, incendiando el motor. La tripulación del Panther ha conseguido salvar la vida por muy poco, escapando del tanque justo cuando éste empezaba a arder por los cuatro costados —a pesar de las capas de amianto que protegen los ventiladores.

La compañía evita Rochefort por el norte, entre Custines y Buissonville. El capitán Schmidt dirige su carro hacia un camino cenagoso en el linde de un bosque. Los demás tanques lo siguen como si se tratara de unas maniobras entre el rugido de los motores y el sonido metálico de las largas cadenas, que dejan un rastro negro en la nieve. Tras dos kilómetros, ordena parar. Cada conductor sitúa su tanque o su vehículo blindado bajo los árboles, al abrigo de los aviones enemigos —sólo un cañón antiaéreo autopropulsado se detiene en la llanura nevada y ligeramente inclinada, y sus servidores, vestidos totalmente de blanco, apuntan su cañón de 37 mm hacia el cielo gris.

Schmidt coge sus prismáticos e inspecciona escrupulosamente el horizonte, ya que teme tanto a los cazacarros estadounidenses como a los Thunderbolt saliendo de una nube.

Los blindados se encuentran a cinco minutos del Mosa a vuelo de pájaro... ¡Aún están lejos de Amberes! Hitler evidentemente pide un imposible a los soldados, pero para el capitán Schmidt no está nada mal encontrarse donde está.

«¡Me gustaría ver aquí a toda esa panda de guapos señores con sus franjas de color amaranto!»,[1] rezonga mientras mantiene sus ojos pegados a las lentes de sus prismáticos y con su cabeza embutida en un grueso pasamontañas de lana. «¡Así verían lo que es tener los pies congelados y la cara azotada por las ráfagas de nieve!»

El 24 de diciembre, el termómetro se mantiene a 15º bajo cero. Este mismo día, Skorzeny, que aguarda detrás de su artillería, fracasa ante Malmédy.

Schmidt se pregunta cómo podrá cruzar el Mosa sin transbordador, ya que los ingenieros se encuentran bastantes kilómetros atrás, víctimas de los embotellamientos en las carreteras, con las últimas reservas de carburante.

—Bastaría que aclarase un poco el tiempo para que los *jabos*[2] nos lanzasen sus cohetes y nos enviasen junto al Padre Eterno o a un campo de prisioneros —murmura, mientras el sargento artillero Pieck echa pestes contra el defectuoso circuito eléctrico de la torreta.

—¡Estos circuitos eléctricos de los malditos Panther nunca han acabado de funcionar! —dice, haciéndose eco de las palabras de su capitán y adornando esta constatación con una sarta de imprecaciones, que sólo Sepp Dietrich habría podido apreciar plenamente—. ¡El año pasado, en Kursk, fue el motor de arranque el que nos dejó tirados! ¡Quedamos averiados en medio del combate! ¡Vaya mierda! ¡Afortunadamente, cacé desde lejos a un T 34 como si fuera un conejo antes de que él nos disparase! ¡Si hubiera hecho saltar nuestro Panther, Ivan ya me habría metido una bala en la cabeza!

El sargento Pieck se dispone a enumerar los problemas que, según él, arrastran los Panther, cuando recibe en el hombro una violenta patada de su jefe, mientras escucha el grito:

—*Alarm!*

Schmidt cierra la trampilla. En pocos segundos da las coordenadas para que el cañón apunte a un cazacarros estadounidense, camuflado en la espesura, a unos 900 metros más abajo. El sargento Pieck comprende en ese mismo instante que están perdidos, la torreta no gira hacia la izquierda. Está bloqueada debido a la avería del circuito eléctrico y la luz intermitente que indica que el cañón está listo para el disparo no se ilumina. Todo pasa en un segundo, incluso la plegaria silenciosa de la tripulación del tanque de mando para que el Panther que les precede —el del sargento jefe Garlster— también haya visto al tanque estadounidense y dispare primero.

Schmidt salta por la trampilla, seguido de Pieck, justo en el momento en que el carro es sacudido por una explosión en la parte frontal izquierda. Una humareda acre invade el Panther. El conductor, el cabo Werner, está herido. Una segunda explosión, seca, rompe el silencio. Procede del panzer del sargento jefe Garlster. Ha descubierto al cazacarros estadounidense y, en pocos segundos, lo convierte en una antorcha. Un semioruga, que ha cometido el error de moverse cerca del cazacarros, envuelto ahora en una nube de humo negro, salta por los aires como si se tratara de un juguete al recibir el impacto del proyectil de un tercer Panther.

Schmidt cree que aún está demasiado lejos del Mosa para aventurarse por un lugar en el que no esperaba encontrar a un enemigo tan decidido.

Sacan a Werner del tanque con todo tipo de precauciones. El desgraciado pierde sangre en abundancia. Tiene las piernas trituradas. Dos enfermeros llegan inmediatamente hasta él. Schmidt envía a Pieck a destruir el complicado mecanismo de tiro del Panther para que no caiga intacto en manos del enemigo:

> —¡Como si los norteamericanos no lo conociesen ya desde hace tiempo! —refunfuña Pieck, mientras se desliza al interior del carro que se ha convertido en una masa de 43 toneladas sólo buena para chatarra—. ¡Cuántas latas de conservas van a hacer contigo! —murmura mientras sale de la torreta y golpea de forma amigable el blindaje, macizo como la piedra de un dolmen.

Salta del carro en el momento en el que una débil explosión en su interior indica que uno de los artículos del reglamento del tanquista en combate ha sido escrupulosamente observado.

Schmidt ordena que toda la compañía gire 45° hacia la derecha y penetre en el bosque para camuflarse. Bajo el enorme zumbido de los motores, los carros y los semiorugas tuercen hacia la derecha. Los Panther aplastan los abedules como si se tratase de cerillas, mientras dos de los cuatro Hanomag jadean al remontar un arroyo. El cañón antiaéreo autopropulsado es el último vehículo en ocultarse. Por fin pueden atender al cabo Werner, pero ya es demasiado tarde. Werner es depositado cerca de un árbol.

Uno de los servidores del cañón antiaéreo gira la pieza hacia atrás y el pesado vehículo de cadenas penetra en el bosque.

Werner muere con su cabeza reposando en los brazos de uno de los dos sanitarios. El capitán Schmidt, que es luterano, saca una pequeña y desgastada Biblia del bolsillo interior de su guerrera. Su mirada se dirige hacia un versículo de Josué:

> Escoged hoy a quién queréis servir; yo y los míos queremos servir al Señor.[3]

El capitán Karl Schmidt cierra los párpados del cabo Werner murmurando, a modo de plegaria:

> —Él ha elegido servir al Señor y a su patria, Dios mío, acoge su alma.

Uno de los enfermeros rompe el brazalete de identificación del muerto, mientras su compañero retira de su guerrera el distintivo en bronce de los tanquistas y del interior de sus bolsillos algunos objetos y papeles personales.

Lo entierran en el linde del bosque, detrás de unos matorrales. El hielo ha endurecido la tierra. Los dos zapadores que cavan el agujero no consiguen hacerlo muy profundo y además hay que ir rápido porque los estadounidenses no están lejos... Sepultan el cadáver mientras un soldado ata dos ramas formando una cruz y la clava en la nieve.

Schmidt ya no dispone de carro. Decide montar en el Hanomag radio y ordena de inmediato que le pongan en comunicación con su coronel. Señala su posición y le advierte que apenas dispone de combustible. Para su sorpresa no tarda en recibir respuesta. Le comunican que su división, la Panzer Lehr, ha tomado Rochefort, y que un regimiento de granaderos panzer se ha visto frenado al norte de la posición, frente a Celles, a siete kilómetros del Mosa. En cuanto al combustible que espera, puede oír: «no espere a recibir nada en breve, tendrá que arreglárselas con lo que tiene».

Pieck se gira hacia su capitán:

> —¿Cree que cruzaremos el Mosa, mi capitán?
>
> —No, Pieck, nunca lo conseguiremos. ¡En nuestra retirada ni tan siquiera podremos detenernos en la Línea Sigfrido! La ofensiva se acaba aquí.

25 de diciembre de 1944

La situación de los alemanes que se encuentran en vanguardia a pocos kilómetros del Mosa está muy lejos de ser buena.

El general Ernest Harmon, cuya 2ª División Acorazada está en posición cerca de Celles, se impacienta —como Patton, pero este último es general de ejército y amigo desde hace muchos años de Eisenhower y Bradley; esa es la diferencia... En cuanto a Harmon, debe limitarse a morder el freno en silencio.

En las posiciones avanzadas de la 2ª División Acorazada, en el linde de un pequeño bosque, el cabo Word sale de su agujero para orinar sobre su ametralladora Browning, porque teme que el frío, que puede romper una piedra, provoque que el arma se encasquille. Se comprende aún mejor su actitud porque los alemanes, que forman parte de una división acorazada al mando del general Von Lauchert que también luce el número 2, como la de Harmon, se encuentran a tan sólo 300 metros más abajo, también atrincherados en el linde del bosque.

La plegaria del capellán de Patton continúa extendiendo sus beneficios en el cielo desde hace días y en toda la zona: también hace bueno sobre el Mosa. Los aviones de la USAAF[4] están en el aire y la Flak alemana se encuentra continuamente en estado de alerta.

El sargento Teller, que en ese instante pasa haciendo un recorrido de inspección —avanzando con la espalda absolutamente curvada— sorprende a Word mientras riega el arma con su orina. Le indica que no es manera de mantener el material que el ejército de Estados Unidos obtiene gracias al dinero de los contribuyentes. Tras ello, continúa su camino, deslizándose bajo el espeso manto nevado de los abetos.

El silencio vuelve a apoderarse de la blanca y brillante campiña. Sólo el sonido lastimero que provoca el picado de los lejanos cazabombarderos estadounidenses o británicos, acompañado del crepitar de las ametralladoras y las explosiones de las bombas, revela que han descubierto un nuevo objetivo.

Harmon depende de Hodges, comandante del Primer Ejército estadounidense que, según los últimos acuerdos, está bajo las órdenes del mariscal Montgomery. Harmon no teme ni al frío ni a los alemanes, sólo a la pusilanimidad que bruscamente invade al gran comandante británico:

—Vamos, ataquemos —masculla—. Si estuviera en el lugar de Hodges no dejaría de decirle a Monty: «¡Ataquemos, los *Krauts* ya no pueden más!».

Como Patton, Harmon no se equivoca. No hay que dar un momento de respiro a los alemanes. Eisenhower acierta al mantener la presión —ha llegado a ir al encuentro de Montgomery en su Cuartel General para instarlo, con todas las precauciones, a que active la reorganización del frente norte. Esto no impide que el lento contraataque Aliado se lleve a cabo un poco por todas partes, infligiendo a los alemanes pérdidas severas.

El día de Navidad, hacia el mediodía, el general Collins, comandante del VII Cuerpo de Ejército,[5] haciendo caso omiso a una especie de temor que le ha hecho permanecer en sus líneas, toma la decisión —que consulta con Montgomery, que le da luz verde— de pasar al ataque para acabar con la 2ª División Panzer alemana que se encuentra en primera línea en dirección al Mosa. Puede permitirse atacarla. Está cubierto en Marche, en la carretera de Lieja, por 11 escuadrones de artillería que pueden aplastar cualquier tentativa de ataque alemán sobre su ala izquierda. Collins telefonea a Harmon:

—Ernie, esos bastardos son nuestros ¡A por ellos!

Harmon, que sólo espera esta orden y ninguna otra, salta de alegría. Convoca a sus oficiales y les da sus últimas instrucciones. Luego sube a su *command-car* y se dirige hacia el 82º Batallón de Reconocimiento, que debe ser el primero en pasar a la acción.

Éste, apoyado por la 29ª Brigada Blindada británica, se topa con el Batallón de Reconocimiento de la 2ª División Panzer de Von Lauchert. La infantería estadounidense y británica apoyan de forma contundente a los blindados y el batallón alemán resulta aniquilado. Su comandante y 47 de sus hombres son hechos prisioneros.

Al día siguiente, despegan todos los aviones del 37º Escuadrón de Caza estadounidense y del 83º Escuadrón de la RAF. Todos los carros y los vehículos de la 2ª División Panzer resultan destruidos. Los alemanes quedan embolsados al norte de Celles. La Panzer Lehr intenta socorrer a la 2ª Panzer atacando Custines, al sudeste de Celles. A pesar de la protección de los Panther y de los Flankpanzer IV que evolucionan a su alrededor, y de una numerosa artillería antiaérea fija, los aviones Aliados, dueños del cielo —es decir, del campo de batalla— los detienen. En pocos minutos, 26 tanques quedan sobre el terreno, cerca de Custines. El infierno de Normandía vuelve a comenzar.

Bayerlein comprende que es una locura querer continuar la ofensiva. Tras comentárselo a Von Manteuffel, que obtiene la aprobación de Model, y éste la de Hitler, ordena el 26 de diciembre por la noche una retirada general sobre Rochefort, 25 kilómetros atrás.

La retirada indica el fracaso de la ofensiva de Von Manteuffel. Los cruces de Manhay quedan desbloqueados tras furiosos combates de carros. Bastogne ya se encuentra protegida por la izquierda.

Por la noche, Bradley telefonea a Versalles, al general Bedell Smith, jefe del Estado Mayor de Eisenhower, y le anuncia, aún antes de recibir todos los informes de la batalla, que los alemanes han sido detenidos frente al Mosa y que incluso en algunos lugares se han retirado unos 25 kilómetros hacia el este. Termina con las siguientes palabras:

—En mi opinión, los muchachos de enfrente han llegado hoy a una situación de bloqueo.

23. La última defensa

1 de enero de 1945

Hitler poseía «indicios» sobre el desarrollo de los acontecimientos que le proporcionaba Krafft, su astrólogo, según los cuales su ofensiva *Wacht am Rhein* aún tenía algunas posibilidades de éxito.[1] De este modo, esperaba hacer frente a los avatares del destino con profecías.

El 1 de enero de 1945 desencadena el ataque aéreo más poderoso en el que ha participado la Luftwaffe desde hace mucho tiempo. Goering apenas tiene un papel en este último esfuerzo. Desde el alba, 1.035 aviones atacan los aeródromos de Holanda meridional, Bélgica y el norte de Francia. Más de 400 aparatos Aliados son destruidos en el suelo y unos 50 en combates aéreos. Esta victoria ejemplar, pero poco decisiva, no comporta graves consecuencias para los angloamericanos: los alemanes tendrían que repetir varias veces semejante ataque para neutralizar la aviación Aliada. La Luftwaffe ha llegado a tal estado de debilidad en cuanto a medios y suministros que ya no puede permitirse un segundo ataque de tal envergadura, a pesar de destacables avances y de nuevas armas como el Messerschmitt 262, la última versión del caza Focke Wulf 190 y el bimotor Henschel cazacarros. El material de todo género y la motorización, que ha sido la gran innovación, entre otras, de la primera guerra mundial, se han desarrollado a gran escala durante la segunda. En determinados aspectos, los alemanes poseen una gran ventaja sobre anglosajones y rusos, pero la falta de hombres y de combustible acaba con su eficacia. Debido a la falta de pilotos entrenados y de combustible, la mayor parte de la producción de Me 262 no surcará nunca los cielos: por las mismas razones centenares de carros y de cañones de asalto nuevos nunca abandonarán la fábrica durante los últimos meses de la guerra. Muchos serán desmontados para proporcionar piezas de recambio.

También durante ese 1 de enero, el Tercer Ejército de Patton ataca la parte sur del saliente, en dirección norte. Choca con las divisiones de granaderos del pueblo del Quinto Ejército Panzer de Von Manteuffel que, a pesar de su fatiga tras más de tres semanas de combates ininterrumpidos, oponen una feroz resistencia.

Los Aliados recuperan la iniciativa en las Ardenas. El 3 de enero, en plena tempestad de nieve, el Primer Ejército de Hodges pasa a la ofensiva en el norte. Ataca en dirección sur con la intención de rodear a las fuerzas alemanas situadas en la vanguardia del Quinto Ejército Panzer. Es la batalla de Houffalize. Resulta muy dura para ambos bandos y se desarrolla en condiciones inhumanas: nieve, fango, lluvia y niebla; algunos días el termómetro cae hasta los 20º bajo cero.

El 9 de enero, Hitler toma una decisión poco habitual en él: permite a Von Manteuffel que se retire hacia el este. Las tropas del Quinto Ejército Panzer encerradas en la bolsa de Houffalize no pueden volver a sus líneas más que abandonando todo su material.

El Quinto Ejército Panzer se reagrupa al oeste de la línea que sigue la carretera Bastogne-Lieja. Esta reorganización del frente, que implica un acortamiento de la línea, permite crear reservas.

El Quinto Ejército Panzer de Von Manteuffel se instala en este frente acortado. Hitler, tras un violento altercado con Guderian, inspector general de los ejércitos blindados, ordena enviar hacia la retaguardia la punta de lanza del Sexto Ejército Panzer de las SS de Sepp Dietrich: la 1ª División Panzer de las SS *Leibstandarte Adolf Hitler*, la 2ª División Panzer de las SS *Das Reich*, la 9ª División Panzer de las SS *Hohenstauffen* y una parte importante de lo que queda del XII Cuerpo de Ejército Panzer de las SS al mando de Willi Bittrich, cuyas tropas atacaron el 16 de diciembre al sur de Losheim, lejos de la zona donde tuvo lugar la ofensiva. Una vez estas tropas hayan descansado, las pérdidas hayan sido reemplazadas, aunque con dificultades, y el material haya sido en parte repuesto, serán inmediatamente enviadas a Hungría, donde se confirma el riesgo de una ofensiva soviética.

El 23 de enero, la batalla de las Ardenas se da por terminada. Ha durado treinta y ocho días.

Saint-Vith es abandonado. El teniente de artillería Behmann escribe en su Diario:

> Recibo la orden de abandonar la defensa de Saint-Vith, donde llegué después de Navidad. La localidad está en ruinas, pero la defenderemos. Los veteranos hablan de un pequeño Stalingrado.
>
> Ningún mensaje. La batalla se acerca a la población. Ya vemos infantería (enemiga) en las alturas cercanas. Preparo una última defensa. Los ruidos anuncian que los *Tommies* han rodeado la localidad. Algunos están convencidos

de ello. El mando cree que deberíamos replegarnos. ¡Ah! ¡Estos de la retaguardia! No soy ni optimista ni pesimista y no abandono totalmente la esperanza. Cuando la columna se vaya, enviaré con ella a todos los hombres que no sean indispensables. Durante el día, naturalmente, reina la calma. ¿Invadirá el enemigo la localidad? Envío a retaguardia todos mis objetos personales. Nunca se sabe. Me pregunto qué será de Heide.

Ninguna novedad durante la noche. A las 08.00 el enemigo reinicia su bombardeo de saturación de la carretera en dirección a Nieder Emmels... Tomamos Saint-Vith hace exactamente un mes.

El 23 de enero la 7ª División Acorazada del general Hasbrouck recupera la localidad. ¡Norteamericanos y alemanes la han defendido con saña!

24. Eisenhower y Montgomery

Enero de 1945

La victoria que se va perfilando en el campo Aliado no aporta sin embargo la tranquilidad. Es paradójico constatar que el optimismo reina en mayor modo en el bando alemán. Un optimismo irreal, evidentemente, orquestado por la mano maestra del doctor Goebbels, que profesa por su Führer una admiración y una fidelidad sin fisuras. Hay que esperar. ¿Acaso Hitler no ha declarado en su mensaje de Navidad que aún hay que esperar nuevas poderosas ofensivas de las fuerzas acorazadas? ¿No cuenta con esas nuevas armas que pronto entrarán en acción? Durante la ofensiva de las Ardenas los granaderos del pueblo han podido ver llegar en su apoyo los nuevos M 262 a reacción. Es el primer avión a reacción en entrar en combate. Y además, las V 2 caen ahora de forma regular sobre Londres y Amberes; otros cohetes antiaéreos, como el tierra-aire *Wasserfall*, están listos para destrozar las ofensivas aéreas de los Aliados; pronto, los soldados de infantería contarán con el lanzamisiles de infantería *Fliegerfaust*, que les otorgará un poder de fuego temible. Y muchas otras más «armas nuevas», que Goebbels cita en sus discursos de propaganda, dejando a los alemanes con la esperanza de una salida si no favorable, como mínimo honorable, que permitirá una negociación.

Por el contrario, en el SHAEF la crisis aún está presente —afortunadamente, los ejércitos de las democracias pueden permitirse el lujo de una crisis en el alto mando en plena batalla. Porque lo que tiene lugar es una verdadera crisis de confianza entre los Aliados. Los británicos dudan de la competencia de los generales norteamericanos— incluso de la del general Eisenhower; en cuanto a los estadounidenses, no contentos manifestando sus quejas sobre la lentitud con la que Montgomery reorganiza sus tropas y las estadounidenses, se muestran irritados por las formas, a veces condescendientes, de las tropas de Su Graciosa Majestad respecto a ellos.

La crisis que se fragua en el SHAEF, en Versalles, y en los comedores de oficiales, pronto llega hasta Londres y Washington. Es una buena carnaza para los periodistas, faltos de noticias tras el final del asedio de Bastogne. La disputa entre Eisenhower y Montgomery es aún más grave porque algunos comentaristas —bien informados y sin ningún escrúpulo— la hacen pública. Alcanza su punto culminante con el enfrentamiento de Ike y Monty en relación a las Ardenas.

Después de la visita de Ike a Monty en su Cuartel General de Maastricht —por pura cortesía porque no tiene ningún interés en abandonar el suyo en Versalles para ir hasta Bélgica— elabora el plan que debe, después de la misma batalla de las Ardenas y utilizándola como trampolín para el ataque, acabar con la capacidad de resistencia de la Wehrmacht y dar por terminada la guerra en Europa de una vez por todas en los inmediatos meses. Las tropas Aliadas se reunirían entonces con los ejércitos rusos de acuerdo con los protocolos secretos de la Conferencia de Yalta. La lógica de este plan no excluye la flexibilidad en su aplicación y está adaptado de forma remarcable a las circunstancias de la guerra en el oeste:

> Finalidad de la maniobra: destruir las fuerzas enemigas al oeste del Rin y al norte del Mosela; prepararse para franquear el Rin por la fuerza ejerciendo el esfuerzo principal al norte del Ruhr.
>
> Ejecución:
>
> *a)* Reducir el saliente de las Ardenas atacando de inmediato por el norte y el sur, sin llevar a cabo ningún cambio respecto a la organización actual del mando hasta el momento en que la victoria táctica haya sido conseguida y el Tercer Ejército y el Cuerpo de Collins reunidos puedan dirigirse hacia el nordeste. Bradley recuperará el control sobre el Primer Ejército estadounidense. El comportamiento del enemigo en el saliente muestra su resolución al emplear a fondo en esta batalla a sus fuerzas móviles. En consecuencia, debemos esforzarnos en destruirlas, manteniendo un mínimo de precauciones.
>
> *b)* El Primer y el Tercer Ejércitos estadounidenses presionarán en dirección nordeste en el eje Prüm-Bonn, eventualmente hasta el Rin.
>
> *c)* Tras completar *a)*, el 21er Grupo de Ejércitos, con el Noveno Ejército estadounidense bajo sus órdenes, reemprenderá la preparación de *Veritable.*[1]
>
> *d)* El 12° Grupo de Ejércitos tendrá prioridad en la asignación de personal, material y unidades.
>
> *e)* Al sur del Mosela, el frente permanecerá estrictamente a la defensiva por el momento.
>
> *f)* Constituiré una reserva (cuyas divisiones están reorganizándose) para poder explotar cualquier éxito.

g) En cuanto la reducción del saliente lo permita, el 12º Grupo de Ejércitos desplazará su Cuartel General hacia el norte para acercarse al del 21er Grupo.

h) A partir de ahora, la necesaria coordinación a lo largo de los límites operativos de los grupos de ejército será gestionada por sus comandantes, dejando de tener la última palabra el 21er Grupo de Ejércitos.

Ahora hay que impedir absolutamente que el enemigo se consolide en el saliente con infantería para así poder emplear sus panzer en cualquier otra parte del frente. Hay que mantener la iniciativa; la velocidad y la energía son esenciales en este asunto.

Los cambios en la atribución de las divisiones a los grupos de ejércitos y en la delimitación de sus sectores serán anunciados al finalizar la batalla en el saliente.

DWIGHT D. EISENHOWER

Apenas ha terminado de redactar su plan cuando Eisenhower recibe una carta de Montgomery cuyos términos, aunque corteses como atestiguan los siguientes párrafos, irritan al generalísimo estadounidense:

3. Cuando nos encontramos en Maastricht el 7 de diciembre, usted, Bradley y yo, me pareció evidente que Bradley no quería oír hablar de un control operacional ejercido por mí sobre su grupo de ejércitos; tampoco yo he insistido en este asunto.

Creo que deberá actuar con suma firmeza en este punto, porque una redacción imprecisa lo dejará sin efecto.

4. Si usted sólo emplea la palabra «coordinación», el resultado será nulo. La persona designada por usted debe

poder dirigir y controlar operacionalmente la operación que derivará de su directiva.

5. Esta directiva, me imagino, fijará las misiones, los objetivos de los dos grupos de ejércitos, el límite de sus sectores de actuación, etc.

Los preparativos se harán en consecuencia y se entablará batalla.

Es entonces cuando uno de los jefes debe tener el poder de dirigir y controlar las operaciones; usted no lo puede hacer por lo que debería designar a otro.

6. Le sugiero finalizar su directiva con la siguiente frase: «El 12º y el 21er Grupo de Ejércitos conducirán sus operaciones conforme a las instrucciones que preceden.

»A partir de ahora, la dirección completa, el control y la coordinación de estas operaciones serán aseguradas por el comandante en jefe del 21er Grupo de Ejércitos de acuerdo con las instrucciones que el comandante supremo le podría ir enviando...».

Las decisiones de Eisenhower siempre son tomadas tras profundas reflexiones; están marcadas por una lucidez ejemplar que les confiere un valor de intuición y conocimiento. Es jefe y árbitro. En el caso de Montgomery sabe mostrar autoridad y sentido común. Empieza de forma contundente declarando que no tiene sentido la colaboración entre Montgomery y él. Uno de los dos debe dimitir. El asunto que les enfrenta es simple: la batalla que se desarrolla en las Ardenas demuestra la debilidad del ejército estadounidense y de sus jefes, lo que explica, siempre según los periódicos británicos, la discreta llamada de Eisenhower a Montgomery para que éste dirija el sector septentrional del frente de las Ardenas. Este razonamiento parece un poco ambiguo.

La cólera de Ike y de los mandos norteamericanos, con Bradley a la cabeza, es mayúscula. Los *yankees* han soportado victoriosamente el choque inicial de los panzer alemanes. Divisiones lanzadas a la batalla sin ningún apoyo, como la 5ª de Gerow, han frenado a las poderosas unidades de las SS de Sepp Dietrich en el límite del macizo de Elsenborn. La batalla de Saint-Vith ha sido una destacada operación dilatoria frente a las divisiones de Von Manteuffel. En Bastogne los paras de McAuliffe han estado a la altura de sus gloriosos predecesores en El Álamo y en Gettysburg. Por otra parte, los británicos están interesados en mostrarse muy discretos tras el desastre de Arnhem, aún presente en la memoria de todos.

El general británico Francis de Guingand, jefe del Estado Mayor del 21er Grupo de Ejércitos, colaborador directo de Montgomery, solicita una entrevista con Bedell Smith, su homólogo en el Estado Mayor de Eisenhower. Ambos se dirigen luego al Hotel Trianon para encontrarse con Ike e intentar limar diferencias.

Un ayuda de campo hace entrar a los dos generales al despacho del jefe supremo de los Ejércitos Aliados en Europa. Cae la noche. La habitación cuenta con una mala calefacción. Un leño arde en la chimenea y alumbra de forma intermitente el rostro firme de Eisenhower, que va y viene fumando un cigarrillo tras otro. Dos británicos están junto al jefe supremo, el mariscal del Aire Tedder y el coronel James Gault, adjunto y asistente militar británico en el SHAEF. Es obvio que se ha producido una discusión antes de la llegada de los dos generales y hay tensión en la atmósfera cuando «Freddie» de Guingand y Bedell Smith se presentan ante Ike, que de inmediato ataca al británico:

—¿Se da cuenta Monty del deplorable efecto que pueden producir estos artículos? ¿Entiende cuáles son las con-

> secuencias de su insistencia en la creación de un mando supremo de las fuerzas terrestres? Estoy harto de este asunto y he llegado a la conclusión que les corresponde zanjarlo a los jefes del Estado Mayor Interaliado.

Eisenhower coge una hoja de la mesa y se la entrega a De Guingand:

> —Aquí tiene el mensaje que le voy a enviar al general Marshall.[2] Trata de la crisis y en él le hago saber mi punto de vista: uno de los dos, Montgomery o yo, debe desaparecer.

Bedell Smith guarda silencio. Las llamas del fuego en la chimenea proyectan sombras móviles en el rostro aparentemente impasible de De Guingand. Pero el jefe del Estado Mayor de Montgomery se da cuenta que Ike va en serio.

De Guingand está aterrado. El efecto en Gran Bretaña, en Estados Unidos y entre los soldados puede ser catastrófico si uno de los grandes jefes Aliados dimite durante una batalla de la importancia de la de las Ardenas, cuyo final aún es incierto. De Guingand rompe el silencio y se dirige a Eisenhower:

> —Mi general, le pido que espere veinticuatro horas antes de enviar su mensaje al general Marshall.

Bedell Smith se une a la petición del británico. Eisenhower reflexiona unos instantes, con la mirada fija en las llamas de la chimenea y, finalmente, se gira hacia De Guingand:

> —OK. Esperaré veinticuatro horas.

Al día siguiente hace un tiempo horrible, pero el avión especial en el que vuela Francis de Guingand consigue viajar, no sin problemas, entre Versalles y Maastricht. De Guingand llega en un momento sagrado para un inglés: la hora del té. Montgomery está tomándolo con sus oficiales. Se da cuenta de la expresión de gravedad de su jefe del Estado Mayor. Se pone en pie:

—Subo a mi despacho, *Freddie*. Por favor, reúnete conmigo cuando acabes el té.

Instantes más tarde, De Guingand entra en el despacho del mariscal de campo.

—Vengo del SHAEF —dice—. He visto a Ike y está deseando que usted desaparezca.

Inmediatamente le relata la situación y habla del telegrama que saldrá de Versalles camino de Washington a un Montgomery absolutamente estupefacto.

—Creo que la situación aún tiene arreglo —concluye—, pero hay que actuar rápidamente.

Montgomery comprende pronto que su futuro está en juego y que ni el propio Churchill podrá ayudarlo. Los estadounidenses, que aportan el grueso principal en hombres, dinero y material en esta guerra, acaban siempre imponiendo su voluntad. Piensa con una cierta aprensión que será reemplazado por el mariscal Alexander, uno de los grandes jefes del ejército británico y con el que tampoco le une una gran amistad.

—¿Qué crees que debo hacer, *Freddie*? —pregunta el mariscal, completamente desamparado.

De Guingand le aconseja enviar de inmediato a Eisenhower un mensaje que él ya ha redactado en el avión:

> Estimado Ike,
>
> Acabo de hablar con *Freddie* y comprendo que esté extremadamente preocupado por todo tipo de cuestiones surgidas durante estos difíciles días. Le he expuesto francamente mi parecer porque sé que le gusta la franqueza. Estoy convencido que hay muchos asuntos de los que desconozco el alcance. Cualquiera que sea su decisión, puede estar seguro que la suscribiré al cien por cien y sé que Brad hará lo mismo. Lamento profundamente que mi carta le haya podido causar tantas preocupaciones y le ruego que la rompa.
>
> Su devoto subordinado,
>
> MONTY

Montgomery convoca de inmediato a los cuatro corresponsales de guerra acreditados ante el 21er Grupo de Ejércitos. Les expone abiertamente la génesis de la crisis y las desastrosas consecuencias que comportará en el futuro si los periodistas británicos y norteamericanos no le ayudan a clarificar la situación. La opinión pública quiere saber la verdad. Cada uno siente entonces vibrar en su interior la fibra patriótica y, como los alemanes aún no están del todo acabados, entienden que es más prudente esperar al final de la guerra para lavar la ropa sucia en familia. El mariscal de campo reconoce que ha dicho cosas desafortunadas y que los estadounidenses, que soportan la parte principal del esfuerzo bélico, tienen a fin de cuentas la última palabra.

Montgomery ha enviado otro mensaje a Bradley, confirmando al comandante del 12º Grupo de Ejércitos, en otras palabras y por cortesía, la nota enviada a Eisenhower.

Al caer la tarde de este día memorable —31 de diciembre— llega al despacho de Ike en Versalles el primer mensaje. De Guingand telefonea para saber si hay alguna noticia. Descubre que Eisenhower está «muy tocado» y que el telegrama que debería emprender camino hacia Washington se ha convertido en cenizas en el fondo de la chimenea.

Todo el mundo respira. El asunto ha llegado a estar al rojo vivo. Eisenhower finaliza la redacción de su plan y lo envía a todos los generales de los grupos de ejércitos.

El que dirige a Monty está acompañado de una carta manuscrita en la que le explica los particulares vínculos que los unen:

> En lo que respecta a la cuestión del mando no acepto que un jefe de grupo de ejércitos conduzca su propia batalla dando órdenes a otro jefe de grupo de ejércitos. Mi plan coloca a todo un ejército estadounidense bajo sus órdenes porque creo que es necesario militarmente y esto atestigua, de la forma más positiva, la confianza que deposito en usted personalmente. Si esto no fuera verdad esta decisión sería, en sí misma, muy difícil de tomar.
>
> Usted sabe cómo he valorado y seguido sus francos y amigables consejos, pero, en su última carta, me ha perturbado al predecir un «fracaso» si su opinión sobre la necesidad de otorgarle autoridad sobre Bradley no era seguida exactamente. En relación a esta cuestión, le aseguro, no puedo ir más lejos...

Conozco su lealtad de soldado y su rigurosidad en la ejecución de las misiones que le son planteadas. Por mi parte, deploraría que el desarrollo entre nosotros de convicciones irreconciliables nos condujera a someterlas a los jefes del Estado Mayor Interaliado. La confusión y las discusiones que resultan de ello ciertamente afectarían esta buena voluntad mutua y la dedicación a la causa común que han hecho de nuestro Ejército Aliado algo único en la historia.

Como siempre su amigo,

IKE

El 6 de enero de 1945, Winston Churchill hace llegar una carta al presidente Roosevelt. Ésta atenúa los últimos ecos del enfrentamiento entre Eisenhower y Montgomery. Es patente el estilo directo y preciso de Churchill, que lo acompaña por todos los campos de batalla, y más particularmente al de las Ardenas, y con el que llega a jefes y tropas. Su prodigiosa memoria, unida a todas sus demás cualidades, hace de él un competente hombre de guerra.

El jefe del Estado Mayor Imperial[3] y yo —escribe Churchill— hemos pasado los dos últimos días con Eisenhower y Montgomery; consideran que la batalla es muy dura pero tienen fe en el éxito. Usted sabe perfectamente, así lo espero, que han surgido algunos problemas con la prensa, y que el gobierno de Su Majestad confía plenamente en el general Eisenhower y lamenta profundamente todos los ataques que han sido dirigidos contra él.

Está muy unido a Montgomery, como sucede con Bradley y Patton; sería un desastre romper una asociación que nos ha proporcionado desde 1944 resultados que superan las expectativas de los militares más exigentes. Montgomery me decía hoy que la ruptura del frente habría tenido consecuencias mucho más graves para todo el frente sin la solidaridad que une al Ejército angloamericano...

He visto que algunos periódicos estadounidenses han formulado críticas, según las cuales nuestras tropas habían sido mantenidas aparte de la batalla. Aprovecho esta ocasión para asegurarle que están dispuestas a ejecutar en todo momento las órdenes emitidas por el general Eisenhower. Creo que las disposiciones tomadas por este último y por el mariscal Montgomery, bajo su autoridad, están plenamente de acuerdo con las necesidades estrictamente militares, tanto en lo que concierne al empleo de tropas en los contraataques como en sus movimientos de circunvalación, teniendo en cuenta los problemas en las líneas de comunicación. No he descubierto el menor rastro de discordia en los cuarteles generales británicos y norteamericanos. Sin embargo, señor Presidente, nos enfrentamos a una cuestión capital: necesitamos más unidades combatientes para que la cosa cambie.[4]

Tras una conferencia de prensa de Montgomery el 7 de enero, éste esboza un cuadro de la situación en las Ardenas que, voluntariamente o no, reaviva el malentendido:

Me debo absolutamente a Ike. Somos grandes amigos. El otro día mi avión se averió. «¿Me puede prestar otro?», le pregunté. Inmediatamente me envió el suyo.

Me duele leer en la prensa británica observaciones desfavorables en este sentido. Creo que es injusto. Pero, esto no ha salido de aquí. Viene de fuera.

Esta conferencia de prensa causa un mal efecto. A Bradley le molesta especialmente este pasaje:

> Al atacar el 16 de diciembre, Von Rundstedt obtuvo una sorpresa táctica. Penetró profundamente en el centro del Primer Ejército estadounidense y la brecha podía haber sido fatal. Los alemanes golpearon en un punto débil y se lanzaron hacia el Mosa.
>
> En cuanto vi lo que sucedía —continúa Montgomery imperturbable—, tome algunas medidas para impedir que cruzasen el río en caso de que llegasen hasta él. Ordené algunos movimientos de cara a conseguir un equilibrio de fuerzas para hacer frente al peligro; en ese momento eran simples precauciones, es decir, preveía acontecimientos.
>
> La situación se agravó, pero el equipo Aliado se unió ante la amenaza; las consideraciones nacionales fueron olvidadas; el general Eisenhower me confió el mando de todo el Frente Norte.
>
> Utilicé todas las fuerzas disponibles del Grupo de Ejércitos británico, implicándolas progresivamente para no colapsar las líneas de comunicaciones estadounidenses. Finalmente entraron en acción de golpe y, hoy, divisiones británicas combaten duramente a la derecha del Primer Ejército estadounidense.
>
> Aquí tienen ahora el espectáculo reconfortante que ofrecen las tropas británicas combatiendo a un lado y otro de las fuerzas estadounidenses que han recibido un golpe tan severo.
>
> La batalla presenta algunas similitudes con la que se libró el 21 de agosto de 1942, cuando Rommel intentó por última vez tomar Egipto y fue «acompañado hasta la salida» por el Octavo Ejército.

Antes de entablar una batalla semejante, es necesario decidir la manera en la que se planteará. A partir de entonces se podrá combatir como se quiera, haciendo que el enemigo baile al son de nuestra música.

Para luchar así, hay que conseguir un equilibrio tal que nos permita reaccionar haga lo que haga el enemigo.

Tras un golpe semejante y la dislocación del ejército estadounidense, en el sector en el que se combatía reinaba la confusión. De este modo, la primera cosa que hice cuando el general Eisenhower me arrastró al asunto fue preocuparme de poner las cosas en orden. Lo hice limpiando, situando las reservas allí donde eran necesarias, restableciendo el equilibrio. Reagrupé los ejércitos estadounidenses y británicos y puse orden en todo.

Una de mis primeras acciones consistió en disponer el cuerpo de ejército de forma que estuviese en disposición de resistir el gran gancho de izquierda de los alemanes en el Mosa, entre Namur y Dinant. Allí, no había gran cosa, me atrevería a decir que incluso no había nada.

Cree un cuerpo de ejército bajo el mando de este destacado jefe que es el general Collins y tuve que decidir dónde situarlo. Lo situé en un punto que no debe haber sido tan mal escogido, porque este cuerpo, creado por mí, encajó de lleno el gancho de izquierda alemán.

Recibió un duro ataque. «Dios mío —pensé—, esto no puede continuar así, va a ser devorado por la batalla.» Decidí sacarlo de allí y reorganizarlo.

Una vez más, la presión aumentó de tal manera que empezó a desaparecer en una batalla defensiva. «Vengan, vengan», dije. Lo reorganicé y el general Hodges lo lanzó al ataque.

> El enemigo fue primero «sobrepasado» en todos los aspectos vitales, y luego «rechazado». Ahora estamos intentando «aniquilarlo»; nuestras acciones terrestres y aéreas están haciendo pagar un elevado tributo a las divisiones enemigas.[5]

Bradley y sus oficiales pasan de la consternación a la cólera. Lo mismo sucede con los oficiales y los soldados estadounidenses.

Los alemanes muestran su júbilo. Inmediatamente ofrecen una versión radiofónica de esta conferencia de prensa, que dedican especialmente a las tropas estadounidenses. Está «retocada» para que pueda envenenar las relaciones entre los Aliados. La batalla de las Ardenas se prolonga ahora a través de las ondas.

Bradley se defiende y hace una escueta declaración. El 12 de enero, el *Daily Mail* responde sin contemplaciones:

> Sería lamentable que el «duelo de invectivas» transatlántico, que parecía calmarse, se reactive alrededor del nombre y las acciones de los jefes militares...
>
> Sin embargo, el general Omar Bradley, comandante del 12° Grupo de Ejércitos, ha formulado unas precisiones que, a nuestro entender, habría valido más la pena callar. Para hacer justicia a un gran soldado británico, no se pueden dejar pasar semejantes declaraciones sin hacer una serie de comentarios...
>
> Cuando los alemanes rompieron el frente de las Ardenas y sumieron en el desorden las líneas Aliadas, dice, el mariscal Montgomery asumió de inmediato el mando de los ejércitos del norte y, mediante una «notable contribución» a la batalla, hizo mucho de cara a restablecer la si-

tuación. Pero, dice el general Bradley, este mando es tan sólo provisional y el 12º Grupo de Ejércitos volverá a asumir la autoridad en todo el sector una vez la línea quede restablecida.

Sólo es posible una interpretación: se cree que el mariscal Montgomery es capaz de asumir responsabilidades en caso de crisis, pero, una vez ha pasado el peligro y reparados los daños causados por el enemigo, ya no son necesarios sus servicios más que en una posición relativamente subordinada.

Digamos a continuación que el pueblo británico vería con consternación la relegación de este gran soldado al pequeño sector del frente que controlaba hasta la ofensiva de Von Rundstedt. No se trata en absoluto de una cuestión de orgullo nacional y de prestigio. Se trata simplemente de tener al hombre adecuado en el lugar conveniente...

¿Debe ser devuelto a la semioscuridad en la que se encontraba durante las semanas que precedieron a la irrupción alemana en las Ardenas? Jamás se podrá hacer creer a nuestro país que sus servicios no podían ser mejor empleados...

Los días pasan. La batalla continúa. Se entierra el hacha de esta pequeña guerra en los cimientos de la grande. Pero el mal ya ha sido hecho. Eisenhower escribe en sus memorias —*Cruzada en Europa*— que el incidente le causó más preocupaciones y tristeza que ningún otro durante toda la guerra.

Montgomery intenta arreglar las cosas y visita a Bradley en su Cuartel General de Luxemburgo. El comandante del 12º Grupo de Ejércitos lo recibe con frialdad. Churchill, que poseía «sentido de la historia», declararía el 17 de enero en la Cámara de los Comunes:

> He oído decir que la terrible batalla en marcha desde el 16 de diciembre en el sector norteamericano del frente, es una batalla angloamericana. De hecho, son las tropas estadounidenses las que han librado la casi totalidad de los combates y han sufrido casi todas las pérdidas, iguales a las sufridas por los dos bandos en la batalla de Gettysburg. Sólo un cuerpo de ejército se ha visto implicado. Las otras 30 divisiones, o más, que combaten sin descanso desde hace un mes, son estadounidenses. Los norteamericanos han aportado entre 30 y 40 hombres por cada uno de los que hemos enviado nosotros a la batalla; han perdido entre 60 y 80 hombres por cada una de nuestras bajas. Esto es lo que quería dejar claro. Cuando recordemos nuestra gloriosa historia tendremos que tener cuidado de no reclamar para el ejército británico una parte que no le corresponde en lo que es sin duda la mayor batalla norteamericana de la guerra y que será considerada, en mi opinión como una extraordinaria batalla norteamericana. (Aplausos).

El tono es noble. Churchill pone las cosas en su sitio con valentía. Pasa página sobre una de las crisis más importantes de la última guerra. ¿Qué imprevisibles consecuencias se habrían producido si en un momento crucial de la batalla de las Ardenas la crisis se hubiera planteado a otro general que no fuese Eisenhower? En todo caso, es difícil imaginar una disputa semejante entre generales en el otro bando.

25. Eisenhower y De Gaulle

Si la ofensiva alemana *Wacht am Rhein* desencadena una crisis entre norteamericanos y británicos, la ofensiva de diversión denominada *Nordwind* crea otra, menos grave y profunda, entre franceses y estadounidenses en relación a Estrasburgo. Esta vez Eisenhower se enfrenta al general De Gaulle.[1] A las maneras trapaceras y por conducto de la prensa de Montgomery, le sucede el estilo claro, elevado e intransigente del general.

Frente al empuje alemán —el 1 de enero varias unidades han conseguido cruzar el Rin al norte de Estrasburgo— Ike contempla la posibilidad de abandonar la ciudad para reducir la longitud del frente. Devers, comandante del 6º Grupo de Ejércitos, va a tomar decisiones en este sentido. Advierte al general De Lattre de Tassigny, comandante en jefe del Primer Ejército francés. Éste se muestra hostil al plan. La idea de reducir el frente por detrás de Estrasburgo no es algo tan urgente como para que obligue a las tropas francesas a evacuar la gran ciudad alsaciana. El abandono tendría un efecto desastroso sobre los franceses y especialmente sobre los soldados del Primer Ejército. Ya ha sido frenado el ataque de una división alemana procedente del sur, de la bolsa de Colmar. Esta división, del Decimonoveno Ejército de Wiese, forma parte del Grupo de Ejércitos *Oberhein*, que depende del *Reichsführer* Himmler. Así pues, los franceses pueden esperar recuperarse e incluso contraatacar en un lapso de tiempo bastante corto. El jefe de los ejércitos Aliados no lo entiende así. La situación en las Ardenas no se encuentra aún lo suficientemente estabilizada para que pueda permitirse una resistencia que, a pesar de la audacia intempestiva, puede conducir según él al desastre.

En esta ocasión, Eisenhower se muestra como un gran jefe militar que intuye el estado en el que se encuentran las divisiones enemigas. Así, piensa llevar a cabo su próxima ofensiva en el lugar y el momento deseado por él. De este modo, puede mantener en su sitio a las tropas de Devers y, especialmente a las de De Lattre. Demuestra su diplomacia y su inteligencia. Eisenhower, Churchill y De Gaulle han comprendido de inmediato la gravedad de la batalla de las Ardenas. De hecho, si los alemanes hubiesen triunfado —han estado muy cerca de expulsar a los estadounidenses de sus principales posiciones— la situación de los Aliados habría quedado tan comprometida que hubiera sido necesario reconsiderar la guerra en Europa, con todas las implicaciones políticas que ello comportaría.

Las ofensivas *Wacht am Rhein* y *Nordwind* están unidas. Como los estadounidenses han resistido combatiendo paso a paso en las Ardenas, en Bastogne y en Elsenborn por ejemplo, evitando un reagrupamiento tras el Mosa, De Gaulle solicita, desde el punto de vista estratégico, que se haga lo mismo en Alsacia, desaconsejando a Eisenhower esa reorganización en los Vosgos. En cuanto al aspecto político, teme que la decisión de evacuar Estrasburgo y Alsacia tenga repercusiones nefastas sobre toda la nación francesa. Francia y los demás países que acaban de ser liberados aún no están material y moralmente preparados para ser de nuevo —aunque sea parcialmente— invadidos.

Esta batalla de las Ardenas, si se hubiera perdido, habría llevado al frente occidental y a países como Francia, Holanda, Bélgica y Luxemburgo al borde del precipicio. Eisenhower acabó por ceder a la presión de De Gaulle. Estrasburgo no sería evacuado.

26. Últimos combates

A la lluvia glacial se unen los copos de nieve que las ráfagas de viento lanzan sobre la campiña blanca y marrón. Como los pueblos, como las granjas, el material de guerra, los carros, los semiorugas, los jeeps, los camiones Dodge que arrastran los cañones anticarro, los obuses, los GMC con sus pesadas lonas, alineados enfrente de las viviendas o bajo los árboles para no ser descubiertos por un ocasional avión alemán, parecen objetos abandonados. De tanto en tanto, las columnas de humo se escapan de los convoyes blancos e inmóviles anunciando que los soldados viven allí y calientan el café o fuman.

El frío, que gracias al viento parece más intenso, penetra por todas partes. Los caminos se han convertido en auténticas cloacas. En esta madrugada del 3 de enero de 1945, los hombres esperan la batalla. Son los hombres del 380º Regimiento de Infantería, que apoyan a la 3ª División Acorazada del general Rose. Su objetivo: Houffalize. El lazo se cierra sobre el saliente alemán, es decir, sobre lo que queda de la peligrosa punta de flecha dirigida hacia el Mosa, que tanto ha preocupado a ingleses y norteamericanos. El VII Cuerpo de Ejército de Collins, al que pertenece la división de Rose, y que ataca desde el norte, y el Tercer Ejército de Patton, que viene del sur, deben encontrarse para cerrar el cerco.

A pesar del tiempo, los aviones estadounidenses sobrevuelan el campo de batalla. La mayoría son cazas P 47 Thunderbolt, provistos cada uno de ello de 8 cohetes de 122 mm. Como si de gavilanes se tratase, vuelan trazando grandes giros bajo las nubes en busca de una presa. Cuando la descubren —algunos panzer en movimiento— se oye el quejumbroso sonido de la sirena, el lanzamiento de los cohetes, las explosiones y luego el invernal silencio, alterado por el sordo fragor, y así hasta el siguiente ataque.

La moral de los soldados del 380º Regimiento de Infantería se ve reforzada por la presencia de los aviones. Sólo el frío les hace echar pestes. A pesar de sus calientes uniformes, muchos tiritan. Los tanquistas se congelan en sus vehículos de acero. Los infantes, un poco más afortunados, se aprietan unos contra otros bajo la lona, dura como el acero, de su camión. Todos fuman. Algunos tararean canciones. Tras varias semanas los hombres han aprendido a defenderse del frío —como ya saben hacer desde hace tiempo sus vecinos de delante, aunque no cuentan con el magnífico equipo de los *yankees*.

Para protegerse del frío, los estadounidenses quizá no disponen de los conocimientos de los alemanes, aprendidos de los rusos, pero ya saben lo suficiente para formar parte de la cohorte de soldados veteranos.

Saben que es preferible el calzado muy grande al normal para que la sangre de los pies circule mejor; que el papel de periódico es un excelente aislante puesto bajo la guerrera; que la mejor forma de llevar el fusil es calentándose las manos bajo las axilas; que los motores de los jeeps mantienen el plasma y las jeringuillas de los enfermeros a una temperatura correcta y que no es recomendable que los tanquistas beban coñac porque calienta el cuerpo de forma artificial y provoca de inmediato un enfriamiento a menudo mortal. También saben, después de las masacres de Malmédy, Stavelot, Bande y Trois-Ponts, que la guerra comporta venganza. Los soldados norteamericanos han abandonado ese «complejo de cortesía» respecto a los alemanes y ahora ya les devuelven todos los golpes que reciben. Y duramente.

A las 08.30 horas de este 3 de enero, bajo el viento cargado de nieve y lluvia, en el barro, todo aquello que parece petrificado alrededor de las casas, en los caminos, bajo los abetos y las telas camufladas, se anima. Los motores rugen. Los Sherman, los cazacarros, los Lee pintados de blanco y verde parecen surgir de los muros de las casas, de los taludes. Pronto se unen lentamente a la cola, como si se tratara de elefantes en busca de pastos. Adoptan la formación de marcha, salen del pueblo y se despliegan en la llanura.

Se oyen órdenes, llamadas. Voces nasales se elevan desde los jeeps dotados de radio. Los semiorugas, repletos de soldados, circulan detrás de los carros para ocupar el terreno.

Bruscamente, se elevan de la nevada campiña géiseres de tierra negra, la artillería alemana responde. Algunos hombres se lanzan cuerpo a tierra, otros, más aguerridos, con el cigarrillo en los labios, continúan dedicándose a sus cosas, calentando los motores de los camiones o verificando los crampones fijados a las cadenas de su vehículo.

El ataque estadounidense prosigue. Allí abajo, en la llanura, los Sherman ya están lejos. Los infantes del 380º Regimiento han abandonado sus semiorugas y se despliegan entre los tanques para limpiar el terreno. Unos dos kilómetros más a la derecha, el cielo se llena de cohetes norteamericanos escupidos por tubos alineados en forma de órgano y colocados sobre las torretas de tanques Sherman especialmente equipados para este tipo de armamento. Las nubes bajas se tiñen de azul, verde y naranja. Cuando los cohetes azotan la llanura, responden las explosiones de la artillería alemana: una barrera de artillería de piezas de 150 mm que parece buscar a ciegas algún punto débil en el dispositivo estadounidense. Una casa en el linde del bosque salta por los aires. Bajo la pálida luz de esta madrugada, una granja arde cerca.

El ataque estadounidense continúa: el pueblo es ahora atravesado por una columna de obuses. Luego llegan varios jeeps equipados con ametralladoras y potentes cortahilos delante del radiador,[1] camiones, cañones de 105 mm, grandes grúas, enormes *Brockways* de Ingenieros, que gastan más de un litro de combustible por kilómetro, todos los medios necesarios para llevar a cabo una ofensiva a lo grande. Porque es necesaria una, poderosa, con objetivos ambiciosos, para poder dislocar el frente de Von Manteuffel y devolver a los alemanes a sus posiciones de salida. A toda costa se debe llevar a cabo el encuentro con Patton para atrapar en la bolsa a los panzer alemanes. En suma, responder a los alemanes del mismo modo que ellos en Saint-Vith: atacar, siempre atacar.

La idea de Eisenhower es buena: no dar respiro a los alemanes. Es vital, para la buena marcha de la ofensiva, dejar sin aliento al enemigo permanentemente y hasta el final.

La batalla por Houffalize dura más de una semana. Los alemanes contraatacan. Es duro porque la artillería pesada alemana es poderosa en este sector. Sobre todo al sur, del lado de Patton, que avanza con dificultades.

El 15 de enero, las tropas estadounidenses del VII Cuerpo de Collins, a las órdenes de Montgomery, tienen Houffalize a tiro de fusil.

Los alemanes resisten encarnizadamente. De tanto en tanto pasa un Me 262 a reacción: a menudo un solitario que merodea en busca de algún blindado Aliado. De inmediato es perseguido por un Mustang, el monoplaza norteamericano más rápido de la época —más de 600 kilómetros por hora— y cuyo radio de acción es bastante importante: 3.500 kilómetros. Su velocidad le hace soñar con alcanzar al Me 262. Desgraciadamente, éste vuela con sus dos reactores a más de 800 kilómetro s por hora. A cada ocasión el escenario se renueva: el Me 262 regresa a su base en Alemania y, uno o dos minutos más tarde, un Mustang sigue su estela. Si no puede atraparlo, como mínimo intenta descubrir su base para destruirlo en tierra.

Las V 2 que caen sobre Inglaterra, los Me 262 de prestaciones inigualables, los Königstiger que superan de lejos a los Sherman, no pueden restituir la moral de las mediocres tropas alemanas, aunque las tropas de élite, las SS, los paracaidistas y los granaderos panzer siguen manteniendo un nivel de combatividad elevado. Las reservas alemanas —lo que queda de ellas— no consiguen compensar las horribles pérdidas sufridas desde los últimos días de diciembre, como es el caso de la Panzer Lehr de Bayerlein y la 2ª División Panzer de Von Lauchert que han perdido las tres cuartas partes de sus efectivos. A esto deben añadirse las hecatombes en las divisiones del Sexto Ejército Panzer de las SS de Dietrich: la 1ª División Panzer de las SS *Leibstandarte Adolf Hitler*, que ha dejado sobre el terreno casi todos sus cañones de asalto; la 12ª División Panzer de las SS *Hitlerjugend*, escasa de carburante, tiene problemas de movilidad; la 2ª División Panzer de las SS *Das Reich* y la 9ª *Hohenstauffen*, incapaces de moverse debido a los incesantes ataques aéreos Aliados, ya no tienen el empuje necesario para acabar con las divisiones solidamente atrincheradas del XVIII Cuerpo Aerotransportado de Ridgway. El Ejército alemán se va deshilachando mientras que el estadounidense, que se ha ido rehaciendo desde el 18 de diciembre, cada día puede lanzar tropas frescas a la batalla.

El 15 de enero es una de las fechas memorables de la batalla de las Ardenas. Hacia las 11.00 horas, 33 hombres pertenecientes al 334° Regimiento de Infantería de la 84ª División de Infantería del general Bolling, enzarzado en la batalla de Houffalize, cruzan el Ourthe en dos lanchas neumáticas. Luego se esconden en un pequeño bosque. A medianoche, avanzan hacia una granja. Son acogidos calurosamente por la familia, que les sirve café caliente acompañado de pan y mantequilla. Juzgando que la casa es buena, deciden quedarse. La situación geográfica de la granja parece responder a sus propósitos, que le parecen bastante enigmáticos al granjero. Cada cuarto de hora, el teniente que está al mando del *team* envía una patrulla a reconocer los alrededores de la granja.

Hacia las 07.00 horas, aparece un hombre con uniforme blanco y una carabina en la mano. El jefe del grupo se ve asaltado por una duda: aparte de la patrulla ninguno de los hombres del comando debe abandonar la granja. Detiene al soldado y le pregunta:

—¿Cuál es su unidad?

—Tercer Pelotón, 41° de Caballería, 2ª División Acorazada, Tercer Ejército —responde el hombre.

El 16 de enero de 1945, a las 08.45 horas, los dos ejércitos estadounidenses entran en contacto: los estadounidenses acaban de destruir la mayor parte del Quinto Ejército Panzer de Hasso von Manteuffel.

• • •

La batalla de Houffalize aún no ha finalizado. Aunque los alemanes están cercados esto no les impide continuar la lucha con la energía que da la desesperación; los que se encuentran en la bolsa intentando salir; los otros, más al este, intentando abrirles un pasillo para que puedan escapar. Desgraciadamente, los alemanes no poseen ni la más mínima reserva para contraatacar victoriosamente. Sólo les queda una salida: abandonar todo el material no indispensable para el combate cuerpo a cuerpo y romper el cerco en dirección este.

Lo consiguen, pero con grandes pérdidas. El tiempo, que ha empeorado, impide a la aviación estadounidense intervenir eficazmente.[2]

El sábado 23 de enero, los hombres de la 7ª División Acorazada del general Hasbrouck penetran en las ruinas de Saint-Vith, que los alemanes capturaron un mes antes. Hasbrouck hace los honores al general Bruce Clarke, que defendió heroicamente Saint-Vith al principio de la batalla, permitiéndole que sea el primero en entrar en la localidad.

Seis días antes, el 17, Eisenhower ha retirado a Montgomery la autoridad sobre el Primer Ejército de Hodges, tal como estaba acordado, y ha devuelto dicho ejército a la disciplina del 12º Grupo de Ejércitos de su viejo amigo Omar Bradley.

El VII Cuerpo de Ejército de Collins se une al Tercer Ejército de Patton el día 16, en Houffalize. Ike no se ha demorado en transferir el mando. Es una forma rápida de evitar que Montgomery se haga con los laureles de eventual gloria derivada del éxito en esta operación de cerco, que es incontestablemente una victoria norteamericana. Oficialmente Montgomery encaja el golpe con *fair play*, como atestigua la carta que envía a Bradley la víspera de la decisión de Eisenhower:

Mi querido Brad,

La batalla del saliente parece que llega a su final y cuando se recupere la normalidad creo que sus ejércitos volverán bajo su mando.

Le quiero decir dos cosas:

En primer lugar que para mí fue un honor estar al mando de unas tropas tan magníficas.

Luego, que han tenido un comportamiento fantástico.

Trabajar con Hodges y Simpson ha sido un auténtico placer; han tenido un comportamiento excelente. En cuanto a los jefes de los cuerpos del Primer Ejército (Gerow, Collins y Ridgway), han sido magníficos; encontrar un grupo semejante en el mismo ejército es un hecho absolutamente excepcional.

Todos nosotros, en el frente norte del saliente, queremos expresar nuestra admiración por las operaciones llevadas a cabo en el frente sur; si no hubiesen mantenido Bastogne de ese modo tan firme, la situación podría haber sido muy difícil.

Reciba un cordial saludo y transmítale mis recuerdos al general Patton.

Sinceramente

B. L. MONTGOMERY.

A finales de enero, Bradley lanza algunos ataques para reducir lo que queda del saliente de las Ardenas —el *Bulge,* como le llaman los norteamericanos. Los escasos elementos que constituyen el Quinto Ejército Panzer de Von Manteuffel ofrecen en los bosques una firme resistencia. Cuando los estadounidenses llegan ante la Línea Sigfrido el 4 de febrero, chocan contra una sólida defensa y no insisten más.

Eisenhower, de acuerdo con el plan que ha establecido, desplaza el centro de gravedad de sus ataques hacia el norte. Éstos se reemprenden en el Roer. El comandante supremo de los Ejércitos Aliados aplica su plan: no dar respiro a los alemanes.

El 10 de febrero, el V Cuerpo de Gerow toma finalmente las presas del Roer —ofensiva que tuvo un alto coste para los estadounidenses en otoño, y se detuvo por el ataque alemán del 16 de diciembre.

El 7 de marzo, la 4ª División Acorazada de Gaffey, perteneciente al Tercer Ejército, alcanza la orilla izquierda del Rin en Andernach. Más al norte, Colonia es tomada y la cuenca del Ruhr queda rodeada.

La tarde del 7 de marzo, Bradley telefonea a Eisenhower para anunciarle que un puente acaba de ser tomado intacto por un *combat command* de la 9ª División Acorazada. Es el puente de Remagen. Solicita a Ike si puede utilizar de inmediato las divisiones que originalmente estaban destinadas a operar más al norte para hacerlas cruzar el Rin por Remagen.

> —De acuerdo, Brad —responde Eisenhower—. Utiliza las divisiones que debíamos enviar más allá de Colonia. Haz que pasen 5 al otro lado del Rin, y todas las tropas y el material que juzgues necesarios para mantener sólidamente la cabeza de puente.

La suerte de los ejércitos alemanes está echada.

CONCLUSIÓN

La batalla de las Ardenas ha suscitado abundantes reflexiones sobre el fracaso de la ofensiva alemana y la extraordinaria recuperación norteamericana. Críticos y militares han ofrecido su punto de vista. Estas han sido muchas. Prácticamente todo ha sido dicho: la loca audacia de Hitler al querer alcanzar Amberes aparece como un suicidio; la escasez de combustible que dificultó el avance de los panzer; los embotellamientos del primer día de la ofensiva —que fueron muy graves—; los fracasos del *Kampfgruppe* de Peiper y de los comandos de Skorzeny formados demasiado rápidamente; la falta de reservas de la Wehrmacht; la debilidad de la Luftwaffe; la geografía tan impropia para que operasen los elementos blindados, etc. Aparentemente, todo es lógico: Hitler quiso hacer mucho con muy poco. A pesar del valor que demostró el soldado alemán en estas circunstancias y del gran ingenio desplegado en la organización de las unidades que debían participar en la operación, ésta acabó en derrota.

Sin embargo, Eisenhower lo entendió, así la ofensiva *Wacht am Rhein* tenía posibilidades de triunfo. De entrada, por la sorpresa —los servicios de Inteligencia estadounidenses parecieron sufrir una intoxicación desde el otoño—, y por la calidad de las fuerzas de asalto y del material implicados; la competencia de los generales, de los oficiales y de los cuerpos de élite; la potencia de fuego de las divisiones alemanas, que igualaban y a veces superaban a sus homólogas estadounidenses; en fin, al menos al principio de la ofensiva, el mal tiempo, que fue propicio. Esas fueron las importantes bazas del adversario.

¿Si los alemanes hubiesen triunfado, habrían llegado a Amberes? Es probable y la confusión que habrían sembrado entre las tropas Aliadas establecidas en Francia y Bélgica habría comportado consecuencias extremadamente graves para la continuación de la guerra. El final de ésta se habría demorado como mínimo varios meses, que habrían sido aprovechados por los alemanes para poner en funcionamiento algunas armas nuevas. Al desarrollo de las operaciones militares se habrían añadido repercusiones políticas y económicas. Quién sabe si Stalin no se habría mostrado aún más exigente en Yalta, durante el «reparto» de Europa tras un fracaso de semejantes dimensiones. El presidente Roosevelt murió el 13 de abril de 1945, tres semanas antes de la capitulación del Reich. Desde hacía más de seis meses apenas se emitieron directivas presidenciales desde Washington, y la mayoría eran decididas indirectamente por Harry Hopkins, el consejero del Presidente. La opinión pública norteamericana estaba desmovilizada y ya pensaba sólo en la paz. Cuando Hitler desencadenó su ofensiva en las Ardenas, cundió el pánico en Estados Unidos: «Así, del exceso de confianza, la opinión norteamericana pasó —de forma desmedida— al pánico. La recuperación de la iniciativa por parte de Hitler se producía en el mismo momento en que el pueblo norteamericano se encontraba en un estado de ánimo que le impulsaba a subestimar de forma ciega las posibilidades del Reich.»[1] Eisenhower tuvo que asumir hasta el final de la guerra no sólo abrumadoras responsabilidades militares sino también políticas.

La recuperación estadounidense en diciembre de 1944 fue casi milagrosa —un milagro basado en el heroísmo—, como sucedió en el Marne en 1914. Todo parecía perdido en el sector en el que operaba el Quinto Ejército Panzer de Von Manteuffel. El frente estadounidense había sido dislocado. En Losheim, la ruptura había triunfado. Los panzer se precipitaban hacia el oeste tan rápidamente como se lo permitían los estrechos valles y las pequeñas carreteras de las Ardenas. Por todas partes, compañías y, en algunas ocasiones, regimientos, resistían victoriosamente al ataque. Pero eran simples episodios, peripecias en una gran batalla que tenía mal cariz para los Aliados. Luego, se produjeron la insospechada resistencia en el Elsenborn y en Bastogne y el exterminio del temible *Kampfgruppe* de Joachim Peiper. Fue la sorpresa y la estupefacción. Al norte, las divisiones de las Waffen SS del Sexto Ejército Panzer de las SS de Sepp Dietrich, superiormente entrenadas y armadas, vieron frenado su avance por simples divisiones de infantería estadounidenses, como la 99ª División de Infantería del general Lauer, que puso en jaque a la poderosa División Panzer SS *Hitlerjugend*. Y en Bastogne, donde los alemanes titubearon y dejaron pasar la oportunidad de tomar la pequeña localidad. Cuando atacaron con elementos importantes de la célebre Panzer Lehr al mando del antiguo jefe del Estado Mayor de Rommel, Fritz Bayerlein, se vieron rechazados por la 101ª División Aerotransportada, a las órdenes de un pequeño general de brigada desconocido: el general McAuliffe.

Luego se produjo el célebre cambio de dirección del Tercer Ejército de Patton, lanzándose sobre el flanco sur alemán; la retirada norteamericana de Saint-Vith, pagada a un precio tan alto por el Quinto Ejército Panzer de Von Manteuffel; el contraataque de la 2ª División Acorazada de Harmon, los días

23, 24 y 25 de diciembre, que «liquidó» a la 2ª División Panzer de Von Lauchert. Cuando el cielo se aclaró de nuevo, la batalla quizá aún no estaba ganada por los Aliados, pero los alemanes ya habían llegado al límite de su esfuerzo. La aviación estadounidense se apoderó de los cielos. Fue una masacre de carros alemanes, como ya sucedió en Normandía. En las Ardenas, y en muchos otros lugares, la aviación de Estados Unidos fue decisiva.

Los oficiales estadounidenses demostraron en las Ardenas las bondades de la enseñanza recibida en Estados Unidos, especialmente en West Point, uniendo método y disciplina con espíritu de iniciativa, recordando al mundo que los descendientes de los héroes de El Álamo sabían aún combatir. Los simples soldados hicieron gala de su tenacidad, del valor y la imaginación que durante los primeros días salvaron al frente estadounidense del desastre.

ANEXOS

ANEXO I

LOS EJÉRCITOS ALEMANES DESDE EL MAR DEL NORTE HASTA LA FRONTERA SUIZA

GRUPO DE EJÉRCITOS H
(Sector del Escalda)

Kurt Student (general de Paracaidistas)
Primer Ejército Paracaidista
Decimoquinto Ejército

GRUPO DE EJÉRCITOS B
(Sector de las Ardenas)

Mariscal de campo Walter Model
Quinto Ejército Panzer: *General der Panzertruppen* Hasso von Manteuffel
Sexto Ejército Panzer de las SS: *Obergruppenführer* Sepp Dietrich
Séptimo Ejército: *General der Panzertruppen* Erich Brandenberger

GRUPO DE EJÉRCITOS G
(Sector de Luxemburgo)

Hermann Balck, sustituido el 22 de diciembre por Blaskowitz.
Primer Ejército: teniente general Von Obstfelder (frente a Lorena)

GRUPO DE EJÉRCITOS OBERRHEIN
(Sector comprendido entre Estrasburgo y la frontera suiza)

Reichsführer Heinrich Himmler
Decimonoveno Ejército: general Wiese

ORDEN DE BATALLA DE LOS TRES EJÉRCITOS EN LAS ARDENAS

QUINTO EJÉRCITO PANZER
(*General der Panzertruppen* Hasso von Manteuffel)

XLVII CUERPO PANZER (*General der Panzertruppen* Von Lüttwitz)
- 2ª División Panzer (coronel, luego general de división Von Lauchert)
- 9ª División Panzer (general de división Von Elverfeldt)
- División Panzer Lehr (teniente general Bayerlein)
- 26ª División *Volksgrenadier* (coronel, luego general de división, Kokott)

LXVI CUERPO (general de Artillería Lucht)
- 18ª División *Volksgrenadier* (coronel Hoffman-Schönborn)
- 62ª División *Volksgrenadier* (coronel Kittel)

LVIII CUERPO PANZER (*General der Panzertruppen* Krüger)
- 116ª División Panzer (general de división Von Waldenburg)
- 560ª División *Volksgrenadier* (coronel Langhauser)

XXXIX CUERPO PANZER (Teniente general Decker)
167ª División *Volksgrenadier* (teniente general Hoecker)

SEXTO EJÉRCITO PANZER DE LAS SS
(*Obergruppenführer* Sepp Dietrich)

Batallón Paracaidista de Von der Heydte

I CUERPO PANZER DE LAS SS (*Gruppenführer* Hermann Priess)
1ª División Panzer de las SS *Leibstandarte Adolf Hitler* (*Oberführer* Mohnke)
Kampfgruppe Peiper (*Obersturmbannführer* Peiper)
12ª División Panzer de las SS *Hitlerjugend* (*Standartenführer* Kraas)
12ª División *Volksgrenadier* (general de división Engel). Durante la retirada se incorporó al II Cuerpo
277ª División *Volksgrenadier* (coronel Viebig)
3ª División Paracaidista (general de división Wadehn)
150ª Brigada Panzer (*Obersturmbannführer* Skorzeny)

II CUERPO PANZER DE LAS SS (*Obergruppenführer* Bittrich)
2ª División Panzer de las SS *Das Reich* (*Brigadeführer* Lammerding)
9ª División Panzer de las SS *Hohenstaufen* (*Oberführer* Stadler)

LXVII CUERPO (teniente general Hitzfeld)
3ª División de Granaderos Panzer (general de división Denkert)

246ª División *Volksgrenadier* (coronel, luego general de división, Oerte)
272ª División *Volksgrenadier* (coronel Kosmalla)
326ª División *Volksgrenadier* (coronel, luego general de división, Kaschner)

SÉPTIMO EJÉRCITO
(General der Panzertruppen Erich Brandenberger)

LIII CUERPO (*General der Kavallerie* Von Rothkirch)
9ª División *Volksgrenadier* (coronel, luego general de división, Kolb)
15ª División de Granaderos Panzer (coronel, luego general de división, Deckert)

LXXX CUERPO (general Beyer)
212ª División *Volksgrenadier* (general de división Sensfuss)
276ª División *Volksgrenadier* (teniente general Moehring, desde el 18 de diciembre, coronel Dempwolff)
340ª División *Volksgrenadier* (coronel, luego general de división, Tolsdorf)

LXXXV CUERPO (general Kniess)
5ª División Paracaidista (coronel, luego general de división, Heilmann)
352ª División *Volksgrenadier* (coronel, luego general de división, Schmidt)
79ª División *Volksgrenadier* (coronel, luego general de división, Weber)

ANEXO II

FUERZAS ALIADAS DE NORTE A SUR

GRUPOS DE EJÉRCITOS

21er GRUPO DE EJÉRCITOS:

General (luego mariscal de campo) sir Bernard Law Montgomery

Primer Ejército canadiense: teniente general Crerar

Segundo Ejército británico: teniente general Dempsey

12º GRUPO DE EJÉRCITOS:

Teniente general Omar N. Bradley.

Primer Ejército de Estados Unidos (teniente general Hodges). A partir del 19 de diciembre en el 21er Grupo de Ejércitos

V CUERPO DE EJÉRCITO (general de división Gerow)

1ª División de Infantería (general de brigada Andrus)

2ª División de Infantería (general de división Robertson)

9ª División de Infantería (general de división Craig)

78ª División de Infantería (general de división Parker)

99ª División de Infantería (general de división Lauer)

VII CUERPO DE EJÉRCITO (general de división Collins)
Originalmente perteneciente al Noveno Ejército
2ª División Acorazada (general de división Nason)
3ª División Acorazada (general de división Rose)
83ª División de Infantería (general de división Chauncey Macon)

XVIII CUERPO AEROTRANSPORTADO
7ª División Acorazada (general de división Hasbrouck)
30ª División de Infantería (general de división Hobbs)
75ª División de Infantería (general de división Prickett)
82ª División Aerotransportada (general de división Gavin)
106ª División de Infantería (general de división Jones)

TERCER EJÉRCITO DE ESTADOS UNIDOS
(teniente general Patton)

III CUERPO DE EJÉRCITO (general de división Millikin)
4ª División Acorazada (general de división Gaffey)
6ª División Acorazada (general de división Grow)
26ª División de Infantería (general de división Paul)
35ª División de Infantería (general de división Baade)
90ª División de Infantería (general de división Van Fleet)

VIII CUERPO DE EJÉRCITO (general de división Middleton). Asignado al Tercer Ejército desde el 20 de diciembre.
9ª División Acorazada (general de división Leonard)
11ª División Acorazada (general de brigada Kilburn)
28ª División de Infantería (general de división Cota)
87ª División de Infantería (general de brigada Culin)
17ª División Aerotransportada (general de división Miley)

101ª División Aerotransportada (general de división Taylor, en Bastogne estuvo al mando el general de brigada McAuliffe)

XII CUERPO DE EJÉRCITO (general de división Eddy)
4ª División de Infantería (general de división Barton)
5ª División de Infantería (general de división Irwin)
80ª División de Infantería (general de división McBride)
10ª División Acorazada (general de división Morris Jr.)

NOVENO EJÉRCITO DE ESTADOS UNIDOS
(teniente general Simpson).

Desde el 19 de diciembre incorporado al 21er Grupo de Ejércitos

XIII Cuerpo de Ejército
XVI Cuerpo de Ejército
XIX Cuerpo de Ejército (general de división Corlett)

6º GRUPO DE EJÉRCITOS:
Devers (Alsacia)

Séptimo Ejército de Estados Unidos (teniente general Patch)
Primer Ejército francés (general De Lattre de Tassigny)

ANEXO III

EL PROCESO DE MALMÉDY

El «proceso de Malmédy», cuyas condenas a muerte no fueron seguidas de ninguna ejecución, provocó una violenta polémica en la que chocaron de nuevo acusación y defensa. Más de treinta años después de este controvertido juicio, ¿es posible descubrir la verdad?

El historiador Philippe Aziz, innegable especialista en crímenes nazis, ha publicado en el número 306 de la revista *Historama* un artículo especialmente documentado sobre el tema que reproducimos íntegramente.

En la brumosa tarde del 16 de diciembre de 1944, en el cruce de Baugnez, en la carretera que va de Malmédy a Saint-Vith en las Ardenas, una columna estadounidense es detenida en Géromont por un nutrido fuego de armas automáticas procedente de los bosques cercanos.

Sorprendidos por este repentino ataque, los soldados estadounidenses se lanzan a las cunetas que bordean la carretera. Es entonces cuando dos tanques alemanes surgen de la espesura apuntando con sus cañones a los fugitivos. Poco después, una columna estadounidense, formada por conductores de ambulancias, médicos, enfermeros y miembros del Cuerpo de Ingenieros, es capturada por los tripulantes de los dos tanques de las SS. Los 150 prisioneros norteamericanos reciben la orden de ponerse en marcha con las manos sobre la cabeza.

En ese preciso instante —son exactamente las 16.10 horas— un coche alemán procedente de Saint-Vith llega hasta el grupo de prisioneros. Un oficial de las SS, en pie en su vehículo, desenfunda y dispara a bocajarro sobre un mayor médico estadounidense que se encontraba en primera fila. Dirigiendo luego su arma contra otro prisionero, también lo abate. Es la señal de inicio de la carnicería: las ametralladoras de los dos tanques barren las filas de prisioneros y, cuando ya no queda ninguno en pie, siguen disparando sobre la pradera, sobre los montones de cuerpos ensangrentados que los SS siguen acribillando.

Afortunadamente, algunos prisioneros supervivientes permanecen echados entre los muertos. Tras la partida de los dos tanques, estos supervivientes —poco más de una quincena—, evitando la vigilancia de los SS que han permanecido en el lugar, huyen en dirección a Malmédy.

Perseguidos por las ráfagas de ametralladora, doce se dirigen a una casa mientras que otros tres, continuando su huida, consiguen encontrar refugio en el bosque, escondiéndose hasta la caída de la noche para luego dirigirse hacia las líneas norteamericanas.

En cuanto a los doce soldados refugiados en la casa, pronto son alcanzados por un destacamento de las SS que quema el edificio, obligando así a los fugitivos a abandonar su refugio. A medida que los norteamericanos salen, los SS los abaten uno tras otro. Esta vez no habrá ningún superviviente.

Ésta es la versión sobre lo sucedido, proporcionada algunos meses después de la tragedia por J. Cunningham, corresponsal de guerra de *Yank*, el periódico del ejército estadounidense.

Al final de su artículo, el periodista nombra a los culpables: el *Obersturmbannführer* («teniente coronel») de las SS Joachim Peiper y sus SS del 1er Regimiento de la División Panzer de las SS *Leibstandarte Adolf Hitler*.

Estas revelaciones, repletas de detalles especialmente horribles, no dejan de provocar una intensa emoción entre la opinión pública norteamericana. Algunos periódicos, como el *New York Times*, envían a Malmédy investigadores para aclarar la masacre. Desde ese momento, Peiper se convierte en el enemigo público nº 1, el criminal de guerra por excelencia, al que hay que detener y juzgar cueste lo que cueste. La Comisión de Crímenes de Guerra —*War Crimes Comission*— envía al mejor equipo de los servicios secretos norteamericanos tras los pasos de Peiper. El 16 de mayo de 1945, éste es detenido en Austria.

Animados por esta captura, los policías militares norteamericanos multiplican las investigaciones y acaban atrapando a la mayoría de los SS que han participado en la masacre de Malmédy. Son conducidos a la prisión de Schwäbisch.

Una comisión especial estadounidense, creada por orden del Congreso y presidida por el teniente coronel Ellis, se encarga de instruir el caso. Los SS son desde ese momento sometidos a interminables interrogatorios que se alargan durante nueve meses. La consigna del Congreso es imperativa: hay que obtener de los SS, cueste lo que cueste, detalles precisos sobre la masacre de Malmédy.

Frente a estos criminales nazis que, despreciando la Convención de Ginebra, han cometido la horrible masacre de

Malmédy, los estadounidenses, en lugar de mantener una actitud digna y conforme a la justicia, adoptan los peores métodos de la Gestapo.

Alojados en el edificio central de la prisión, los prisioneros de las SS sufren un régimen carcelario draconiano. Alojados en celdas individuales, aislados de sus camaradas, sólo salen para ir a las salas de interrogatorios en grupos de 5 o 10 hombres, con la cabeza cubierta con una capucha negra.

Una de las salas preparadas para los interrogatorios ha sido objeto de una extraña puesta en escena: una larga mesa negra se extiende a lo largo del muro que se encuentra frente a la puerta, teniendo como únicos ornamentos un crucifijo y una Biblia abierta. Dos proyectores hábilmente dispuestos y algunas velas dan a este decorado una siniestra iluminación.

Se trata, para los investigadores, de impresionar a los jóvenes detenidos simulando procesos militares.

Dos miembros de la Comisión, vestidos con uniformes de oficiales, conforman este extraño tribunal y un tercero se presenta como defensor de los acusados.

Un joven suboficial, el cabo Heinz Friedrichs, relata su comparecencia ante el «tribunal»:

> Entonces intentaron obtener alguna cosa de mí recurriendo a la gentileza. El teniente Perl se hizo pasar por mi defensor y me dijo que sólo quería mi bien, que sólo debía escribir lo que el otro señor me iba a dictar ya que si persistía en mi silencio se negaría a defenderme. Como yo continuaba negando que hubiese matado a ningún prisionero, dijo al señor Thon: «Señor fiscal general, no quiero asumir la defensa de este testarudo nazi».

Entonces el señor Thon quiso retirarse, pero el teniente Perl lo retuvo diciendo: «Sólo un minuto, señor fiscal general, ¡a pesar de todo, quizá Friedrichs quiera confesar!».

Pero yo no me dejé convencer y no escribí nada. Entonces me golpearon a traición en el estómago y en la cara. El teniente Perl me cogió por la garganta y me lanzó contra el muro.

Hasta el 3 de diciembre el coronel Peiper no fue transferido a la prisión de Schwäbisch.

Señalado como «el enemigo público Nº1», ya había sufrido desde agosto de 1945 varios interrogatorios, primero en el campo de Freising y luego en el de Suffenhausen, destinado a los alemanes sospechosos de crímenes de guerra.

Desde los primeros días, sus interlocutores norteamericanos pusieron las cartas boca arriba: Peiper está considerado por la prensa estadounidense como el asesino de Malmédy y debe admitir que los prisioneros norteamericanos fueron fusilados por orden suya.

El capitán Fenton, en Freising, y el teniente Perl, en Suffenhausen, no le concedieron un instante de descanso.

Mediante interrogatorios implacables de más de ocho horas seguidas pretenden eliminar su capacidad de reflexión.

Ante la resistencia de Peiper, se le hace comprender que con su silencio se arriesga a empeorar la situación de sus hombres, detenidos en Schwäbisch.

En cuanto a las condiciones de detención que debe soportar, están lejos de respetar la Convención de Ginebra: encerrado tanto en una celda a una temperatura de 80º, como en un sótano oscuro, sin comida ni agua.

La resistencia del *Obersturmbannführer* comienza a ceder.

Tras una detención preventiva de nueve meses, se notifica a los 74 inculpados una única acta de acusación: todos, sin distinción de graduación, están acusados de los mismos crímenes.

El ministerio público estadounidense está satisfecho del trabajo realizado en Schwäbisch y las primeras audiencias del proceso quedan fijadas para el 16 de mayo de 1946, en el campo de Dachau, frente al Tribunal del Gobierno Militar General.

El general de división Dalbey preside el tribunal. En cuanto al ministerio público, está formado por los miembros de la comisión de investigación, y el teniente coronel Ellis, en tanto que acusador principal, asume la pesada tarea de sostener una acusación que se va a desmoronar en el transcurso de las audiencias.

En efecto, desde el primer día del proceso, la comparecencia de la mayoría de los inculpados se revela dramática para el ministerio público: 51 de los que han firmado confesiones declaran al tribunal que sus declaraciones durante el proceso de instrucción han sido obtenidas mediante el chantaje y la tortura.

La acusación comprende que debe jugar fuerte: esa misma noche, Ellis decide acudir en persona a ver a dos de los inculpados, en la celda III, barracón 202, e intenta persuadirlos para que confiesen al día siguiente en la línea de sus primeras declaraciones. Obtiene de ellos dos promesas firmes.

Pero nada sucede según lo previsto. En efecto, durante la segunda audiencia, la comparecencia de los dos prisioneros es aún más incómoda: no sólo mantienen sus acusaciones, sino que dan los nombres de los verdugos que los han maltratado, entre los que se encuentra el teniente Perl.

Llamado al estrado, este último es obligado a explicarse. He aquí el acta de su declaración que aparece en la obra

Landsberg, Hender des Rechts? («Landsberg, ¿verdugo legal?») de K. W. Hammerstein:

> Preguntado por los jueces, Perl declara bajo juramento que no se ha infligido ningún maltrato por parte de los magistrados instructores en Schwäbisch: como máximo, algunos guardias polacos habían conseguido alguna confesión entre los detenidos más recalcitrantes, utilizando «tratamientos» apropiados.

Los abogados de la defensa, entre los que se encuentra el teniente coronel Willis M. Everett —abogado en Atlanta (Georgia)— y el teniente coronel Dwinell, intentan echar por tierra una acusación ya insegura. Reclaman primero la presencia del teniente coronel McCrown, que declara que como prisionero de las SS en La Gleize, en la región de Malmédy, fue tratado de forma irreprochable y que no se podía acusar de ningún crimen de guerra al coronel Peiper y a sus hombres.

Inmediatamente, obtienen del tribunal una breve interrupción del proceso para llevar a cabo una investigación complementaria en la región donde se produjeron los hechos.

Es así como el teniente coronel Everett consigue acabar con algunas confesiones de jóvenes soldados alemanes que habían «reconocido» la ejecución de tres grupos de entre 20 y 30 prisioneros estadounidenses contra el muro del cementerio de La Gleize. En efecto, el oficial enviado al lugar de los hechos, informa que no existe ningún muro interior en el cementerio de La Gleize, y el cura del pueblo declara bajo juramento que nunca se produjeron esos fusilamientos.

Sin embargo, haciendo oídos sordos a las pruebas contrarias presentadas por la defensa, el fiscal se limita en su petición a retomar *in extenso* el acta de acusación.

El tribunal, tras tres horas de deliberaciones, admite la fuerza probatoria de las confesiones de Schwäbisch y declara culpables de crímenes de guerra a los 74 acusados.

Uno a uno, siguiendo orden de matrícula, se levantan para escuchar la pena impuesta.

43 de ellos, entre los que se encuentra el coronel Peiper, son condenados a morir en la horca; 23 son condenados a cadena perpetua, 2 a veinte años de reclusión; 1 a quince años; los últimos 10 son condenados a diez años de reclusión.

Cuando el tribunal de Dachau hace público su veredicto el 16 de julio de 1946, el asunto de Malmédy está lejos de cerrarse.

Indignado por los métodos adoptados por sus compatriotas a lo largo de la instrucción y del proceso, el teniente coronel Everett denuncia de forma incansable las «irregularidades» del procedimiento y plantea ante el Congreso de Estados Unidos un recurso de revisión.

«Los magistrados de la acusación —declara a la prensa—, han practicado el fraude y el engaño... Son indignos de ser llamados ciudadanos estadounidenses.»

Washington se conmociona y se constituye una comisión de encuesta del Senado para aclarar el caso. El senador Raymond E. Baldwin es el presidente.

Un alto magistrado, el juez Edward van Roden, designado por la comisión senatorial elabora, a raíz de estas investigaciones, un concluyente informe cuya publicación, comentada por la prensa, ofrece una nueva perspectiva sobre el asunto.

El proceso de Malmédy se convierte entonces en un proceso al ejército de Estados Unidos: ante la comisión comparecen, en efecto, los miembros del ministerio fiscal militar que habían asegurado la instrucción del proceso de Dachau. El coronel Ellis, que ocupa en ese momento un puesto importante en los servicios jurídicos del Pentágono, es duramente atacado por el célebre senador McCarthy.

Su carrera, como la de muchos otros mandos militares, se vio seriamente comprometida.

Por otra parte, todas las penas capitales dictadas por el tribunal de Dachau son conmutadas por penas de reclusión a perpetuidad. Ningún condenado será ejecutado. En cuanto a Joachim Peiper permaneció encarcelado en la prisión de Schwäbisch hasta el 22 de diciembre de 1956.

BIBLIOGRAFÍA SELECCIONADA

Estados Unidos y Gran Bretaña

BRADLEY, Omar, *A soldier's story.*

CHURCHILL, Winston, *Mémoires,* «La Victoire», Plon.

EISENHOWER, Dwight D., *Croisade en Europe,* Robert Laffont.

EISENHOWER, John S. D., *La Bataille des Ardennes,* Presses de la Cité.

FOX, coronel, «Bastogne et la IIIe Armée américaine», *Revue Historique de l'Armée,* nº 31.951.

LIDDELL HART, sir Basil H., *Histoire de la Seconde Guerre Mondiale,* prefacio del general Beaufre, Fayard.

MERRIAM, Robert E., *La Bataille des Ardennes,* Stock.

MONTGOMERY, lord Bernard, *Mémoires,* Plon.

RYAN, Cornelius, *La dernière bataille,* Robert Laffont.

TOLAND, John, *Bastogne,* Calmann-Lévy.

—, *Adolf Hitler,* Pygmalion.

«After the battle« (Col.) *Battle of the Bulge,* Pleistow Press.

Correspondance secrète de Staline avec Roosevelt, Churchill, Truman et Attle, 1941-1945 (Traducción francesa), París, 1950.

German Army, 1939-1945, M. A. P. Publicotines.

Alemania

BENOIST-MÉCHIN, J., (Prefacio de), *Hitler parle à ses generaux* (Diarios estenografiados del Cuartel General de Hitler), Albin Michel.

BLUMENTRITT, *Von Rundstedt, the Soldier and the Man*, Londres, 1952.

GALLAND, *Die resten und die letzten*, Darmstadt, 1954.

GUDERIAN, *Recuerdos de un soldado*, Inédita Editores, 2007.

Historical Research, Universidad de Londres.

KUROWSKI, Franz, *La Bataille des Ardennes*, prefacio del general Hasso von Manteuffel, La Table Ronde.

ROMMEL, Erwin, *La Guerre sans haine* (Diarios presentados por sir Basil H. Liddel Hart), Le Livre Contemporain.

SCHELLENBERG, Walter, *Le Chef du contre-espionnage nazi parle, 1933-1945*, Julliard.

SCHRAMM, P. E., *Kriegstagebuch des Oberkommandos der Wehrmacht*, Band IV, I Januar 1944-22 Mai 1945, Vol. 6 t. 2, Frankfurt, 1961.

SKORZENY, Otto, *La guerre inconnue*, Albin Michel.

—, *Missions secrètes*, Flammarion.

SPEER, Albert, *Au coeur du Troisième Reich*, Fayard.

TIEKE, *Tragödie um die Treue* (*Kampf und Untergang des III. Germanische SS Panzer Corps*). Munin Verlag, Osnabrück.

THORWALD, Jürgen, *La Débâcle allemande*, Stock.

VON MANTEUFFEL, Hasso *Die Schlacht in den Ardennen 1944-1945*, Frankfurt, 1960.

Francia

ARON, Robert, *Histoire de la Libération de la France*, Fayard.

BERREL, Jacques, «Qui était Peiper», *Rev. Historama.*

CARTIER, Raymond, *La Seconde Guerre Mondiale 1942-1945*, Presses de la Cité.

COLL, «Documents», *Blinés 1939-1945*, Hachette.

COSSÉ-BRISSAC, «La contre-offensive allemande des Ardennes», *Revue Historique de l'Armée*, nº 2, 1955.

DE GAULLE, Charles, *Mémoires de guerre*, «Le Salut», Plon.

—, *Le fil de l'épée*, Berger Levrault.

LANDEMER, Henri, *Les Waffen SS*, Ballano.

NOBÉCOURT, Jacques, *Le dernier coup de dés de Hitler*, Robert Laffont.

PETIT, E., «Quand Von Rundstedt menaçait Liège et Strasbourg», *Revue France-URSS.*

Bélgica y Luxemburgo.

BERTIN, F, *La ruée de Von Rundstedt à travers nos Ardennes*, Bruselas, 1945.

—, *Les heurs rouges des Ardennes*; Bruselas, 1946.

BOVY, Marcel, y G. R. de Lame, *La Bataille de l'Amblève (16 décembre 1944-28 janvier 1945)*, Lieja.

MELCHERS, E. T., *Les deux libérationes du Luxembourg*, Luxemburgo, 1959.

NOTAS

Prólogo

1. Guardia en el Rin.

1. De nuevo en el oeste

1. Estadounidenses y británicos alinearon 16.500 aviones en el Frente Oeste, entre cazas, bombarderos y aviones de transporte.

2. En los puertos del Atlántico, quedaron bloqueados efectivos equivalentes a cuatro divisiones de infantería. La mayoría de estas fuerzas no capitularían hasta el final de la guerra.

2. El bosque de las Ardenas

1. División de Granaderos del Pueblo (VGD). Unidades de choque de reciente creación formadas mayoritariamente por miembros de la milicia.

2. Sargento mayor. *(N. del t.)*

3. ¡La carretera está libre!

3. La ofensiva *Watch Am Rhein*

1. La Guarida del Lobo.

2. Karl Saur, director adjunto de Speer y planificador de la producción de armamentos.

3. Tanque rápido de 26 toneladas, provisto de un cañón de 75 mm, instalado en una torreta abierta, y sobre chasis de M-4.

4. Skorzeny

1. El objetivo de la operación consistía en impedir al gobierno del almirante Horthy, regente de Hungría, que firmase una paz por separado con los rusos y capturar a éste y a sus colaboradores para llevarlos a Alemania. En octubre de 1944, con la captura del hijo de Horthy, Skorzeny consiguió impedir la maniobra húngara, justo cuando las tropas soviéticas estaban a las puertas de Budapest.

2. La 150ª Brigada estaba formada por diversas unidades motorizadas que combatían en primera línea y grupos de sabotaje operando tras las líneas enemigas.

5. Walter Model

1. Prisioneros de guerra.
2. ¡Vengan aquí! ¡Vengan! ¡Rápido! ¡Rápido!
3. Artillería antiaérea.

7. «La pequeña solución»

1. La División Panzer Lehr (División Acorazada de Instrucción) ya se había destacado tanto en rusia como en Normandía. La división recibía por períodos de tiempo jóvenes oficiales de diferentes armas: infantería, tanques, artillería, ingenieros, etc. Estos se integraban luego como cuadros en divisiones en formación o en proceso de reorganización. La división también contaba con las armas más novedosas debido a que era utilizada como testadora en combate.

2. Según el relato de Hasso von Manteuffel, *Die Schlacht den Ardennen*, 1944-1945.

14. La ruptura de Peiper

1. La Panzer Lehr perdió dos días a causa de los embotellamientos, antes de alcanzar la carretera de Bastogne, su ob-

jetivo. Fue un retraso irremediable. No pudo cruzar el Our hasta el 18 de diciembre a las 11.00 horas. Otras unidades motorizadas del Séptimo Ejército de Brandenberger alcanzaron las primeras líneas con treinta y seis horas de retraso y las unidades blindadas se encontraron mezcladas de forma inexplicable con convoyes —a menudo hipomóviles— de suministros.

2. Según una investigación posterior, tras el proceso de Dachau de 1946, en el que se condenó a Peiper y a 43 de sus hombres a muerte —sentencias que nunca fueron ejecutadas porque el proceso fue anulado por una serie de irregularidades—, parece que las tropas de las SS de la columna de Peiper, obligadas a continuar su ofensiva, no pudieron hacerse cargo de los prisioneros. Los desarmaron e hicieron que se comprometiesen a presentarse a los SS de una segunda columna a los que avisaron por radio. Tras su marcha, los estadounidenses se habrían hecho con más armas y, tras un corto combate con la segunda columna, volvieron a caer prisioneros por segunda vez, siendo ejecutados por haber faltado a la palabra dada.

3. Durante los primeros días de la ofensiva alemana los estadounidenses carecieron de reservas operacionales. Se vieron forzados a solicitar el apoyo de fuerzas de élite como las dos divisiones aerotransportadas, que hubo que reunir a toda prisa en Reims e Inglaterra. Una de ellas, la 101ª Aerotransportada, reforzó la guarnición de Bastogne

15. Saint-Vith

1. A menudo en los cuadros de las Waffen SS los mandos eran otorgados a oficiales cuya graduación no correspondía a la importancia de la unidad de la que iban a ser responsables. Un *Hauptsturmführer* («capitán») podía estar al mando de un

batallón, o un *Obersturmführer* («teniente»), una compañía, etc. No había general de división pero, entre el grado de coronel *(Standartenführer)* y el de general de brigada *(Brigadenführer)*, existía un grado que no tenía equivalente en otros ejércitos, el de *Oberführer*. Un *Oberführer* podía estar al mando tanto de un regimiento como de una brigada.

2. Este plan fracasará: veinticuatro horas más tarde, aprovechando un combate con un grupo de reconocimiento estadounidense, el mayor McCown se escapó.

16. Operación «paras»

1. El general Kurt Student que durante el ataque alemán en las Ardenas era comandante del Grupo de Ejércitos H, situado entre Colonia y el mar del Norte.

2. «Delante del cuartel, frente al portal
Se encuentra una farola y ella aún está allí
Nos veremos allí de nuevo
Delante del cuartel allí estaremos
Contigo Lily Marlene, contigo Lily Marlene.»

3. ¡Atención artillería antiaérea!

4. El camino a seguir por los Ju 52 era conocido por el servicio de Inteligencia estadounidense poco después que las rutas fueran trazadas por el Estado Mayor de la Luftwaffe. La traición fue una preocupación constante de Hitler. Todas las decisiones importantes del OKW durante toda la guerra fueron conocidas en los días siguientes por los angloamericanos y los soviéticos. Aún hoy en día, es imposible saber de dónde procedían dentro del entorno del Führer.

5. ¡Salten!

6. Acércate.

7. En efecto, el violento viento dispersó a los paracaidistas a lo largo de kilómetros. La mitad de los Junkers 52 re-

gresaron a la base sin proceder al lanzamiento y otros soltaron a sus paracaidistas sobre las líneas alemanas ¡Incluso algunos cayeron cerca de Colonia!

8. Otros paracaidistas alemanes localizaron poderosas columnas de refuerzos estadounidenses que se dirigían hacia el frente: la 1ª y la 30ª Divisiones de Infantería y la 7ª División Acorazada. Con palomas mensajeras, Model habría podido ser informado de su presencia y de la dirección de su avance.

17. Clervaux

1. Col. Mote puesto por los norteamericanos a los soldados alemanes.

2. Este obús de 105 mm autopropulsado fue denominado «Priest» («sacerdote») por los soldados norteamericanos debido a la pequeña torreta en forma de púlpito que dominaba el vehículo.

18. Operación Greif

1. La de Losheim.

2. Los grupos de Skorzeny iban vestidos con uniformes de soldados estadounidenses prisioneros. No debían quitárselos hasta el momento del combate. Sus armas, los uniformes y el material estadounidense que llevaban había sido obtenido en el campo de batalla. El *scout-car* era un vehículo blindado rápido de reconocimiento.

3. Circularon las cifras más fantasiosas respecto al número de comandos de Skorzeny. El historiador estadounidense Robert E. Merriam, en su libro *The Battle of the Bulge* (1947), escribió que Skorzeny poseía 150 comandos y que «44 grupos se dispersaron tras las líneas Aliadas». Sólo 8 pasaron, declaró Skorzeny, y 2 fueron declarados desaparecidos.

4. Somos la Compañía E.

5. Citado por el coronel R. E. Dupuy en *St-With, Lion in the way.*

6. *Le dernier coup de dés de Hitler,* Jacques Nobécourt, Ed. Robert Laffont.

7. Fueron juzgados el 22 de diciembre y fusilados el 23 con sus auténticos nombres: alférez Günther Billing y suboficiales Manfred Pernass y Wilhelm Schmidt.

8. Entre Luxemburgo y la frontera suiza.

9. Viento del norte.

10. Hitler se equivoca. Una vez más ha vuelto a ser traicionado. El mismo Stalin está al corriente de esta ofensiva en el Alto Rin. Ha sido prevenido con suficiente antelación —como siempre sucede en casos similares— por la central de espionaje comunista denominada Orquesta Roja que, gracias a la intermediación del misterioso *Werther,* que se esconde en Berlín, retransmite por radio a Moscú todas las decisiones de Hitler pocas horas después. Nunca se sabrá quién era *Werther.*

19. Bastogne

1. «*Nuts!*» es una expresión a caballo entre lo soez y lo despectivo, podría traducirse por «A la mierda» o, de forma más ajustada, por «¡Los cojones!». *(N. del t.)*

2. ¡Vengan hacia aquí! ¡Somos la 4ª Acorazada!

3. Soy el teniente Webster del 326º de Ingenieros de la 101ª División Aerotransportada. Es un placer verlo.

21. La contraofensiva

1. Como ya sabemos, estaban a las órdenes del coronel Von der Heydte.

2. Tras la guerra se supo que casi 20.000 hombres, los efectivos de más de una división, habían saqueado en París y Reims los suministros destinados a los camaradas que com-

batían en las Ardenas. Los camiones desaparecían «en plena naturaleza», en las carreteras que conducían al frente.

—París se parecerá pronto a Chicago —declaraba en esa época el coronel E. G. Buhrmaster, comandante de la Policía Militar en París y sus alrededores—. Acabamos de detener a un comandante que había enviado hacía unas semanas 36.000 dólares a su familia.

22. Frente al Mosa

1. Los oficiales del Estado Mayor alemanes llevaban dos bandas de color amaranto en la costura lateral del pantalón.

2. Abreviatura utilizada por los soldados alemanes para designar los *jagdbombardier*, los cazabombarderos estadounidenses.

3. Josué XXIV-15.

4. United States Air Force.

5. El VII Cuerpo de Ejército, asignado al Noveno Ejército de Simpson, fue transferido el 17 de diciembre al Primer Ejército de Hodges.

23. La última defensa

1. Según una conversación de Walter Schellenberg, antiguo *Gruppenführer* y jefe del AMT VI SD Ausland (Contraespionaje del RSHA-Oficina Superior de la Seguridad del Reich).

24. Eisenhower y Montgomery

1. *Veritable* consistía en un ataque en dirección sur para limpiar, al norte, todo el territorio situado al oeste del Rin.

2. El jefe del Estado Mayor General del Ejército de Tierra de Estados Unidos.

3. El mariscal de campo Alan Brooke.

4. *Memorias de guerra,* Winston Chuchill.
5. *Daily Mirror,* 8 de enero de 1945.

25. Eisenhower y De Gaulle

1. Que en esa época era presidente del gobierno francés provisional.

26. Últimos combates

1. Los alemanes solían tender a través de la carretera hilos de acero a la altura del cuello de los hombres sentados en un jeep con la intención de decapitarlos.
2. Según el informe de Patton del 16 de enero, los estadounidenses perdieron durante esta ofensiva y a esa fecha, 25.000 hombres entre muertos, desaparecidos, heridos y prisioneros; durante el mismo período, a partir de unos efectivos menores, los alemanes perdieron 100.000 hombres.

Conclusión

1. *Le dernier coup de dés de Hitler,* Jacques Nobécourt, Ed. Robert Laffont.